建设用地再开发研究丛书

胡月明　主编

建设用地再开发数字化监管

胡月明 隆少秋 郭玉彬 等　编著

科学出版社

北　京

图书在版编目（CIP）数据

建设用地再开发数字化监管 / 胡月明等编著. —北京：科学出版社，
2016.6

（建设用地再开发研究丛书）

ISBN 978-7-03-048401-7

Ⅰ.①建… Ⅱ.①胡… Ⅲ.①数字技术 – 应用 – 城乡 – 建设 – 土地开发
– 监管制度 – 中国　Ⅳ.①F299.232-39

中国版本图书馆 CIP 数据核字（2016）第 117188 号

责任编辑：郭勇斌 彭婧煜 邓新平 / 责任校对：王瑞

责任印制：张　伟 / 封面设计：黄华斌

科 学 出 版 社 出版

北京东黄城根北街 16 号

邮政编码：100717

http://www.sciencep.com

北京中石油彩色印刷有限责任公司 印刷

科学出版社发行　各地新华书店经销

*

2016 年 6 月第　一　版　　开本：720×1000　1/16

2017 年 1 月第二次印刷　　印张：18 1/2　插页：2

字数：373 000

定价：98.00 元

（如有印装质量问题，我社负责调换）

丛 书 序 一

改革开放 30 多年来，中国的城乡建设、经济发展和各项社会事业取得了举世瞩目的成就。与此同时，在特定的发展阶段、特别的产业战略、特殊的土地政策的影响下，传统的经济增长方式、粗放用地模式带来了城乡建设用地的盲目扩张和闲置浪费，在一些特大及大城市连绵带、城市群地区，正面临新增用地不足与存量浪费并存、产业转型升级与资源瓶颈加剧的多重挑战，成为推进国家新型城镇化、城乡发展一体化亟待破解的现实难题。"建设用地再开发研究丛书"的编撰出版，正顺应了国家重大战略需求和城镇化发展的紧迫需要。

"建设用地再开发研究丛书"的研究成果具有扎实的实践基础。2008 年 12 月，国土资源部和广东省政府协商并经国务院同意，共同推进节约集约用地试点示范省建设。近几年来，"三旧"改造在探索中实践、在实践中总结，走出了一条低效建设用地再开发、再利用的"广东模式"。2013 年，广东省深入推进节约集约用地示范省建设，也为其他地区低效用地再开发试点工作提供了宝贵经验。

"建设用地再开发研究丛书"立足高水平的科研平台。建设用地再开发是一项复杂的系统工程，既涉及土地、产业、城建、环境等多个部门相互协调的问题，也涉及开发理论、规划、技术、政策等多个环节相互融合的难题。2012 年国土资源部建设用地再开发重点实验室成立，通过发挥平台优势和开展横向联合，围绕建设用地再开发的理论基础、制度设计、技术创新、模式提炼等前沿领域，深入开展了系统研究和示范实践，取得了一系列重要成果。尤其在建设用地再开发理论体系、技术方法、平台支撑、监管监测、优化决策等方面取得了可喜进展，为该丛书的出版提供了重要支撑。

城镇化发展转型、经济增长方式转变是一个不断优化的过程。应当认识到，新时期我国城乡建设用地存量形势依然严峻，建设用地低效、体制机制局限与经济转型发展的矛盾日益突出，建设用地再开发理论创新与科技支撑的需求十分旺盛，进一步摸清家底、深入揭示规律、深化技术创新、推进开发实践的前景广阔，任重道远。该丛书的系列成果将起到重要的引领和指导作用。

借此机会，我郑重推荐这套高质量的丛书，希望其中的新理论、新技术、新模式的推广应用产生更大的影响。同时，期望这套丛书能够引发学术界、政府管理部门的更多思考，并将思考变为行动，为加快推进我国建设用地再开发的理论发展与实践应用，为全面落实资源节约优先战略、实现全面建成小康社会目标做出积极贡献。

中国城乡发展智库联盟（CURTA）理事长
中国自然资源学会土地资源研究专业委员会主任
中国科学院地理科学与资源研究所研究员、长江学者特聘教授

2016 年 3 月　北京

丛 书 序 二

　　建设用地再开发是我国新型城镇化发展和生态文明建设进程中落实最严格的耕地保护制度和节约集约用地制度的重要手段。2009 年，经国务院同意，国土资源部与广东省人民政府开始共同推进以"三旧"改造为核心的节约集约用地试点示范省建设，正式开启了建设用地再开发先行先试工作。2012 年，《国土资源部关于大力推进节约集约用地制度建设的意见》（国土资发[2012]47 号）首次从国家层面系统地提出了节约集约用地制度的框架体系。2013 年，《国土资源部关于印发开展城镇低效用地再开发试点指导意见的通知》（国土资发[2013]3 号）确定在内蒙古、辽宁、上海、江苏、浙江、福建、江西、湖北、四川、陕西等 10 个省（自治区、直辖市）开展城镇低效用地再开发试点。随着试点工作的推进，建设用地再开发逐步成为国家和地方深入落实"创新、协调、绿色、开放、共享"五大发展理念的重大举措和"破解资源环境约束等发展难题，厚植发展优势，避免中等收入陷阱"最重要的突破口。

　　近年来，各地通过试点对建设用地再开发进行了突破性的政策与实践探索，并总结出广东省的"三旧"改造模式、深圳市的城市更新模式、东莞市的土地"托管"模式、重庆市的"地票"交易模式、天津市的"两分两换"城镇化模式、武汉市的"两型社会"建设模式、成都市的农村建设用地再开发模式、浙江省的低效建设用地二次开发模式等实践模式，为建设用地再开发健康、规范、有序发展提供了参考借鉴。然而，建设用地再开发是一项巨大的系统工程，涉及的领域复杂、利益群体多，程序繁琐、管理部门多，知识广博、学科交叉多，亟待系统的、全面的理论方法、技术手段、政策制度创新支撑。

　　2012 年，国土资源部批准依托华南农业大学和广东省国土资源技术中心建设国土资源部建设用地再开发重点实验室，打造了国内第一个建设用地再开发科技创新平台。在国家自然科学基金委员会、科技部、广东省科技厅等的资助和国土资源部、广东省土地开发储备局、广州市国土资源和房屋管理局、广州市城市更新局、无锡市国土资源局等的大力支持下，实验室联合国内外相关学者，系统地开展建设用地再开发理论方法、关键技术和管理模式研究。本套丛书主要是这些研究成果结集，力求为我国建设用地再开发领域的科技工作者、管理决策人员和企业管理者提供一套有价值的参考资料。

我谨代表国土资源部建设用地再开发重点实验室和丛书编委会，感谢为此付出辛勤劳动的各位作者和编委，同时感谢科学出版社为本丛书的出版提供的支持！

国土资源部建设用地再开发重点实验室主任
广东省土地利用与整治重点实验室主任
广东省土地信息工程技术研究中心主任
广东测绘地理信息产业技术创新联盟理事长
2015 年 12 月　广州

前　　言

建设用地再开发是我国新型城镇化发展和生态文明建设进程中落实最严格的耕地保护制度和节约集约用地制度的重要手段，目前已经逐步成为国家和地方深入落实"创新、协调、绿色、开放、共享"五大发展理念的重大举措和"破解资源环境约束等发展难题，厚植发展优势，避免中等收入陷阱"最重要的突破口。

近年来，我国在广东省开展了以"三旧"改造为核心的节约集约用地示范省建设，并在内蒙古、辽宁、上海、江苏、浙江、福建、江西、湖北、四川、陕西等10个省（自治区、直辖市）开展城镇低效用地再开发试点，对建设用地再开发进行了突破性的政策与实践探索，有力地推动了建设用地再开发工作健康、规范、有序发展。然而，建设用地再开发是个巨大的系统工程，涉及政治、经济、文化、科技、工程、管理等多方面，牵涉管理部门多，管理程序复杂，涉及的利益群体多，使得建设用地再开发监管难操作、难到位。为了提高建设用地再开发的效率和效益，保障建设用地再开发的协调可持续发展，亟待加强建设用地再开发数字化监管技术研究。

本书依托国家科技支撑计划课题"村镇建设用地再开发数字化监管技术研究"（编号：2013BAJ13B05）的研究成果，从建设用地再开发及建设用地再开发监管的基本概念和基本理论入手，梳理建设用地再开发监管前期调查、规划设计、开发实施、土地供给、供后建设、建后运营等业务流程，理清建设用地再开发监管法规依据、政策措施和管理程序，系统论述了建设用地再开发数据采集与更新、数据库建设与管理、数据分析与辅助决策、数据互通互联与公共服务等关键技术，并以江苏省无锡市为例，介绍了建设用地再开发数字化监管平台建设方法与程序。本书可为政府在建设用地再开发过程中加强各级监管，充分发挥政府行政监管调控提供方法指导和技术参考。

本书的出版得到国土资源部建设用地再开发重点实验室、广东省土地利用与整治重点实验室、广东省土地信息工程技术研究中心的大力支持，中国科学院地理科学与资源研究所刘彦随教授给本书提出了宝贵的意见，科学出版社的彭婧煜女士对本书给予了热情的帮助和指导。在此一并致谢！

由于建设用地再开发是系统复杂的工程，系统深入研究开展的时间不长，各地对建设用地再开发监管的政策、措施和操作流程也不一样，书中很多方面仍需要同行专家批评指正，以期在今后的研究与实践中不断完善。

作者

2015 年 12 月

目　录

第一篇　建设用地再开发概述

第二篇　建设用地再开发数字化监管技术

第三篇　建设用地再开发数字化监管平台

第 一 篇

建设用地再开发概述

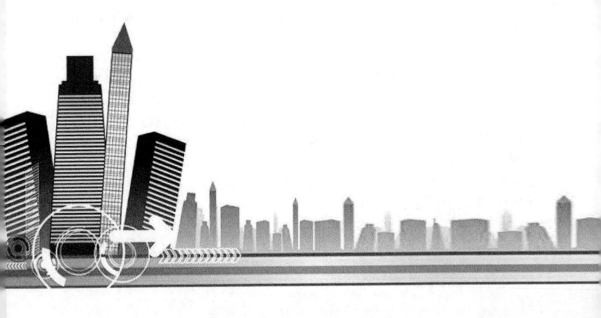

建设用地再开发是指在建设用地初始开发的基础上，通过建设用地功能性评价、建设用地再开发潜力评价、建设用地再开发适宜性评价，从效益最大化的角度，调整土地利用类型与结构，优化土地利用布局，综合运用工程、经济、技术与生物等措施对现有较低收益甚至零收益的地块、地段乃至区域进行建设改造、环境整治、功能拓展与升级，是对建设用地进行的追加开发或替代开发，从而获取更高土地收益的土地用途改变过程。

根据当前各地实践来看，建设用地再开发主要是围绕产业结构调整和转型升级、城市形象提升和功能完善、城乡人居环境改善、社会主义新农村建设等战略部署；建设用地再开发的主要类型与形式是"旧城镇、旧厂房、旧村庄改造""低效建设用地再开发""城中村改造""城市更新"等；按地理分布主要包含城镇建设用地综合整治、农村建设用地综合整治；对象主要有工业用地、住宅用地、商服用地、基础设施和公共设施用地等。近几年来，全国各地进行了系列探索，典型的建设用地再开发模式有：①促进城市低效用地二次开发，向存量要空间——以深圳市为代表的城市更新模式；②土地"托管"——东莞市的闲置与低效工业用地处置模式；③规范推进城乡建设用地增减挂钩试点，向结构调整要空间——以重庆市为代表的"地票"交易模式；④天津市的"两分两换"城镇化模式；⑤促进产业结构调整，向效率要空间——以武汉市为代表的"两型社会"建设模式；⑥探索土地分类管理，向精细化管理要空间——以广东省为代表的"三旧"改造模式；⑦规范推进城乡增减挂钩试点，向结构调整要空间——以成都市为代表的农村建设用地再开发模式；⑧浙江省的"协议回收、鼓励流转、协议置换、退二进三、退二优二、收购储备"的低效建设用地二次开发等。今后各地的政策主要侧重于"促进城镇存量低效建设用地再开发""促进工业用地升级集约利用"和"促进新型城镇化和农村建设用地退出"三大领域的制度创新和技术创新。

建设用地再开发是个巨大的系统工程，管理的部门多，管理程序复杂，涉及的领域庞大，涉及的利益群体多，涉及的相关专业多，因而在实际工作中难于监管。本篇从建设用地再开发的基本概念和基本理论、历史过程和历史背景入手，系统分析了建设用地再开发监管的主要内容、业务需求和业务流程，详细总结了国内外建设用地再开发监管的政策探索、理论研究与实践操作，在此基础上，系统阐述了建设用地再开发数字化监管现状与发展趋势、建设用地再开发数字化监管技术业务需求和业务流程及数字化监管系统的构建原则，并对建设用地再开发数字化监管的前景进行了展望。

第一章　建设用地再开发综述

第一节　建设用地再开发概念

建设用地再开发的概念是相对于建设用地初始开发来界定的，建设用地初始开发是指将非建设用地转化为建设用地的过程，是对土地资源的初始建设开发，是以开发建（构）筑物为目的。建设用地开发包括两方面：一是对未利用地的建设开发，例如，将荒地、空闲地开发为建设用地；二是对农业用地的开发，例如，将耕地、林地、园地开发为建设用地。建设用地具体指城镇、村庄、工矿、交通、军事、水利、市政基础设施等各项用地，由于建设用地具有区位利用和逆转相对困难的特性，建设用地初始开发和建设用地再开发都必须充分考虑各类规划要求、区位因素和土地的承载能力。建设用地初始开发和再开发的规划和计划是区域国民经济和社会发展规划、城乡规划、土地利用总体规划、生态环境保护规划和城乡建设用地供地计划的有机组成部分，要符合各项规划并相互协调融合（单卫东等，2010）。

建设用地再开发是获取更高土地收益的土地用途改变过程。这些土地收益不仅包括再开发获得的经济效益，还包括社会效益和环境效益。除地块的功能拓展与升级外，土地利用结构调整与布局优化也是获得更大土地收益的重要途径，建设用地再开发是与城市化的不断深入，以及城市发展内涵的不断升华相辅相成的，通过对城市原有土地开发中的低效、衰退等地区进行功能置换，挖掘城市土地内在的社会、经济和环境潜力，从而达到新的发展目标。相对于城市土地初始开发，建设用地再开发的成本不断增加，同时获得的经济、社会和环境的增值效益也在增加。

建设用地再开发后的土地用途是通过对地块及其所处区域的自然生态、经济、社会条件，区域土地利用特征，以及产业布局和空间发展规划进行综合评价后统一规划的结果，具有相对不确定性。建设用地再开发致力于解决以下几个问题：①改善人居环境；②转变经济发展方式，推进产业转型升级；③保障生态环境建设需求；④促进城镇、村庄功能转型升级，提升城镇、村庄形象和品位；⑤促进区域综合效益的提升和区域可持续发展。

建设用地再开发的对象是低效建设用地，主要是使土地的使用类型经历从低级到高级的发展过程，土地利用上从粗放低效分散转化为集约节约利用，产业空间上制造业从原材料的加工生产转向高利润高附加值产品的开发，产业结构上以第二产业为主到"退二进三"、到高端服务业的发展，居住空间上城市居民的居住条件、居住环境不断完善优化，建筑空间形态和布局上有的地区变高变密、有的地区再开发为公共绿地和公共活动空间。根据广东省"三旧"改造、江苏省"低效建设用地再开发"等节约集约用地试点的实践来看，主要是围绕产业结构调整和转型升级、城市形象提升和功能完善、城乡人居环境改善、社会主义新农村建设等战略部署，在有利于进一步提高土地节约集约利用水平和产出效益的前提下，确定低效建设用地再开发的范围是：①城市市区"退二进三"产业用地；②城乡规划或产业布局发生了调整，实施新的城乡规划和产业布局需要改造的用地；③城乡规划范围内布局不紧凑、不符合安全生产和环境要求的厂房、厂区用地；④不符合国家产业发展的政策取向，国家产业政策规定的禁止类、淘汰类产业的原厂房、厂区用地；⑤属于企业并购重组或是产业落后、企业经营困难，需要退出或者进行改造转型升级的各类企业、产业用地；⑥土地利用强度低于节约集约用地控制指标或土地产出效益相关规定指标的各类产业用地；⑦基础设施条件差、布局散乱不合理、公共服务设施亟须完善、居住环境恶劣或存在重大安全隐患的街区和村庄；⑧符合土地利用总体规划和城乡规划，建设用地再开发中涉及的符合建设用地再开发政策的边角地、夹心地、插花地等；⑨列入"万村土地整治"示范工程的村庄等（刘新平，2015）。

第二节　建设用地再开发背景、历程和意义

我国的建设用地再开发主要是根据区域发展规划、土地利用规划和城镇发展规划，对区域建设用地的规模、布局、结构和强度进行调整，对建设用地进行综合整治。目前，我国建设用地再开发的主要类型与主要形式有"旧城镇、旧厂房、旧村庄改造""城镇改造""城中村改造""城市更新"等；按地理分布主要包含城镇建设用地综合整治、农村建设用地综合整治、城乡结合部建设用地整治等；对象主要有工业用地、住宅用地、商服用地、基础设施和公共设施用地等。建设用地再开发是提升土地利用效益，促进经济增长方式转变，推动产业升级与结构调整，建设资源节约型与环境友好型社会，保障城乡统筹发展，加快社会民生建设的重要手段（周晓等，2011）。

一、建设用地再开发背景

2000多年前，节约集约用地就体现在我国古代农业经营中，直接表达了精耕细作、集约经营的思想。1949年以后，特别是随着改革开放以来工业化、城镇化

和农业现代化的快速推进，为了破解保护耕地和保障发展用地的瓶颈，推进经济增长方式、土地利用方式和土地管理方式的根本转变，节约集约用地逐渐成为社会共识，并逐步上升为国家战略。推进存量建设用地再开发成为节约集约用地的一项重要措施和手段。新一轮沿海地区区域发展的战略设计，显示出新的战略诉求——寻求并确立在未来世界经济发展格局中的战略发展坐标。与此同时，东部地区经济社会发展遭遇资源刚性约束，30多年来珠江三角洲、长江三角洲地区经济高速发展很大程度上依靠增加投入、扩大投资规模、产业结构总体层次不高、技术创新能力不强、生产要素利用效率低、资源和环境恶化、经济整体素质不高的"粗放型增长方式"。当前要转向经济效益好、科技含量高、资源消耗低、环境污染少的"集约型增长方式"，土地再开发潜力很大（黄凌翔等，2015）。

（一）土地资源相对不足的制约不断加剧

第一，我国国土辽阔，但适宜生产生活的陆地空间较少，可供大规模、高强度开发的国土更为有限，且空间分布上呈现明显地区差异。在960万平方公里的陆地国土上，适合人类生存发展的宜居空间只有300万平方公里，适宜进行大规模、高强度工业化、城镇化开发的国土面积只有约180万平方公里，主要集中在"胡焕庸线"（黑龙江黑河至云南腾冲）东南侧，而其西北侧不适合大规模开发建设，只能进行以生态保护为先的据点式开发。

第二，我国耕地资源呈现"三少"的状况，即人均耕地少、优质耕地少、耕地后备资源少。我国以不到世界10%的耕地，承载着世界22%的人口，人均耕地只有1.37亩，不足世界平均水平的40%。现有耕地中，中低产田与高产田的比例约为7:3。水土资源分布不均衡，南方水资源占全国的80%，但耕地面积只占全国的1/3；北方水资源仅占全国的20%，而耕地面积占全国的2/3。理论上耕地后备资源总潜力约为2亿亩，但可以开垦成耕地的不足8000万亩。要确保"十二五"末耕地保有量在18.18亿亩（基本农田不低于15.6亿亩），加快提升土地节约集约利用水平是突破资源瓶颈制约的根本出路。

（二）建设用地需求持续增长

第一，经济增长过度依赖土地资源。改革开放30多年是我国经济快速发展、城市化急剧扩张的时期，国内生产总值（GDP）年均增长9.8%。同时也是我国土地资源消耗最快的时期，1998~2008年，我国耕地面积从19.45亿亩下降至18.257亿亩。据统计，与日本快速发展时期相比，我国GDP每增长1%，占用土地量是日本的8倍。

第二，基础设施建设超前。从高速公路建设看，据统计，我国高速公路总长度已达 7.4 万公里，与欧盟 27 国总和相当，是日本的 8 倍多。特别是我国东部地区高速公路的密度远大于欧盟和日本，是美国的 2 倍。

第三，建设用地供需矛盾依然突出。"十一五"期间，全国共批准新增建设用地3 300 多万亩，年均计划指标只有 660 万亩，但全国每年建设用地需求在 1 200 万亩以上，缺口达 45%。1996~2012 年全国年均建设用地量 724 万亩，2011 年，我国建设用地年初计划供应量为 670 万亩，而需求量却达到了 1 616 万亩，缺口达 58.5%。"十二五"期间，全国建设用地需求总量约为 4 659 万亩，年均达到 932 万亩。

（三）土地利用方式粗放低效长期存在

第一，城镇内部土地利用结构不合理。主要表现在工业用地比例过高，民生用地保障不足。我国各城市工业用地比例普遍超过 20%，而国外一般不超过 15%。全国每年新增建设用地中，工业用地占 40%，东部有的省市高达 60%，与发达国家相比，我国城市工业用地比例偏高 5%~10%。

第二，城镇土地利用粗放低效。我国 37 个特大城市用地情况调查显示，40%以上的土地属低效利用。在空间形态上，工业用地利用强度普遍偏低，容积率只有 0.3~0.6，而欧美等发达国家容积率都在 2 以上。

第三，城乡建设用地利用潜力大。城乡人均建设用地水平普遍超标。我国城市人均建设用地多达 133 平方米，超过国家规定的人均 80~120 平方米的标准。全国农村居民点人均占地面积高达 248 平方米，远远超过国家规定的 150 平方米上限标准。在城市建设用地不断扩张，农村人口大量向城市转移的同时，村庄用地规模不减反增。1997~2007 年的 11 年，农村人口减少了 13%，村庄用地却增长了 4%，呈人减地增的逆向发展趋势。

二、建设用地再开发历程

我国的建设用地再开发随着土地有偿使用制度和最严格的节约集约用地制度的实施不断深化完善。改革开放以来，大致经过三个阶段。

（一）起步发展阶段（1987~1997 年）

1986 年 6 月 25 日，《中华人民共和国土地管理法》正式实施，随着对土地利用和土地管理的系统化法制化管理，国家围绕解决城市和农村中建设用地利用粗放的问题，借鉴海外经验，重点开展了一系列城市和农村建设用地整理，在实践中探索低效建设用地开发利用的实施途径。截至 1997 年年底，全国已有 400 多个县开展了一定规模的土地整理实践，其中建设用地整理也出现了一批典型。一是以上海市为代表的"三个集中"，把土地整理作为实施规划的手段，通过迁村并点，促进农民住宅向中心村和小集镇集中；通过搬迁改造，使乡镇企业向工业园区集中；通过归并零星地块，使农田向规模经营集中。二是以安徽省、河北省、山东省、湖北省等为代表的结合农民住宅建设，迁村并点、退宅还耕，通过实施村镇规划增加耕地面积的村庄建设用地整理。三是以河北省邢台市等一批城市为代表，通过挖掘城市存量建设用地潜力，解决城市建设用地不足，实施城市土地整理。

（二）全面推进阶段（1998～2007 年）

我国社会经济进入高速发展阶段，土地供给与社会经济发展需求矛盾日益突出，此阶段国家建设用地再开发主要以城市和农村存量建设用地整理为主要内容，挖掘城市存量土地潜力和农村居民点整理潜力，推进农民居住向中心村和小城镇集中、工业向工业园区集中的进程，并开始积极将农地整理与村庄建设用地整理相结合，促进低效建设用地开发利用。

1998 年国务院颁布《中华人民共和国土地管理法实施条例》（中华人民共和国国务院令第 256 号）。1999 年 2 月，国土资源部颁布《建设用地审查报批管理办法》（国土资源部令第 3 号）。2004 年，国务院下发《国务院关于深化改革严格土地管理的决定》（国发[2004]28 号），提出"鼓励农村建设用地整理，城镇建设用地增加要与农村建设用地减少相挂钩"。2006 年，国土资源部部署开展了城乡建设用地增减挂钩试点工作，批复天津市、江苏省、山东省、湖北省和四川省 5个试点省（直辖市），设立增减挂钩试点项目区 183 个，下达挂钩周转指标 7.38万亩，探索农地整理与村庄建设用地整理相结合的具体实施途径。城市用地方面各地实施了"平改楼"工程和盘活"城中村""城中厂"用地，盘活城市建城区存量土地；开发区用地方面改变了粗放用地方式，提升土地投资强度、容积率和建筑密度，对开发区项目引进的税收、产值、就业等社会贡献都有了系统的规定，促进了开发区"产业集聚、布局集中、用地集约"，如上海市闵行经济技术开发区只有 3.5 平方公里，在引导企业增资改造的同时，把低效企业请出去、高效企业请进来，从而使每平方公里内企业年销售收入达 123 亿元；工业用地方面，各地积极探索节约集约用地新型工业化道路，鼓励建设标准厂房，工厂的配套设施用地在厂外集中，厂房层数提高、建筑密度加大，大大盘活了企业存量土地、大大提高工业用地的效率，促使企业出城出村、向园区集中，在提高工业用地集约度的同时，推动产业转移、集聚和改造升级；农村居民点用地方面，开展农民集中居住、"农民上楼"、拆旧建新、退宅还耕等措施，节约了大量农村建设用地。

（三）全面提升完善阶段

2008 年，党的十七届三中全会提出要坚持"最严格的节约用地制度"，节约集约用地上升为基本国策。同年，国务院下发《国务院关于促进节约集约用地的通知》（国发[2008]3 号），指出"切实保护耕地，大力促进节约集约用地，走出一条建设占地少、利用效率高的符合我国国情的土地利用新路子"。2009 年，增减挂钩试点进入全面规范推进阶段，国土资源部分两批下达挂钩周转指标 40.275 万亩，涉及全国 24 个省份。同年，国土资源部启动国土资源节约集约模范县（市）创建活动，各地积极探索低效建设用地开发利用新途径。湖北省结合新农村建设，用 3 年时间通过土地整治，"迁村腾地"归并自然村 1 200 个，减少村庄用地 20 万亩，增加耕地 16 万亩。2009 年，国土资源部批复广东省建设节约集约示范省，开展"三旧"改造（旧城镇、旧厂房、旧村庄）试点工作，至 2013 年 3 月，广东省完成投入改造资金 4 446.4 亿元，完成改造项目 2 893 个，完成改造面积 15.1 万亩，节约土地 6.8 万亩，节地率为 44.8%。

2011 年，《国民经济和社会发展第十二个五年规划纲要》中首次提出"落实节约优先战略"，明确"单位国内生产总值建设用地下降 30%"的具体要求，节约集约用地上升为我国长期坚持的国家战略。党的十八大召开后，节约集约用地成为加强生态文明建设、促进新型城镇化的重要抓手。2012 年，《国土资源部关于大力推进节约集约用地制度建设的意见》（国土资发[2012]47 号）中首次从国家层面系统提出了节约集约用地制度的框架体系和八项具体内容。2013 年，《国土资源部关于印发开展城镇低效用地再开发试点指导意见的通知》（国土资发[2013]3 号）中确定内蒙古、辽宁、上海、江苏、浙江、福建、江西、湖北、四川、陕西等 10 个省（自治区、直辖市）开展城镇低效用地再开发试点，通过先行先试，规范推进各地低效建设用地开发利用。

当前，我国低效建设用地再开发逐步从单纯的农村建设用地整理、城市建设用地整理向城乡低效建设用地综合开发利用转变；从单纯的盘活城乡低效用地，增加城镇建设用地有效供给为目标向促进节约集约用地、建设性保护耕地、优化土地利用结构和布局、促进产业转型升级、带动投资和消费增长、促进经济发展方式转变、搭建城乡统筹发展平台、发挥土地对城镇化健康发展的支撑作用等多目标并重转变。

三、建设用地再开发的意义

（一）建设用地再开发为城镇化、工业化、现代化提供发展空间

21 世纪前 20 年是我国经济社会发展的重要战略机遇期，也是资源环境约束

加剧的矛盾凸显期。当前国家下达的新增建设用地指标远远不能满足各级地方政府经济社会发展的需求，在东部地区矛盾尤为突出，一些地方甚至不惜违法违规用地。"扩内需、保增长"项目的落地进一步加剧了保护资源与保障发展的矛盾。与此同时，受长期以来形成的结构矛盾和粗放型增长方式的影响，我国建设用地快速、盲目扩张，总体上粗放浪费，不仅大量占用城镇周边优质耕地，而且影响城镇发展的布局、规模和结构，致使生态环境恶化。据统计，截至 2004 年年底，全国城镇规划范围内共有闲置、空闲和批而未供的土地近 400 万亩，约占现有城镇建设用地总量的 8%。通过对存量建设用地的再开发提高土地利用效率和综合效益，已是解决城市与农村争地、工业与农业争地、住房与庄稼争地、燃料与粮食争地的必要措施。

（二）建设用地再开发是破解当前土地利用矛盾、保障经济社会可持续发展的重要手段

综合分析各地"十二五"经济增长和城镇化发展目标，全国新增建设用地需求在 4 000 万～4 500 万亩，超出规划安排规模 1 000 万亩以上。全国现有 329 个国家级开发区和 1 251 个省级开发区，其规划建设用地规模分别达到 510 万亩和 990 万亩。在既要保护耕地红线又要保障发展用地的形势下，对存量建设用地进行再开发，是实现建设用地合理、高效、集约利用的必然选择。

（三）建设用地再开发实现土地资源高效、合理利用，切实保住耕地红线

在中央明确坚守"18 亿亩耕地红线"的要求下，基于我国人均耕地、优质耕地、耕地后备资源"三少"的资源国情，只有高效、合理利用建设用地，才能真正保住耕地红线。高效、合理利用存量建设用地，优化改变外延扩张的用地模式，拓展城乡建设用地发展空间，使新增建设用地需求减少；优化城乡土地利用结构和布局，使新增建设用地占用耕地比例减少，就能从源头上缓解建设用地占用耕地的矛盾。

广东、浙江两省人均耕地分别只有 0.45 亩、0.56 亩，后备耕地资源稀缺，耕地占补平衡难度大。2008 年末，广东省的耕地 4 266 万亩，已低于 2010 年规划指标；浙江省的耕地 2 881 万亩，比 2010 年规划控制指标只多出 7 万亩。珠江三角洲地区城镇建设用地比例已高达 35%～45%，未来建设空间非常狭小。但通过对城乡建设用地进行整治与再开发，优化城乡土地利用结构和布局，改变外延扩张的用地模式，缓解新增建设用地对农用地特别是耕地的占用，从而拓展了城乡建

设用地发展空间。例如，广东省佛山市通过 5 年的"三旧"改造使全市 GDP 年均增长 16.5%，建设用地年均增长只有 1.37%，通过存量挖潜，有效控制了新增建设用地的急剧扩张。我国开展的城乡建设用地增减挂钩试点与农村建设用地再开发和基本农田建设相结合，不仅确保了耕地面积不减少，而且使耕地质量明显提高，经整治的耕地亩产普遍提高 10%～20%；此外，还促进了耕地连片、产业集聚、居住集中，加快了现代农业发展和新农村建设，且通过显化农村土地资产和土地增值收益返还农村，促进了农民增收。通过盘活农村闲置、空闲和低效用地，提高了城乡土地集约利用水平，据统计，节地率平均达到 40% 以上。2006 年以来，全国通过增减挂钩试点和农村建设用地整理对项目区农村直接投资达 2 393.9 亿元，户均 8.73 万元，促进了项目区农村生产生活条件的改善。因此，对支撑低端高速增长的城乡存量建设用地进行整理、整治与再开发，是实现城乡建设用地高效利用、节约用地和保护耕地的必然途径。

（四）通过建设用地再开发，促进发展方式转变和保障产业升级和结构调整

改革开放以来，受长期形成的结构矛盾和粗放型增长方式的影响，我国经济增长总体上表现为投资拉动、规模扩张、资源高耗的粗放外延型增长。中央要求在促进发展方式转变上下功夫，在发展中促转变，在转变中谋发展。加大经济结构调整力度，客观上要求调整区域土地利用方式，运用土地政策保障经济平稳较快发展和引导发展方式转变，需要通过存量建设用地再开发节约集约用地增加建设用地有效供给。建设用地再开发作为节约集约用地的重要手段被各地广泛试用和实践，通过资源利用方式的转变促进经济发展方式的转变，通过资源利用结构调整促进经济结构调整，充分发挥节约集约用地在稳增长、调结构、转方式中的重要作用。建设用地再开发作为节约集约用地的实践有效带动了投资和消费增长，增强了经济发展动力。通过开展建设用地再开发，一方面，可以有效改善城乡基础设施，推动城乡环境建设，促进城乡服务均等化，拉动投资和消费需求；另一方面，可以吸引社会资本、民间资本参与到城乡建设用地整治与再开发中。此外，还能提供就业机会，增加城乡居民收入。从广东省"三旧"改造实践来看，截至 2011 年，广东省累计投入"三旧"改造资金 3 318.4 亿元，占同期固定资产投资的 5.76%，其中社会投资占总投资额的近 70%，佛山等地社会投资比例甚至达到 80%～90%。广东省"三旧"工作开展的头三年就累计增加就业岗位 195 万个，参与改造的项目改造后使就业人数增加 1.76 倍。在实施"三旧"改造中，通过构建利益共享机制，采取让利于民、还利于民等措施，使居民收入普遍提高，消费能力进一步加强，有效促进了消费市场的扩大。

2008 年前后的国际金融危机对当时我国的经济社会发展产生了巨大的冲击，充分表明我国迫切需要转变经济发展方式。加大经济结构调整力度，提高经济发展质量和效益需要通过建设用地的再开发增加普通商品住房用地供给，保证公共设施和基础设施改善用地，保障战略性新兴产业和低碳经济产业用地，促进产业结构调整和节约集约用地，进行土地生态保护和环境治理，以及优化国土开发格局，推进基本公共服务均等化引导产业有序转移，促进城乡统筹和区域协调发展。建设用地再开发通过推动产业转移、集聚和改造升级，使规模小、效益差、能耗大的企业逐渐被低能耗、低污染、高附加值的优质项目所代替。通过盘活企业存量土地、转变土地利用方式，实现产业结构调整，促进经济发展方式改变。从广东省"三旧"改造实践看，截至 2011 年，完成改造的项目 2 443 个，其中属于产业结构调整的就有 1 672 个，占改造项目的 68.4%，属于淘汰、转移"两高一低"的项目 411 个，引进现代服务业和高新技术产业项目 365 个，投资超亿元项目 276 个。通过"三旧"改造完成工业用地向第三产业用地转移 4 万余亩，有效促进了产业转型升级，推动了经济发展方式的转变。

（五）建设用地再开发是促进城乡统筹发展的重要渠道

长期以来，我国城乡"二元分割"体制导致生产要素城乡流动限制较多，工业化、城镇化发展"缺土地"，农业农村建设"缺资金"，城乡统筹发展"缺平台"问题较为突出；城乡土地利用缺乏统筹协调，城镇粗放蔓延、农村无序建设现象普遍，农村居民点占地与城镇占地"双扩"局面仍未改变，2001～2010 年全国城镇建设用地和农村居民点建设用地年均分别增加 200 多万亩和 20 多万亩。为构建城乡一体化发展新格局，亟须通过城镇和农村建设用地再开发搭建平台，消除生产要素流动障碍，促进城乡协调发展。开展农村建设用地综合整治，一方面，可引导财政资金和社会资金投入农村，促进城乡土地资源、资产、资本有序合理流动、互补互助，实现"以城带乡、以工补农"，推进社会主义新农村建设；另一方面，通过调整城乡建设用地结构与布局，挖掘农村低效建设用地利用潜力，提高土地利用效率，拓展用地空间，可进一步缓解城镇建设用地压力，助推城镇化进程，促进城乡一体化发展。截至 2012 年，国土资源部通过城乡建设用地增减挂钩共批准下达增减挂钩试点周转指标 334.6 万亩，涉及除新疆、西藏及港澳台以外的 29 个省（自治区、直辖市）。通过城乡建设用地增减挂钩试点与农村土地整治、基本农田建设、农村建设用地再开发相结合，既促进了耕地保护又促进了城镇协调发展。农村建设用地整理节约的指标在县级行政区域内使用，重点用于小城镇和新农村建设，在耕地不减少、建设用地不增加的前提下，有效解决了城镇化发展中面临的用地难题，促进了县域经济发展，加快了乡村城镇化进程。

（六）城乡建设用地再开发是改善城乡人居环境，推动民生和公共事业发展的保障

通过对城乡低效建设用地进行再开发，改变了城乡居民点散、乱、差的面貌，使得土地利用布局得以优化，城乡居民居住条件、基础设施和公共服务配套设施、生活环境得到明显改善，生活水平显著提高。从广东省"三旧"改造实践来看，头三年完成的 14 万亩 2 443 个改造项目中，城市基础设施建设和城市公益事业项目846 个，占地 4.1 万亩，新增公共绿地 413.5 万平方米，保护和修缮传统人文历史建筑 771.9 万平方米，明显改善了城乡居民的生活设施和生活、生产、生态环境。

四、建设用地再开发典型案例

城市发展不是线性的，繁荣与衰退的周期波动会带来城市发展的震荡，保持城市繁荣、防止衰退，需要城市进行不断地自我更新，推动城市转型和产业结构升级。一般来说，城市更新在发达国家重点是城市中心区的复兴和老工业基地的改造，而在发展中国家城市人居环境的改良则更加迫切。城市更新主要是通过增加城市基础设施和住房投资以改善人居环境，引进、更新和发展新兴产业以增强城市经济活力，开辟公共绿地以增强城市吸引力等途径实施。城市土地的再开发是对旧城用地的再利用，以进行城市用地的重新规划、布局和整理，美化环境，通过土地利用用途和土地利用结构调整保证城市发展的用地供给。

（一）广州市的旧城改造

广州市的旧城改造工作开展时间长，改造模式种类多，有旧城改造、城中村改造、中心城区"退二进三"产业转移升级等，旧城改造制度相对完善，旧城改造的效果和成绩也比较明显。

1. 以规划先行推动广州旧城更新

2010 年，广州市组织编制了《广州市旧城更新改造规划纲要》，第一次全面地针对广州旧城进行规划研究，该文件出台后，荔湾、越秀、海珠等老城区积极开展了一系列旧城改造更新活动。其中，荔湾区和越秀区在 2010 年分别召开了旧城改造项目招商推介会，积极寻求市场因素参与广州旧城的改造活动。目前，广州旧城改造工作正在积极地推进和实施，政府、开发商、市民广泛参与其中，努力使广州市"现代产业和宜居城市、宜居宜业的首善之区"的城市发展目标早日实现。

2. 广州市旧城改造更新类别

1）以提升旧城商务、商贸功能，优化老城区产业结构为主要目标的中心城区改造。重点针对越秀区、荔湾区、海珠区的批发市场群和传统商务区等。

2）以保护文化、美化城市环境为主要目标的综合整治类改造。目前已经实施的整治工程主要包括东濠涌整治工程、荔湾涌复涌工程、珠江两岸环境整治等。

3）保护历史文化、重塑街区活力，延续城市文化内涵的历史文化街区改造。目前已经实施的项目有北京路和上下九路历史商业街区改造、中山五路书院群保护、长堤历史建筑保护等。

4）针对旧城区内建筑破旧情况，对不同地段根据地区特色进行建筑外墙整饰，实现美化城市的目的。

5）以调整城市空间结构，优化城市功能为主要目的的城中村改造。目前已经完成猎德村改造。

3. 广州市旧城改造工作历程

（1）计划经济时期——填实留空

新中国成立初期，为解决居民住房需求和保障住房安全，主要利用旧城区间隙地段建设住宅区，按照规划将城市住房缺口补齐。在这期间政府投资开展了大规模的工人住宅建设、危房修缮、木屋改造等项目。1954～1955年全市修缮改造危房28 317幢；1965～1966年全市改建木屋11 018间。该阶段改造主体是政府，改造的资金来源是国家财政拨款，存在的问题是增加了旧城人口密度，加剧了旧城衰老。

（2）20世纪80年代——近郊建设推动旧城改造

改革开放初期，由于旧城人口增长较快，为解决城市住房紧张问题，重点推动了旧城居住区改造，并且提出"公私合建"的政策推行旧城改造。80年代中后期，引入港资实施东湖新村旧改项目。据统计，1985～1990年，广州旧城改造土地面积约为206.42公顷。该阶段改造主体是单位、房地产商，改造的资金来源是国家财政拨款、单位集资，存在的问题是改造成本高、难度大。

（3）20世纪90年代——积极引入市场力量

进入90年代，广州市旧城区出现建筑密度高、人口密度高、交通堵塞、配套不完善、城市功能混杂、环境恶劣等问题，为快速地解决旧城问题，政府大力引入房地产开发商参与旧城改造。由于缺乏有效的控制，房地产商以单纯的经济利益为改造目标，难以兼顾社会效益，造成诸多弊端，例如，这一时期典型的改造项目——荔湾广场对广州旧城肌理造成了较大的破坏。该阶段改造主体是开发商，改造的资金来源是银行贷款、外资和社会集资，存在的问题是单一偏向经济利益，不利于城市的总体发展。

（4）2000～2006年——反思与探索

1999年，政府禁止开发商参与旧城改造，承担旧城改造全部工作。2000～2006年，由于改造资金问题，导致旧城改造更新工作比较缓慢，改造主要集中在危房改造。该阶段改造主体是土地所有者，改造的资金来源是政府财政拨款和业主资金，存在的问题是改造资金有限导致改造效果有限。

（5）2007年至今——旧城有机更新

为应对旧城改造资金缺口，2007年广州市调整旧城改造政策，采取政府主导的市场参与改造模式，扩大改造资金的筹措途径。该阶段改造主体是政府、开发商、集体多元，改造的资金来源是国家财政拨款、开发商资金和社会集资，改造工作需继续完善。

（二）日本的土地重整

土地重整就是土地重新调整，它是日本土地开发和再开发中最重要、最常用的方法。19世纪末，日本工业化迅速崛起，城市化快速发展，但是基础设施跟不上经济和人口增长的步伐，限制了城市和经济的进一步发展。为了在土地和财力均十分有限的情况下解决这些问题，促进城市的发展，必须对整个城市地区进行综合再开发，土地重整制度应运而生。

为了推进这一制度的落实，日本出台了以《土地重整法》及其细则为核心的一系列法律法规。土地重整致力于解决两大问题：一是建设和改进基础设施和公用设施；二是更经济地利用土地。经过土地重整，不规则的土地变得相对规则，配套不完善的土地变得相对完善，由此大大提高了土地利用率和利用价值。

土地重整主要采取以下方法：①根据原有地块的数量、面积、位置等更换一块价值相当或更大的土地（土地增值主要是由于土地变得规则或配套完善造成的）；②临时换地，在项目建设过程中，临时更换土地并在得到批准后转化为永久换地；③献地，在土地重整过程中，每个地权者和租赁者都得按照不同的比例献出一部分土地，用以作为基础设施或公用设施建设用地，或作为保留用地。

日本的土地重整制度取得了明显的成效，土地重整作为一种覆盖面广的土地改造和土地再开发的方法，它费用低，使原来零星的、凌乱的城市土地得到了重新整合，与科学的城市规划相结合，创造了大量的城市发展空间，推动了日本经济的快速增长和城市的快速发展。土地重整既保护了地权，又体现了对公共投入的公平负担，综合了各方面的利益，使社会总体效益和平均效益达到了最大化。

（三）美国的"精明增长战略"

"精明增长战略"（Smart Growth Policy）是美国政府自20世纪60年代以来酝酿产生的一种城市改良发展战略（或称政策），其含义主要是：通过规划紧凑社区，充分发挥已有基础设施的效力，同时通过提供更多样化的交通和住房选择以控制城市无序扩张。

"精明增长战略"的实施主要遵循下列原则。

1. 集约利用原则

通过对各类土地的混合配置和使用，集约利用城市土地资源，减少城市空间的浪费。通过土地混合使用为公共交通提供稳定的客源，以减少人们不必要的出行，创造适合多种活动的道路空间，以吸引边缘地区人口向社区中心聚集。

2. 紧凑设计原则

为了占用更少的土地，给开敞空间提供更大的余地，新建建筑物须占用更小的基地，由此促使建筑层数增加，同时创立立体停车设施，从而利用节约土地建设更多的开敞空间。

3. 旧区先行原则

为保护城市边缘地带和开敞活动空间，通过相关政策引导新的开发需求转向民有区域（建成区），在既有区域内开发能够提高基础设施的利用效率，使新投资更有效率。

4. 交通导向原则

为人们在购物、休憩和社区活动在交通方式上提供多种选择，鼓励其他交通方式与小汽车交通形式公平竞争，通过公共交通引导人群活动方式及流向，尽量减少小汽车交通。

5. 环境景观保护原则

通过绿色景观营造开敞活动空间，为人们提供游憩、接触自然的机会和场所，同时将新的开发引入已有社区之中，为动植物的生存创造平等空间。

6. 收益公平的原则

通过各种措施保障和提高社区建设项目收益，以吸引投资商、银行、开发商参与开发，收益的多少很大程度上受到政府部门提供的市政基础设施、开发管理政策和竞争环境的制约。

7. 居住多样性原则

为不同收入水平的人提供相应质量标准的住宅是"精明增长战略"中的重要组成部分，通过提供多种层次的住宅选择可以提高资源、能源使用效率，使同一社区能够包容不同收入水平的人，消除日益明显的社会阶层分离现象。

8. 培育文化特色原则

城市的建筑物应该充分体现地方特色，而且能够经受时间的考验。建筑物为城市的风貌作出了贡献，城市也要加强对这些历史悠久、极富韵味的建筑物的保护。

总体来说，"精明增长战略"是一项基于土地和交通综合考虑的政策，它强调必须在城市增长和保持生活质量之间建立联系，在新的社区发展和既有社区改善之间取得平衡，通过公共交通为导向的土地再开发模式将居住、商业和公共服务设施混合布局在一起，集中时间、精力和资源用于恢复城市中心和既有社区的活力，并将开敞空间和环境设施的保护置于同等重要的地位，主张新增加的用地需求应更加趋于紧凑的已开发区域。"精明增长战略"认为城市用地模式应当坚持高密度化、功能混合化，把适宜居住的社区作为城市的基本构成单元，在建设用地重新开发和规划时围绕这些单元紧密地安排商业、交通、公共服务设施用地。通过提高已有区域的建设用地再开发强度，以提高投资效益和土地收益。以多模式的公交系统为导向、充分实现区位价值为目标，重新安排土地空间布局，交通规划方面以小汽车导向增长向步行及公共交通导向增长方向转变，减少高速公路建设，致力于步行和自行车交通设施的改善，通过设置城市增长边界以限制城市无限蔓延。注重生态环境保护下的城市土地可持续发展和利用，加大对城市绿色空间保护资金的投入，将道路交通、居住社区的扩展置于区域整体生态系统的大背景下，改善生态环境，增加公共服务设施、公共活动空间，为人们提供休憩、接触自然的机会和场所，提高人们的生活质量。

　　"精明增长战略"是西方发达国家城市扩张发展到一定程度后实施的城市再开发战略，对于我国旧城改造、历史文化保护、城市"退二进三"产业升级和建设用地再开发具有良好的借鉴意义。美国在 20 世纪 60 年代试图通过城市更新改造重振城市雄风，恢复城市中心功能，联邦政府对城市更新改造进行了大量的投入。单是 1966 年开展的"城市示范计划"，到 1973 年止，在 1 000 平方英里①的城市土地上实施了 2 000 多个更新改造项目，拆除了约 60 万单元房屋，搬迁了 200 万居住人口，继而在同样的土地上建设了 25 万单元的新房屋，另外有 1.2 亿平方英尺②的公寓和 2.24 亿平方英尺的商业用房也建于此类土地上（刘建芳，2010）。旧城改造大大提高了城市土地利用的集约水平，也使得城市土地利用更加合理。芝加哥曾经是一个以制造业为中心的城市，遇到过钢铁业发展停滞的瓶颈，但从 20 世纪 70 年代开始向服务业转型，成为多元化经济发展的典范。1990~2002年，芝加哥服务业的经济地位急速上升，10 年间服务业就业岗位总量增长了82%，达到 56.58 万人，其中大芝加哥地区共有外资企业 3 400 家，提供就业岗位 24 万个（吕维娟，2006）。目前芝加哥已被称为美国的制造之都、经贸之都、会展之都、文化教育和工业中心，成为仅次于纽约和洛杉矶的第三都会区。城市更新和产业升级，使得城市住宅用地和服务业用地比重上升，芝加哥都市区居住用地占城市用地比例从 1970 年的 24.1%上升到 1990 年的 43.27%，商业服务业用地占城市用地比例从 1970 年的 4.6%上升到 1990 年的 6.36%（石忆邵，2012）。

第三节　建设用地再开发的相关理论

　　建设用地再开发重点是解决存量建设用地和增量建设用地之间的土地平衡问题，建设用地再开发的对象是城乡存量建设用地，建设用地再开发的基础理论离不开土地及土地利用的基础理论即城市地租理论、空间发展理论和可持续发展理论。

一、城市地租理论

　　当代西方经济学者和土地经济学者将地租分为契约地租和经济地租。契约地租是指主佃双方通过契约的形式，规定佃户按期交给物主的租金额；经济地租是指利用土地或其他生产资料或因素所得报酬扣除所费成本的余额（即超过成本的纯收入）。马克思根据地租产生的原因和条件，提出了级差地租、绝对地租和垄断

---

① 1 平方英里=2.589 988 平方公里。
② 1 平方英尺=9.290304×10^{-2} 平方米。

地租三种形态。在土地利用中要遵循地租理论，以获取最大的地租收入。级差地租就是利用较好生产条件土地的超额利润，由于形成的条件不同分为级差地租Ⅰ和级差地租Ⅱ。级差地租Ⅰ是由于土地的肥沃程度和土地的位置不同而产生的，级差地租Ⅱ是由在同一块地上连续投入等量资本所产生的生产率差别而形成的。亚当·斯密指出，土地价格是地租资本化的比率，是用年地租除以利息率加以确定；李嘉图认为，不是土地的地租决定产品的价格，而是土地产品的价格决定地租；马歇尔提出均衡价格论，土地价格由供需双方同时决定；马克思把土地区分为土地物质和土地资本，土地价格是出租土地的资本化收入，即土地价格是地租的资本化，土地价格=地租/利息率。

在城市土地再开发模式中，无论是采取"紧凑式"的发展形式，还是"填充式"的发展形式，其核心都是在于充分发挥土地的级差地租效应，通过合理、精明、集约化的模式达到土地资源的帕累托最优，实现土地的最大级差地租。在城市土地资源配置的过程中，应以市场机制为主，而在城市建设用地再开发过程中，涉及社会、经济、文化、产业和多方利益，政府机制发挥重大的作用，但同时必须采取措施来弥补政府机制的缺陷，通过市场经营性的开发，将低附加值的产业用地转移给高附加值、高产出、高税收的产业用地，由此可以形成区域产业替代效应，可以有效地消除土地资源配置效率低和城市规模过度扩张带来的问题。同时建立科学的土地供应调控机制，如城市规划、产业规划、土地利用规划、土地储备和土地"批、供、用、补、查"审批机制，充分提高城乡建设用地再开发的级差地租收益回报（黄盛等，2008）。

二、土地区位论

杜能的农业区位论指出，农业土地利用类型和农业土地集约经营化程度，不仅取决于土地的自然特性，而且更重要的是依赖于其经济状况，其中特别取决于它到农产品消费地（市场）的距离，由此提出了著名的"孤立国"模式，证明市场（城市）周围的土地利用类型及农业集约化程度（方式）都是一个距离带一个距离带地发生变化，围绕消费中心形成一系列的同心圆，称作"杜能圈"，距离城市最近的郊区为高度集约经营区。随着到消费地距离的增加，土地经营愈益粗放，即从精细农业—林业—集约种植业—栅栏农业—粗放的三年轮作—牧业与粗放的种植业。

韦伯首次引用了"区位因素"，即一个地理点上能对工业生产起积极作用和吸引作用的因素，韦伯的工业区位论中排除了社会文化方面的区位因素，只考虑原材料、劳动力和运费，"孤立的工业生产"的区位就取决于运输费用和劳动费用，并从两个因素的相互作用中推导出工业区位分布的基础网，进一步推导出集聚要素作用对基础网位置变化的影响。

克里斯塔勒于 20 世纪 30 年代提出"中心地理论"即城市区位论，深刻揭示了城市、中心居民点发展的区域基础及等级与规模的空间关系，克里斯塔勒认为，空间中的事物从中心向外扩散，区域的中心地点即区域的核心，就是城镇，大多数情况是一个国家或地区，如果从大到小对城市进行分级，等级最低的那一级城镇数量最多，等级愈高，数量愈少（石虹等，2000）。

建设用地再开发必须以区位论作为指导，合理确定土地利用的方向和结构，将一定数量的土地资源科学地配置给不同的产业和部门，以谋求在一定投入的情况下获得最大的产出。区位及其产生的位置级差地租是用来控制城市区域土地利用的重要手段，并可以用来决定各种生产要素的投入量，城市土地区位反映了土地纯收益的差异，也就很大程度上支配了城市各项用地的空间安排。政府可以引导制定合理的区位地价政策，在中心区及近郊区收取较高的地价和土地使用费，以控制中心区的继续膨胀，促进中心区的建设用地再开发，保护近郊区的绿地和高产菜地，在远郊收取较低的地价和土地使用费，鼓励引导城市中心的旧厂低效工业向郊区外围置换转移，建立新的工业园区和卫星城镇，引导城市土地利用优化配置，使城市空间结构合理。

三、空间发展理论

欧美发达国家城市更新运动进行了 80 余年，在城市更新的空间结构、空间布局和城市规划方面形成了诸多不同的思想和理论，大致可以分为城市分散主义和城市集中主义。城市分散主义主要有 19 世纪末霍华德的花园城市理论、卫星城理论和萨里宁的有机分散理论。城市分散主义认为大城市的各种问题的产生是城市过分拥挤造成的，主张与大自然亲近的分散的城市结构；城市集中主义主要有勒·柯布西耶的"集中主义理论"，主张依靠现代技术，更集中更系统地建设城市，以解决资本主义大城市的种种弊端。我国区域社会经济发展情况和发展条件存在巨大差异，东部、中部、西部之间，大城市、中等城市和小城镇之间，城乡之间在资源的禀赋、建设历史过程、经济社会和城市发展所处阶段不同，在建设用地再开发过程中要实事求是地根据客观实际情况处理分散和集中的问题（李蕊蕊等，2006）。

田园城市理论。霍华德在《明天的花园城市》（*Garden Cities of Tomorrow*）中提出：让城市过度拥挤的人们返回土地上，在城市和农村都形成一定的磁力，吸引人们分别在城乡安家。他提出的田园城市是为安排健康的生活和工业而设计的城镇，规模要尽可能满足各种社会生活，但不能太大，被乡村包围，全部土地归公众所有或者托人为社区代管。空间设计上从中心到四周分 6 个区，其中心为美丽的花园，围绕花园布局剧院、大型公共建筑、图书馆、医院、市政厅、音乐讲演大厅和画廊，六大区布局具有城市社会生活功能的设施，城市外围布局各类生产单位和各类市场。田园城市理论对于建设用地再开发可借鉴之处有：①以社会改革目标作为城市空间规划的重要思想；②城市空间设计要摆脱城乡对立的局面。由于其城市人口少、规模小无法发挥规模经济效益，所以不适应我国当前土地资源紧缺和人口多的国情。

　　建筑师恩温在20世纪20年代提出了在伦敦这个大城市周围建设一系列田园城市的主张，他称之为"卫星城"。卫星城就是位于大城市的周边、同中心城区有一定的距离、有一定数量的人口、并且与中心城区联系密切的新兴城镇。卫星城距离中心城区，从只有几十公里到一百多公里不等，这主要与它兴起的条件和发展的前景、大城市的规模、经济发展能量、交通发展条件、辐射能力和原有城市规划的超前意识有关。卫星城的人口规模没有统一的标准数量，它可以从四五万人到四五十万人，有的甚至上百万人，这主要依赖于卫星城的人口承载能力、产业规模和交通运输条件。成为卫星城的关键在于它与城市中心城区联系的紧密性，卫星城的兴起与发展直接受到大城市人口、产业配套、人口分流、产业转移升级的作用力影响。卫星城发展的条件包括：母城即特大城市的区位条件，子城即卫星城镇的自然环境条件，母城子城之间便捷的交通运输和通信条件，子城相关产业发展和医院、文化、工业、金融、体育场馆、商业服务、公园、广场、休闲娱乐等及其他配套基础设施条件。卫星城市建设是现代化大城市发展到一定阶段的产物，世界各地的卫星城市建设主要分两类：一是为了疏通大城市的工业、科研机构及人口等而建设；另一类是为了更好地发展新的工业及第三产业而在大城市外围建设。当前我国城市建设用地再开发主要是为了消除大城市拥挤、产业布局混乱、交通堵塞等弊端，将产业外迁，引导大城市"退二进三"、产业结构调整升级，在大城市外围建立"产城结合"的卫星城。

　　面对大城市发展的困境，霍华德和柯布西耶提出了两种相关解决方法，霍华德倾向于希望通过新建城市解决已经存在的大城市尤其是特大城市中所出现的问题，实现"花园城市"的理想；柯布西耶倾向于通过对现有城市尤其是大城市本身的内部改造，使这些城市适应社会经济发展新需要，主张以先进的工业技术发展和改造大城市。萨里宁提出了介于两者之间的有机分散理论，他在《城市：它的生长、衰退和未来》（*The City: Its Growth, Its Decay, Its Future*）中阐述，一个具备合理城市规划原则为基础的全面改造可以拯救今天不断趋向衰败的城市，为了城市的健康发展，城市需要拥有良好的结构。萨里宁认为，城市犹如人的生命机体一样，如果内部秩序遭到破坏，整个机体也将逐渐地走向瘫痪，为了避免城市走向衰落，必须对城市的外形和精神进行全面的设计更新，不能允许城市没有秩序地发展，要按照相关的原则进行设计，将城市的就业岗位和人口分散到远离中心的区域中去。他认为将重工业和轻工业布局在各城市的中心地区是不可行的，而一些事业和行政管理部门需要设置在城市的中心区域，重工业和轻工业等的迁出为城市的中心地带腾出了大面积的区域空间，这些地方应该实施绿化措施，同时也应将事业单位、行政管理人员及商务人员的居住场所布置在此，这样可以方便生产生活，许多以前集中在城市中心的日常生活供应部门应该离开中心城区疏散到新区中去，这样可以得到更加适合的居住场所，进而逐步降低中心城区的人口密度，降低大城市和特大城市的拥挤程度。有机分散理论对于当前我国城市改造更新、城市产业转移调整升级、城市建设用地再开发、城市土地资源优化配置和城市空间结构调整优化具有积极的指导意义。

集中主义城市空间理论。与"田园城市""广亩城市"（Broadacre City）不同，勒·柯布西耶的集中主义理论认为要依靠现代技术，更集中地建设城市，才能解决大城市的种种弊端。勒·柯布西耶的指导思想是改造城市、改造社会，要创造一种人类空间新秩序，他提出的秩序就是分类，在规划的现代城市中，工业、居住、办公每项都按功能分类各占一个部分，就像一个工厂一样，首先是按不同功能加以分类，再以便捷的交通把彼此联系起来，其中城市的交通系统是城市的生命所在。集中主义理论承认大城市尤其是它的中心在社会、经济、文化上的重要价值，它的聚集功能无法替代；现代化的城市发展高效，交通信息发达，新的城市空间设计过程要体现速度与效率两大特点；现代化大城市环境差、拥挤，城市更新改造过程中要不断增加城市公共绿地，提高环境的质量，城市住宅既要大量建造，又要解决好生活配套服务向社会化方向发展，并有效解决拥挤问题；现代化的大城市在空间设计上要体现新追求，要有能够体现时代精神的城市象征和风貌。

从建设用地再开发整体来看，城市土地向更高层次发展可以看做是一种功能的叠加，但又远不是简单的功能规划理论，而是各种居住、生活、办公、娱乐、休闲等功能在空间上的组织叠加，通过科学规划设计、土地结构布局优化配置，将具体要素在城市空间形态上重新安排，因而具有鲜明的城市空间和区域空间重塑性。其目标是，一方面，随着人口、物质、资源、资本、信息在一定范围内的聚集，使建设用地再开发以后的每单位土地上产生超出各单位效益的更高效益，即实现聚集效益的外部经济；另一方面，通过对各类土地在空间上的混合安排，以达到快速城市化过程的空间动态平衡发展。达到上述目标需要一系列的安排，其中关键在于协调和调控，其重点是盘活现有城市存量土地，核心是控制城市的外延扩张，关键是优化城市土地利用空间结构，保障是强化城乡土地利用规划和城乡规划的宏观指导作用。

四、系统工程论

系统被定义为由相互作用和相互依赖的若干组成部分组合起来的具有某种特定功能的有机整体，而且它本身又是所从属的一个更大系统的组成部分。系统工程是系统科学的一个应用分支学科，是一门综合性组织管理技术，以大型的、复杂的系统为研究对象，并有目的地对其进行规划、研究、设计、管理，一起达到总体最优的效果。当今系统工程已被广泛应用于土地利用、城镇建设、交通运输、生态环境、资源开发和人口控制等经济社会领域，在资源环境管理等方面也发挥着有效的作用。系统工程强调综合运用各种科学和技术领域中所获得的成就，有利于各种技术协调配合，综合运用。当今任何一个大规模的复杂系统都不是一个单纯的技术系统，而是涉及社会、经济、生态环境等因素，构成一个社会-经济-技术系统，因此，促进自然科学、技术科学和社会科学紧密结合，协同作战，是系统工程解决社会-经济或社会-技术系统的特殊手段和途径。

建设用地再开发是一项复杂的系统工程，涉及资源、经济、生态、社会、制度、技术等多方面的内容，建设用地再开发过程中需要充分考虑多方面的因素，多种方法综合运用，要顾全大局，因地制宜，科学决策。在资源层面上，建设用地再开发不能简单追求土地利用面积的增加，但可以通过整合地块周围边角地、夹心地、插花地，扩大土地面积，使土地规则化，从而提高土地利用功能效果，通过土地上产业结构调整升级，通过基础配套和公用设施配套，从而提高土地的产出效益，消除土地利用中限制其能力发挥的因素；在经济层面上，建设用地再开发后的土地利用收益应该大于投资成本，但土地收益是综合的收益，不只是简单的经济收益，而是社会效益、经济效益和环境效益的综合；在生态层面上，建设用地再开发不能破坏生态系统，在建设用地再开发前要进行环境评价、交通评价和历史文化评价，在建设用地再开发过程中注重生态景观的保护，并塑造新的更加优化的生态景观，尽可能消除建设用地再开发工程对区域生态环境的影响；在社会层面上，建设用地再开发采取公众参与形式，需要得到该区域中 90%以上居民或村民的完全同意和接受，要积极鼓励原有居民或村民通过特定组织形式参与建设用地再开发的整个过程，在建设用地再开发过程中，充分听取各相关部门的意见；在制度层面上，目前建设用地再开发相关的法律、法规、政策、制度随着国家不断的试点示范而不断完善，技术也不断完善和规范，包括规划技术、权属调整技术、市场调控技术、环境相容性技术等；在技术层面上，建设用地再开发需要积极采用先进技术，改进调查评价技术、监管监测技术、承载力评价技术、潜力评价技术、开发后评价技术等，充分利用高新科技技术，如遥感（Remote Sensing，RS）、地理信息系统（Geographic Information System，GIS）、全球定位系统（Global Positioning System，GPS）等技术，提高建设用地再开发精度和工作效率；在资金层面上，要保障建设用地再开发资金充裕，积极探索政府资金、社会资金、集体资金等多元化的投融资制度和体系（胡宝清，2007）。

五、可持续发展理论

1983 年 11 月联合国成立了以挪威首相布伦特兰夫人为主席的世界环境与发展委员会，并于 1987 年向联合国大会提出了可持续发展的模式。1992 年在巴西里约热内卢召开的联合国环境和发展大会上通过了著名的《里约热内卢宣言》(即《地球宪章》)《21 世纪议程》，提出以"人类要生存，地球要拯救，环境与发展必须协调"为特征的新人类发展观。在著名的布伦特兰报告——《我们共同的未来》中，可持续发展定义为：既满足当代人的需要，又不对后代人满足其需要的能力构成危害的发展。可持续发展包括可持续性和发展两个概念，可持续性是指在对人类有意义的时间和空间尺度上，支配这一生存空间的生物、物理、化学定律所规定的限度内，环境资源对人类福利需求的可承受力或可承载能力；发展可理解为人类社会物质财富的增长和人类生活条件的提高。

围绕自然资源的持续能力，国际研究的热点之一就是土地资源的持续利用，土地是人类生存和社会经济持续发展的物质载体，当今人类面临的人口、粮食、能源、资源和环境五大问题或多或少地、直接或间接地与土地资源及其利用有关，土地资源的可持续利用是资源、环境、社会、经济可持续发展的重要基础；而土地数量的有限性和土地需求的增长性构成土地资源可持续利用的特殊矛盾，土地资源可持续利用的目的在于持续性地利用，通过对土地资源持续利用，人类可能从中获得土地产品和劳务的满足。土地数量的有限性为土地资源可持续利用提供了客观必要性，而土地的可更新性和利用永续性使土地资源可持续利用成为可能，协调土地供给和土地需求是土地资源可持续利用的永恒主题，实行土地资源资产化管理，真正按资产属性经营土地，切实做到节约集约用地，盘活存量建设用地，推进城乡建设用地再开发，促进城乡土地资源不断的优化配置，是实现土地资源可持续利用的重要路径。

可持续发展理论是城乡土地再开发理论的核心之一，城乡土地再开发的唯一选择就是走可持续发展的道路。一是坚持节约化、集约化、低能耗、低碳的方向。可持续发展是提高城乡土地资源的利用效率，改变过去"粗放、低效"的土地利用模式和"高投入、高消耗、高污染"的土地产出模式，推广节约集约和低碳节能环保的理念，将建设资源节约型和环境友好型社会、新型城镇化、生态文明建设、城乡统筹、城乡一体化的理念包容进去，促使城乡土地再开发走上良性循环的社会经济资源环境协调可持续发展的道路，用最少的资源能源消耗，实现社会效益、经济效益、环境效益的共赢，实现生产、生活、生态"三生"空间的和谐共存。二是实行最严格的节约集约利用制度和耕地保护制度，推进城乡规划、社会经济发展规划、生态环境保护规划和土地利用规划的多规融合，协调城乡建设发展与耕地保护、生态环境建设等之间的矛盾，实现城乡可持续发展。三是强调以人为本，对城市、古老乡村的历史文化古迹，历史风貌建筑，历史人文景观，历史文脉加以保护，坚持生态环境保护，保护世界自然生态系统的结构、功能和生物多样性，实现人与地、人与周边环境的"自然、和谐、共生"状态（陈英等，2012）。

六、城市更新理论

近现代意义上的城市更新，起源于产业革命，迄今已有 200 多年的历史。在这 200 多年的城市更新历史中，不同时期的发展动力、机制、更新对象、更新的重点城市区域及外部表现特征都存在极大差异（李倞，2008）。城市更新理论的发展历程主要分为三个阶段。

（一）从"形体规划论"到"人本主义"

以"形体规划论"（Physical Planning）为核心的传统城市规划思想对早期的城市更新理论有着深刻影响。从 19 世纪末到第二次世界大战前后，这种更新理论主导了欧美国家的城市改建。形体规划论把城市看作一个静止的事物，寄希望于建筑师和规划师设计的形体规划总图，试图通过物质环境的改变来改良城市，并企图依靠技术和金钱来解决城市中的所有问题。柯布西耶的"光辉城市"（Radiant City），源于芝加哥的"城市美化"（City Beautiful）运动及国际现代建筑协会（CIAM）的"现代主义"思想等都是这种形体规划的体现。1942 年，英国皇家学院拟定的"伦敦改建计划设计"希望通过美学方法解决伦敦人口过多和生活不便等问题，但这个计划最终落空，因为"复杂的城市更新问题不仅仅局限于美观和交通问题"。"形体规划论"企图将复杂的城市问题简单化和模式化。例如，CIAM 以其特有的理性思维方式——树形思维，将原来有机多样的城市功能简化成了居住、工作、休憩和交通，它们各自为政、互不干扰，以二维的交通流线相互连接。在这种规划思想的指导下，第二次世界大战以后，许多城市对衰败地区进行大规模改建，用"现代主义"的规划形式取代原先的城市肌理，造成了城市的二次破坏。实践证明，以形体规划为思想基础的城市改造并不成功。城市更新要解决的问题并不仅仅是物质的老化与衰败，更重要的是地区社会经济的衰退。因此，包括简·雅各布斯、芒福德、舒马赫、亚历山大、巴奈特等在内的学者，从不同角度和立场对此进行了严肃的思考和探索，促使了"人本主义"城市思想的出现。"人本主义"城市思想强调城市发展中主要考虑人的物质和精神需求，强调"利人原则"在城市更新中的核心地位。在微观层面上，"人本主义"要求"宜人的空间尺度是城市设计的主要内涵"和"对人生理、心理的尊重"；在中观层面上，强调"具有强烈归属感的社区设计""创造融洽的邻里环境"；在宏观层面上，则有"合理的交通组织""适度的城市规模"和"有机的城市更新"。

（二）从大规模改造到小尺度渐进式更新

英国 20 世纪初的市中心再发展运动及美国 1954 年《住宅法》颁布后的城市更新运动都是以清理贫民窟和大规模城市建设为特征的。对市中心土地的强化利用曾经一度带来中心区的繁荣，但很快带来大量的城市问题，给城市造成极大破坏。欧美许多学者对大规模重建活动进行了严肃的思想探索和反思。简·雅各布斯从三方面论述了大规模改造计划是一种"天生浪费的方式"，耗费巨资却贡献不大，大规模计划因缺少弹性和选择性，排斥中小商业，必然会对城市的多样性产生破坏。"它只能使建筑师们血液澎湃，而广大群众则总是成为牺牲品；并未使贫民窟'非贫民窟化'，仅仅是将贫民窟移动到别处，在更大的范围里造就新的贫民窟；使资金更多、更容易地流失到投机市场中，给城市经济带来不良影响。"因此，她主张"小而灵活的规划"（Vital Little Plan），"从追求洪水般的剧烈变化到追求连续的、逐渐的、复杂的和精致的变化"。1965 年，建筑师亚历山大在《城市非树形结构》（*The City is not a Tree*）一文中，从心理学和行为学角度对大规模改造进行了进一步的批判。他认为，城市复杂的现状环境反映了人类行为及深层次（如心理、精神方面）的复杂需求，体现了城市的文化价值。他强调，"有生命的建筑与城市设计应当去探索城市与人类行为之间的这种复杂的深层次的联系"。1973 年，舒马赫出版了一本颇有影响的论著《小就是美的——为人经济学》（*Small is Beautiful：A Study of Economics as if People Mattered*），他提出了规划应当首先"考虑人的需要"，主张在城市的发展中采用"以人为尺度的生产方式"和"适宜技术"。

（三）倡导综合性的可持续发展

早期的城市更新理论关注城市环境的物质改善，更新目标和价值观念是单一的，认为更新城市的建筑和设施就能解决城市衰败的问题。事实证明城市的改善不能再停留在物质环境改善与审美的角度。20 世纪 70 年代以来，西方城市更新的价值观也开始发生了转变。进入 20 世纪 90 年代以后，对西方乃至全世界影响最大也是最为深远的思想就是可持续发展。该思想最初来自那些致力于环境和资源保护的社会经济学家，是战后经济高速发展导致环境污染、资源破坏等问题日趋严重而引发的对城市发展模式的广泛的反思的结果。在可持续发展思想的影响下，西方城市更新的理论与实践在 20 世纪 90 年代有了进一步的发展。一方面，城市更新的目标和内容更加丰富，出现了各种新的形式，例如，美国的"社区发展"（Community Development）计划、欧洲的"历史街区修复"（Rehabilitation of Historic Site），以及老建筑"有选择的再利用"（Adaptive Reuse）、"社区建筑"（Community Architecture）、"住户自建"（Self-Help）等；另一方面，城市更新的规划理论和方法也趋于多样化，出现了诸如参与式规划、连续性规划、渐进式规划，以及联络性规划等一系列新的规划概念和方法。

回顾西方发达国家城市更新理论与实践的历程可以看到，第一，城市更新需要与城市经济结构调整相结合。第二，城市更新不能简单地等同于物质环境的改善，居民认同的更新方式才能真正地达到目的。西方发达国家的城市更新方式都是从大规模的以开发商为主导的推倒重建方式转向小规模的、分阶段、渐进式更新，改善了住房和居住条件。第三，城市更新中以人为本的思想得到重视。在更新中注重人的需求、人的尺度、强调人的参与。第四，必须加强对历史文化的保护，反对简单的推倒重建。

七、关于城中村问题的研究

20世纪90年代中后期，我国城市化进程加速，城市边缘区土地被大量征用，原有农村聚落被城市建设用地包围或纳入城市建设用地范围，为了规避征地补偿和安置村民所需的巨额经济成本和社会成本，城市政府选择了绕开村落居民点的迂回发展思路，导致城中村被城市包围，在土地利用、建设、景观、规划管理、行政体制方面表现出了强烈的城乡差异和矛盾。城中村现象逐渐引起城市政府、管理部门及社会各界的广泛关注，城中村改造与管理的现实需要引发了社会学、地理学、经济学、城市规划等学科及城市管理部门对城中村的研究热情，城中村作为一种特定的地域类型研究日益增多（陶然，2014）。综合而言，已有关于城中村的研究主要集中在以下几方面。

（一）城中村的概念

城中村概念的提出与城市发展及城市化进程有着密切的联系，根据美国学者诺瑟姆的观点，一个国家或地区的城市人口占总人口比重的变化过程可以概括为一条稍被拉平的S型曲线。一个国家或地区城市化的进程分成3个阶段：①城市化发展水平较低的起始阶段；②城市化进程的加速阶段；③城市化进程的后期阶段。城市化发展阶段如图1-1所示。

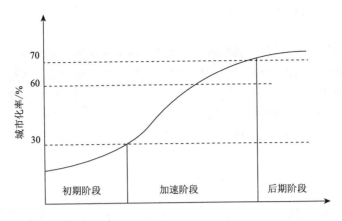

图 1-1　城市化发展阶段示意图各个时期城市化进程的特征

研究者根据自己的研究角度对城中村进行定义，其出发点大多以地理位置和城乡二元结构为主。李培林（2002）认为城中村是存在于城市与村落之间的混合社区；李俊夫（2003）从土地产权和土地利用类型的角度，将城中村定义为位于城市规划范围内或城乡结合部，被城市建成区用地包围或半包围的、没有或仅有少量农用地的村落。此外，蓝宇蕴（2001）、李晴（2002）、闫小培等（2004）也分别对城中村进行了定义。虽然上述这些城中村的定义在表述上存在差异，但实质内涵却是基本相同的：第一，都涉及"城"和"村"的概念，也就是指出了城中村的基本特征——城乡二元结构；第二，都指出城中村的位置在城市边缘区；第三，均认为城中村的实质是一种农村社区。由此可见，学者们对城中村的实质的认识还是比较一致的。

（二）城中村的类型与特征

专家学者从各个不同角度对城中村的类型与特征进行了多种分类。张建明（1998）运用因子分析法和聚类分析法等统计方法，把城中村分为基础设施优越型、集体经济实力型和土地资源充足型三类。李立勋（2005）从城中村的空间位置、发育程度、与城市用地的关系等因素考虑，将城中村分为成熟型、成长型和初生型三类。李培林（2002）按地理位置将其分为三种类型：处于繁华市区、已经完全没有农用地的村落；处于城市周边、还有少量农用地的村落；处于远郊、还有较多农业用地的村落。周素红等（2009）根据城中村的土地利用比例、外来人口与原住居民的比例及原住人口的物业出租收入占总收入的百分比，把城中村分为典型城中村、转型城中村和边缘城中村三类。

（三）城中村的形成机制

城中村的形成有着复杂的社会历史原因，城中村的形成机制可以简单地概括为：快速城市化时期城市用地的扩展是城中村形成的外部动力（张建明，1998；闫小培等，2004）；城乡二元土地制度是城中村问题的根本（张建明等，1995；李立勋，2002；蓝宇蕴，2003；闫小培等，2004）；村民追求土地和房屋收益最大化及村落共同体的利益内聚是城中村形成的关键（蓝宇蕴，2003）。

（四）城中村的改造

田莉（1998）建议加强村镇规划管理，制定相应的法规政策，规范城中村的发展。敬东（1999）、李立勋（2001）建议对城中村物质形态空间进行分类改造，改善人居环境，实现城中村与城市在景观与环境上的协调。李培林（2002）、闫小培等（2004）提出了城中村改造需要构建"政府—村民—开发商"的利益均衡机制，有步骤、分阶段地进行城中村改造。魏立华（2005）认为城中村是目前最为合适的城市低收入人口居住模式，建议在存续前提下进行转型，提出原位改造低收入廉租房社区的改造思路。由此可见，随着对城中村更加深入地研究，城中村改造的困难、对村民及外来人口的关注逐渐增强，对城中村的改造工作已不再强调拆除重建这种一刀切的方式。

综上所述，研究者对城中村的研究可以归纳为以下几点。

第一，研究者们对于城中村的概念、特征、产生的问题、形成机制、改造建议等方面的研究比较透彻，基本能达成共识。城中村是一个复杂的现象，涉及社会学、地理学、经济学、城市规划等领域。

第二，快速的城市化引起的城中村现象容易使大家普遍认为拆除重建是解决城中村问题的最佳途径，现有的研究成果主要是针对某个具体城中村如何拆除重建、如何解决资金等问题展开并提出解决思路。

第三，现有的研究中对广州、深圳等经济发达地区的城中村研究较多，而对于经济较为落后的西部地区城市的城中村研究较少。

第四，从研究方法上来看，现有的研究主要集中于宏观层面的定性研究，理论分析较多，而对于某个地区在广泛调研基础之上的定量、实证性的研究非常缺乏。

第五，城市是一个有机的整体，城市的产业结构、劳动力的分布、不同阶层的居住区位既互相关联，又互相作用，不同区位的城中村有不同的特点，因此，城中村的改造绝不能一拆了之，需要重新调整改造目标，达到综合平衡效果。

第四节　建设用地再开发模式

建设用地再开发模式是根据建设用地再开发过程中典型性的组织方式、管理结构、产权体现方式、资金投入方式、空间演化过程形式等将建设用地再开发划分相应的类型，模式的划分是个相对的概念，各种模式之间在概念和内容上有交叉。例如，从建设用地管理模式来看，陈旺松（2011）总结了村镇建设用地入市流转的 4 种基本模式，即转权让利、保权让利、规划区内外区别对待、农户主导的自发流转。长江三角洲地区的低效建设用地再开发和珠江三角洲地区的"三旧"改造，主要是根据建设用地再开发主体参与模式和空间改造强度划分。

一、按照参与主体角度划分的建设用地再开发模式

根据广东省的"三旧"改造实践，按照改造主体的角度不同将"三旧"改造划分为：政府主导型改造模式、村集体主导型改造模式、使用权人自行改造模式和开发商主导型改造模式（陶海燕，2014）。

（一）政府主导型改造模式

该改造模式的改造主体为政府，由村集体等其他主体配合，政府直接投资改造旧村庄、旧厂房等，解决各种拆迁安置问题，进行再开发建设，从而达到改造的目的。政府主导型改造模式，一是为了城市基础设施和公共设施建设或实施城市规划进行旧城区（城中村）改建需要；二是针对个别涉及主体多、拆迁难度大、改造工作十分复杂的大型项目，由政府依法征收或者收回、收购土地使用权之后，纳入土地储备，然后按照有关规定，通过公开招标、拍卖、挂牌等方式将前期整合的土地进行出让。实施这种模式的前提是政府经济实力雄厚，村民接受政府的改造方案。

该模式的优点是：首先，能够充分考虑全社会的综合效益，有利于调配各相关部门的资源，政府代表了全体市民的利益，在改造过程中不仅仅集中在经济利益上，更关注的是社会、环境和经济方面的综合利益。其次，旧村庄改造涉及国土局、规划局、民政局、劳动局等相关部门的配合，政府改造能统筹协调，有利于改造工作顺利进行。最后，能够进行较为彻底的改造，不仅可以从空间（硬件）上对旧城镇、旧厂房、旧村庄进行改造，同时也从体制、保障、发展（软件）上对旧城镇、旧厂房、旧村庄进行改造，为旧城镇、旧厂房、旧村庄的全方位改造创造条件。

该模式的缺点和局限性是：首先是适应范围，该模式仅适用于尚存有土地且将被城市建设所覆盖的旧城镇、旧厂房、旧村庄；其次是资金问题，也是最重要的问题即政府独立承担所有改造的费用，资金相对困难；另外，政府如果将村集体、村民、用地单位和个人排除在改造利益分配之外，则极易产生冲突和对抗，加大改造难度。

（二）村集体主导型改造模式

村集体主导型改造模式又分为保留集体所有的自主改造型和申请转为国有的自主改造型两种模式。保留集体所有的自主改造模式是在政府指导下，由村集体独立或是与其他单位合作，承担旧村庄的改造工作，包括拆迁安置、土地平整、回迁返建、商住房建设等。村集体经济组织自行进行改造，不改变土地所有权的性质，获得土地的增值收益。在广东省的"三旧"改造中，还出现了村集体经济组织将集体建设用地转为国有后，村集体经济组织自行进行改造或与有关单位合作改造的另一种村集体主导型改造模式。

该模式的优点是：首先，村集体独立或与其他单位合作进行改造开发工作，获利丰厚，开发积极性高；其次，由于其代表了绝大多数村民的利益，村民的积极性容易调动，拆迁、安置、补偿和改造工作容易达成共识，有利于改造工作的顺利推进。

该模式的缺点是：首先，该模式对村集体经济组织和村股份公司的经济实力、技术力量及企业的经营管理能力、组织协调能力都是一个严峻的考验，存在管理经营上的巨大风险；其次，对于投资巨大的拆迁与建设费用，村集体经济组织可能难于应对，会面临巨大的资金问题，存在资金上的巨大风险隐患。

（三）使用权人自行改造模式

使用权人自行改造模式是在政府指导下，由原土地使用权人在符合土地利用总体规划、城乡建设规划、产业发展规划的前提下，土地使用权人自己或与他人合作等方式对土地进行再开发。

该模式的优点是尊重了土地权利人对改造地块进行再开发利用的自主权，支持鼓励社会力量积极参与改造，充分保障了原土地使用权人的利益。

该模式的缺点是对土地使用权人的公司的经济实力、技术力量、经营管理能力和组织协调能力等要求比较高。

（四）开发商主导型改造模式

按照开发商获得的建设用地权属特性，可以将开发商主导型改造模式分为使用国有土地投资开发、改造和通过转让、租赁等方式获得集体土地使用权进行投资开发和改造。开发商主导型改造模式是指开发商成立项目公司，负责征地、拆迁、补偿、安置、建设、销售全过程，按市场化方式进行综合开发，整体方案、布局、资金运作、经营策划都由开发商自己承担。考虑开发商独立承担拆迁改造的资金压力巨大，而大多数地方政府人力和资金有限，如果有意参与改造的社会资本难以进入的话改造工作难以推动，广东省 2009 年出台《关于推进"三旧"改造促进节约集约用地的若干意见》（粤府[2009]78 号）及其实施意见提出在"三旧"改造范围内，"三旧"改造的地块可采取拆迁安置与土地使用权捆绑的方式进行公开出让。

该模式的优点是：首先，开发商开发房地产的经验丰富、经营管理能力和技术能力强，资金有保障，改造的风险小，也有利于保证改造地区的开发档次和形象品位，实现土地再开发的最大综合效益；其次，开发商独立运作有利于整体规划和整体协调，控制开发进程，保证土地再开发的整体效果。

该模式的缺点是：首先，开发商独立承担整个旧城镇、旧厂房、旧村庄的改造，利益相对集中，拆迁安置、土地开发、回迁返建、商品房开发过程中的大部分利润流入开发商；其次，由于开发商注重自身利益，这使改造难以彻底进行，仅仅只能从空间（硬件）上对旧城镇、旧厂房、旧村庄进行改造，而在体制、机制、社会保障、发展保障等（软件）难以顾及，造成旧城镇、旧厂房、旧村庄改造得不彻底，留有隐患。

二、按照再开发深度和内容划分的建设用地再开发模式

（一）成片重建改造模式

对危破房分布相对集中、土地功能布局明显不合理或公共服务配套设施不完善的区域，应以改善人居环境、完善公共服务配套和优化城市功能布局为目的，按照现行城市规划和节约集约高效用地的要求实施成片重建改造。

（二）零散改造模式

对零散分布的危破房或部分结构相对较好但建筑和环境设施标准较低的旧住房，可结合街区综合整治，采取修缮排危、成套改造、高层房屋加装电梯、立面整饰等多种方式予以改造，消除居住安全隐患，完善各种生活设施，改善居民的生活条件。

（三）历史文化保护性整治模式

对历史文化街区和优秀历史文化建筑，应严格按照"修旧如旧、建新如故"的原则进行保护性整治更新，按照"重在保护、弱化居住"的原则，参照拆迁管理法律法规，合理动迁、疏解历史文化保护建筑的居住人口。探索采取出售文化保护建筑使用权或产权的方法，引进社会资金建立保护历史文化建筑的新机制。

（四）旧城更新改造项目公共服务设施建设模式

要结合"五个一"工程，加快改善旧城更新改造项目范围内路、水、电、气、排污、环卫、通信等公共服务设施，解决区域水浸隐患，实现"雨污分流"和"三线"下地。公共服务设施建设计划应优先安排，并与更新改造同步建设、同步配套。

三、基于旧城改造的建设用地再开发模式划分

旧城改造本身应该是一项公益性的城市开发活动，工作的主体应该由政府统筹实施。市场力量应该有限地参与其中，而不能成为旧城改造的主要力量（姜文锦，2011）。

（一）历史文化保护模式

历史文化保护模式是以最低的程度的"改造"，维护旧城原有的历史风貌，该模式是旧城改造中比较常见的一种模式，该模式的主要内涵在于"修旧如旧、建新如故"。但并不是一味地追求旧，而是通过最低程度的改变和最大限度的保留，使保护对象的面貌恢复到历史上某个较好状态的时期。通过实施历史文化保护，对旧城内文物、历史文化核心区，进行有效的保护和修缮，再现旧城厚重的历史文化内涵。

适用范围：

1）旧城历史风貌保存较好的历史文化保护核心区。

2）具有地方特色需要保护的历史文化街区。

实施要求：

1）对历史文化保护核心区，严格按照"修旧如旧、建新如故"的原则进行保护性整治更新，严禁破坏文物和历史文化遗存。

2）严禁利用历史文物进行直接的商业开发和破坏。

（二）历史文化经营开发模式

历史文化不仅要保护更要开发和经营。通过合理的开发利用，一方面弘扬当地的历史文化，另一方面市场化经营和开发可以较好地实现历史文化街区的"造血"功能，为历史文化街区的自我完善提供资金，从根本上实现旧城的可持续发展。

适用范围：

1）规划的旧城历史文化核心区以外的区域。

2）具有地方特色的历史文化街区（如广州西关大屋、骑楼街区等）。

实施要求：

1）严格按照"修旧如旧、建新如故"的原则进行保护历史街区，严禁大拆大建。

2）在不破坏历史文化街区原有风貌的前提下，允许对历史街区进行商业开发。

3）历史街区的商业开发必须符合城市产业发展要求，禁止开展污染性经营项目。

典型案例：

1）成都宽窄巷子。

2）上海新天地。

（三）市政、公共配套设施完善模式

对于市政、公共设施配套不完善的旧城区，旧城改造项目必须严格按地区规划要求，积极配套建设相应的配套设施，积极完善改造项目范围内的路、水、电、气、排污、环卫、通信等城市配套设施，实现"雨污分流"和"三线"下地。另外，对于现有市政、公共配套设施不完善，城市环境恶劣的地区，应有各级政府根据自身条件，积极完善市政、公共配套设施，完善旧城功能。

适用范围：

1）市政、公共设施不完善的旧城改造项目。

2）所有市政、公共设施配套不完善旧城区。

实施要求：

1）旧城改造项目，应根据相关规划要求和"五个一"工程，配套完善改造地区的路、水、电、气、排污、环卫、通信等市政、公共配套设施，水浸地区应彻底解决水浸隐患，市政、公共配套设施项目应在改造中优先安排建设，必须与更新改造同步建设完成。

2）各区应根据规划要求，结合旧城片区的自身条件，积极完善市政、公共配套设施，努力提升旧城人居环境。

典型案例：

1）广州荔枝湾综合整治。

2）广州东濠涌综合整治。

（四）旧城环境整治模式

对于建筑质量、功能符合城市规划要求，但是由于疏于维护导致建筑外立面形象差、生活环境和生态环境差，缺乏公共绿地和开敞空间的旧城区，应由政府统筹社区、产权人等相关各方，共同参与美化街区环境，根据条件重新整饰建筑外立面，增加街区公共绿地、开敞空间等，提升旧城综合环境。

适用范围：

1）建成时间较短而且符合相关规划要求，但生态环境较差的旧城区。

2）建筑质量无安全隐患外立面较差，影响城市形象的街区。

实施要求：

1）对于建成时间短、符合相关规划要求，生态环境较差的旧城区，由政府统筹、社区参与，彻底清除街区内的卫生死角，并结合街区空地增加公共绿地和开敞空间，美化旧城生态环境。对涉及公共利益和市容环境的整治费用，应按照一定比例由市、区两级财政共同负担。

2）外形差、建筑质量无安全隐患的单栋或连片建筑，功能和用途符合相关规划要求的，由政府统筹、社区和业权人参与，对建筑外形进行整饰，提升旧城的城市形象，对建筑实施综合整治的项目必须报有关部门进行审核、备案。

典型案例：

广州市亚运整治工程。

（五）既有建筑功能更新模式

房屋所有人根据当地经济、产业发展水平，在不改变土地使用权利主体和使用期限的前提下，保留建筑主体结构，将居住房屋部分或全部改造商业用房，用于发展政府鼓励的第三产业，提升城市产业结构、优化产业布局，提升旧城经济发展水平。

适用范围：

位于商业街区，具有较高商业开发价值的建筑。

实施要求：

1）位于商业街区的居住、工业建筑，在满足城市相关规划要求，符合地区产业发展布局的要求下，房屋权属人可以将建筑部分或全部功能调整为商业用途，用于发展城市鼓励发展的第三产业。

2）建筑功能调整必须符合消防安全、环境保护、建筑节能等规范要求。

3）鼓励业权人利用建筑功能调整、消除安全隐患，增加公共配套设施。

（六）危房征收储备模式

旧城大量的危破房屋严重威胁居民人身安全，通过相关职能部门认定为危房的，应由区土地管理部门采取货币补偿征收纳入政府储备，危房属于原住居民由国土局协调解决安置房问题。

适用范围：

1）旧城内被认定为危房的私有产权房屋。

2）旧城内被认定为危房的直管公产房。

实施要求：

1）对区内被认定的危房进行整理调查，由相关部门负责筹集资金货币补偿后征收纳入政府储备，纳入储备后的土地优先用于建设市政、公共配套设施或用于改善旧城民生、环境的项目。

2）被认定为危房的原住居民优先纳入政府保障性住房安置。

3）认定为危房的直管公产房，按照相关要求执行。

（七）保障型改造模式

即非开发型的旧城改造模式，完全公益性的旧城改造模式。旧城区低收入人群相对集中，对片区改造经济效益不好的地区，应由政府统筹地区的改造。通过实施改造有效提升旧城困难人群的生活水平和质量，确保旧城改造的社会效益，使旧城居民分享城市经济发展的成果。

适用范围：

1）困难群体相对集中的旧城区，且地区土地开发价值不高或无法实现自我平衡的旧城改造项目。

2）困难群体相对集中的旧城区，规划确定本地区主要建设市政、公共服务配套设施等公益性用地的地区。

实施要求：

1）旧城改造片区无法实现自我平衡，且当地居民收入水平较低的，由政府负责出资统筹片区改造，在符合上层次规划的条件下实施原地回迁安置。

2）旧城改造片区被规划为市政、公共配套、城市绿地等公益性设施的地区，改造地区低收入群体优先纳入城市保障性住房供应。

3）采取集中安置的方式，将旧城低收入群体进行集中安置（解困安置区），利用腾挪出来的土地融资或建设市政、公共配套设施。

（八）有机零星改造模式

以保护旧城传统肌理、历史风貌为目的，不进行大规模的土地开发运作，在原有土地所有权不变的基础上，对旧城局部进行改造、修缮或保护。

适用范围：

1）旧城建筑文物价值不高，但是历史风貌和整体城市肌理有较高历史文化价值的街区或地块，多以传统民居等小型建筑为主。

2）历史风貌保存较好，但是文物与当地危破旧房相互混杂的地块。

实施要求：

1）旧城历史风貌保存较好的地区，应以保护为主要的方式改造，严格禁止破坏旧城风貌和肌理，改造中涉及市政、公共配套设施的应由政府负责统筹建设，经营性用房改造则引入市场力量。

2）历史风貌与危破旧房相互交叉地区，应结合危破旧房的拆迁征收，完善本地区市政、公共配套设施，修缮、保护好街区的历史风貌，改造中涉及市政、公共配套设施的应由政府负责统筹建设。

（九）局部建筑整体拆建模式

在旧城区中，个别建筑年代久、近乎危房程度、历史文化价值不高，为了快速实现旧城的整体更新，比较常见的是房地产开发方式的改造，实施整体拆除重建，有利于实现基础设施现代化和旧城改造工程进度，提升旧土地资源利用效率，但是改造方式往往破坏旧城原有城市肌理。

适用范围：

历史风貌区内没有文物分布的较大片区，改造经济价值较高的地块。

实施要求：

1）整体改造项目必须严格按照城市规划要求，优先配套完善改造地区的市政、公共配套设施。

2）整体改造项目必须严格按照城市规划实施，新建建筑应与周边城市风貌协调，不得破坏现有城市肌理。

四、基于旧村改造的建设用地再开发模式划分

基于旧村改造的建设用地再开发模式可划分为全面改造模式和综合整治模式。全面改造模式是对那些位于城市重点功能区、对完善城市功能和提升产业结构有较大影响的城中村，按照城乡规划的要求，以整体拆除重建为主实施全面改造。综合整治模式是对位于城市重点功能区外，但环境较差、公共服务配套设施不完

善的城中村，以改善居住环境为目的，清拆违章、抽疏建筑，打通交通道路和消防通道，实现"三线"下地、"雨污分流"，加强环境整治和立面整饰，使环境、卫生、消防、房屋安全、市政设施等方面基本达到要求。

（一）旧村全面改造的建设用地再开发模式

1. 旧村全面改造的总体要求

全面改造的旧村一般为城中村，改造路径上按照"改制先行，改造跟进"的原则，将农民转为居民，村委会转为居委会，村集体经济组织转制为股份制企业，土地转为国有，纳入城市管理和保障体系。全面改造的城中村需要纳入城市整治改造总体目标责任管理。城市政府同村集体经济组织及相关部门，在符合土地利用总体规划和城市总体规划的前提下，按照因地制宜、合理布局的原则，编制完成辖区全面改造项目专项规划、拆迁补偿安置方案和实施计划。城中村全面改造专项规划、拆迁补偿安置方案和实施计划应当充分听取改造范围内村民的意见，经村集体经济组织80%以上成员同意后，由县级政府报送市级政府审批。加快城中村全面改造项目范围内道路和公交线路建设，改善城中村居民出行条件。加快全面改造项目范围内水、电、气、排污、环卫、通信等公共服务设施的建设，解决区域水浸隐患，实现"雨污分流"和"三线"下地。道路、公交、公共服务设施建设应当与全面改造项目同步建设、同步配套。全面改造范围内的公共服务设施由改造实施主体负责组织建设。

2. 旧村全面改造的主体和运作方式

按照广东省的实践经验，全面改造原则以所在村的集体经济组织为主体，根据经村民同意并报城市"三旧"改造部门批准的全面改造项目专项规划、拆迁补偿安置方案和实施计划具体组织实施。全面改造项目立足于市场运作，除村集体经济组织自行改造外，应当通过土地公开出让招商融资进行改造，在保障村民和村集体经济组织长远利益的前提下，公开、公平、公正、择优选择投资主体参与改造。应当鼓励村集体经济组织自主实施改造。

3.旧村全面改造的规划管理及土地利用管理政策

按照广东省的实践经验，全面改造项目专项规划需要对地块开发强度进行综合协调和平衡，在符合所在区域控制性详细规划要求的前提下，合理统筹考虑本行政区域旧城更新改造安置房建设需要，鼓励城中村全面改造项目参与建设旧城更新改造安置用房。全面改造项目用地范围原则上以旧村的用地范围为基础，结合所在地块的特点和周边路网结构，合理整合集体经济发展用地、废弃矿山用地、国有土地等周边土地资源，实行连片整体改造。连片整体改造涉及的边角地、夹心地、插花地等，允许在符合土地利用总体规划和控制性详细规划的前提下，通过土地位置调换等方式，对原有存量建设用地进行调整使用。全面改造的城中村土地，符合有关规定的，可登记为国有土地。全面改造的城中村中，现状为建设用地，且符合土地利用总体规划的，可以按现状确定地类。位于城中村居民点范围内的一定面积的水面、绿地可按照城市人工水面、绿地确定地类。全面改造的城中村项目涉及新增建设用地的，须依法办理农用地转用或按照建设用地增减挂钩政策办理，其新增建设用地指标应当纳入全市土地利用年度计划优先予以保障。

（二）旧村综合整治

按照广东省的实践经验，旧村综合整治项目一般由区政府编制整治规划和实施计划，报市级"三旧"改造办公室备案后指导各村集体经济组织具体实施。综合整治项目以村集体经济组织自主融资开发为原则。在符合城市规划、留用地管理政策和经 80%以上村集体经济组织成员同意的前提下，允许村集体经济组织按照城乡规划和"三旧"改造政策，通过旧厂房、旧商铺等低效空闲存量土地升级改造，适用集体建设用地使用权流转政策，自主进行综合整治招商融资。城中村整治改造范围内的原有合法产权的房屋，被拆迁人可以选择复建补偿、货币补偿或者二者相结合的补偿安置方式。城中村整治改造范围内住宅拆迁补偿安置的基准建筑面积，可由区政府或其会同村集体经济组织根据改造范围内村民现状住房面积、整治改造成本等因素综合确定。基准建筑面积是确定"拆一补一"复建补偿面积和货币补偿金额的依据。按照"拆一补一免一"的原则，在市政府的权限范围内，实行税费减免和返还优惠政策，吸引社会资金参与全面改造，激励村集体经济组织和开发建设单位建设旧城更新改造安置房，引导现代产业在城中村改造区域集聚发展。根据整治改造专项规划和实施计划，对纳入改造计划的城中村，尤其是全面改造的城中村，给予一定时间的整治改造过渡期，超期未实施整治改造的，对违法用地和违法建设依法查处，对违规出租行为加大处罚力度，加大消防整治力度，加强工商和税收等综合执法稽查。加快将城中村整治改造后的教育、医疗、交通、治安、消防、环卫等管理工作纳入城市管理体系。抓紧实现改造改制后居民纳入全市社会保障体系，切实做到"同城同待遇"。深化村集体经济组织转制改革，加快剥离其承担的社会公共服务职责。

五、基于旧厂房改造的建设用地再开发模式划分

对于旧厂房的更新改造和建设用地再开发，其土地权属性质对建设用地再开发的速度和模式起决定性作用，可划分为国有用地的建设用地再开发和集体用地的建设用地再开发。在不同的土地权属下根据对土地的处理方式划分不同的建设用地再开发模式。

（一）国有用地的旧厂房建设用地再开发模式划分

根据广东省的实践经验，对于国有用地的旧厂房改造模式有下列三种。

1. 自行改造、补交地价的改造模式

依照所在地修订的城乡规划，申请改造地块可单独开发、无需纳入政府统一储备开发整理的，可由企业自行开发改造（商品住宅除外），并按规定补交土地出让金。原址建筑经文化部门认定属工业遗产的，应按规划要求成片保留使用。改作教育、科研、设计、文化、卫生、体育等非经营性用途和创意产业等，不符合划拨用地目录的，按综合办公用途基准地价30%计收土地出让金，改作保险金融、商贸会展、旅游娱乐、商务办公等经营性用途的，按新旧用途基准地价的差价补交土地出让金。

2. 公开出让、收益支持的改造模式

具备开发经营条件的原址用地，可由土地储备机构收购，也可由企业自行搬迁整理土地后，政府组织公开出让。原土地使用权人可以获得土地补偿，补偿给原土地使用权人的土地收益包含土地整理、修复费用，由土地储备机构负责房屋拆卸等工作的，相关费用应从补偿给原土地使用权人的土地收益中扣除。

3. 公益征收、合理补偿的改造模式

原址用地中规划控制为道路、绿地及其他非营利性公共服务设施的用地占总用地面积50%以上且不具备经营开发条件的，由政府依法收回并给予合理补偿。原址用地性质不符合规划控制要求，但近期内未纳入储备计划或实施规划建设的，经批准可临时用作除商品房开发建设以外的第三产业，并按规定补交临时使用年期的土地出让金。将来仍符合自行改造或公开出让条件的，仍可按自行改造、补交地价和公开出让、收益支持的方式进行处置。因规划控制为道路、绿地及其他非营利性公共服务设施等原因需征收企业土地时，可按公益征收、合理补偿方式进行处置，企业应当配合政府开展征收工作。纳入旧城区成片改造范围、且不具

备独立开发的旧厂房用地，由政府依法收回，并按照处置方式中的公益用地标准予以补偿。

（二）村集体用地的旧厂房建设用地再开发模式划分

1. 自行改造的改造模式

村集体经济组织可依规划自行改造用作除商品住宅开发以外的经营性开发项目。村集体经济组织自愿申请转为国有土地的，暂缓收取土地出让金。发生转让的，转让前须按规定计收土地出让金。集体旧厂房用地用于商品住宅开发的，应当转为国有土地。其中连同旧村庄一并改造的，可补办协议出让手续，并按规定计收土地出让金。

2. 公开出让、收益支持的改造模式

集体旧厂房用地转为国有用地后，商品住宅以外的经营性项目用地，村集体经济组织可申请交由政府组织公开出让。用于商品住宅开发且不与旧村一并改造的，必须由政府统一组织公开出让。土地公开出让后按照出让成交价格的60%补偿给村集体经济组织，用于城中村改造、村庄整治、村内基础设施和公益事业项目建设。土地出让成交后因规划调整使地价款发生增减的，已确定的土地收益补偿款不再调整。

3. 依法流转的改造模式

集体旧厂房用地可依法流转后由其他主体进行改造。保留集体土地性质的，按照集体建设用地流转的相关规定办理，转为国有土地后转让的，转让前须按规定计收土地出让金。

4. 依法征收的改造模式

集体旧厂房用地规划控制为道路、绿地及其他非营利性公共服务设施用地的，由政府依法征收，并按现行征地补偿的有关规定给予补偿。

第二章　建设用地再开发监管

我国建设用地再开发在党的十六大以后逐步进入政策化、法制化的轨道，建设用地再开发的监管也逐步建立起来。十六大以后，我国提出建设资源节约型社会，强化土地节约集约利用、提高土地配置和利用效率成为社会经济生活中的重要内容，我国《国民经济和社会发展第十二个五年规划纲要》要求落实节约优先战略，明确了单位国内生产总值建设用地下降30%的具体目标，节约集约用地上升为长期坚持的国家战略。党的十八大以后，节约集约用地更被认为是加强生态文明建设、促进新型城镇化和创新、协调、绿色、开放、共享发展的重要措施和手段。经过10多年的发展，我国建设用地再开发从单纯的以盘活城乡低效用地、增加城镇建设用地有效供给为目标向优化土地利用结构与布局、促进节约集约用地、推动产业转型升级、改善城乡居住环境和生活条件、带动投资和消费增长、促进经济发展方式转变、搭建城乡统筹发展平台、发挥土地对新型城镇化健康发展支撑作用等多目标并重转变，建设用地再开发的监管内容不断扩大、监管技术不断提升、监管力度不断加强。加强建设用地再开发全程监管，是建立健全最严格的节约集约用地制度的重要措施，是转变政府职能、创新行政管理的重要方式，是提高国土资源管理水平，促进土地资源高效优化配置的重要内容和基本保障。

第一节　建设用地再开发监管概述

建设用地再开发监管是指建设用地再开发从前期调查、规划设计、批准立项、土地管理的"批、供、用、补、查"到项目竣工验收期间，省、市、县各级建设用地再开发管理部门依照国家法律法规和地方规定制度、建设用地再开发批准文件、批准改造方案、规划图纸、土地出让合同、建设计划等，通过信息公示、公共服务平台、预警提醒、开竣工申报、现场实时监测、跟踪管理、竣工验收、闲置土地查处、建立数字化诚信档案等手段，对建设用地再开发相关主体在建设前、建设中、建设后过程中节约集约用地、社会效益、经济结构调整与发展方式转变、环境效益、规划实施、计划落实等方面进行的全方位监督管理。省、市、县建设用地再开发相关管理部门按照各自职能做好建设用地再开发利用全程监管工作并实现省、市、县互通互联。

加强建设用地再开发全程监管，在土地节约集约利用、土地资源优化配置和土地供应方面，能够更加尊重市场规律，更大程度、更广泛地发挥市场调控配置资源的基础性作用；在建设用地再开发的产业结构调整和转型升级方面，通过监管能够促进和保障建设用地再开发符合产业规划和产业政策；在建设用地再开发规划调控方面，通过建设违法预警机制，监管建设用地再开发的规划实施；在建设用地再开发土地出让和实施计划合同管理方面，通过对项目用地的跟踪巡查监管，能够随时掌握土地利用的动态变化，将项目用地管理逐步由行政管理转变为合同监管；通过项目开竣工申报验收监管，能够使建设项目依法依约履行合同，从源头减少建设用地再闲置、再低效利用的产生；通过诚信数字化档案管理，能够对建设用地再开发市场主体进行更规范的管理；通过项目实际开竣工的统计分析，能够更加准确地掌握建设用地再开发的数量和布局，为省、市、县各级部门更加准确地研判建设用地再开发市场形势，调整建设用地再开发规划和年度计划提供依据（李秀荣，2010）。

建设用地再开发存在的问题有：项目类型多、内容复杂；规模参差不齐，业务环节复杂；涉及部门众多，业务协同困难；需要解决的遗留问题多、需要协调利益的难度大、需要投入的经费多，利益关系复杂；规划方案落实难，工程进度质量难以控制等。这些问题严重阻碍了建设用地再开发工作健康、规范、有序、稳步开展，迫切需要现代化的监测监管手段提升管理水平，建设用地再开发不仅是制度问题、政策问题，也是科技问题。传统的建设用地再开发监管主要采取用地项目备案、地方日常性监管和国家土地督察局检查、国土资源部抽查等监管方式，缺乏动态监管的有效途径和技术手段，信息获取速度慢、共享程度低，导致土地批而未供、供而未用、违法违规用地等现象时而发生。国土资源管理部门不能及时有效地监控国有建设用地供应和监督工作。如今的建设用地再开发监管既要认识区域土地利用（包括建设用地）发展、变化的规律，也要为实现建设用地再开发合理用地提供具体的利用手段和调控手段。在充分认识我国国情与国外不同的前提下，吸取先进的理念与技术，开展建设用地再开发监管的科技创新，更加理性、综合、平衡地支撑建设用地再开发监管工作，保障与促进经济科学地发展。

第二节 建设用地再开发监管主要内容和对象

建设用地再开发监管主要围绕是否按照规定的时限开工、竣工；是否存在土地闲置；是否按照规定的用途使用土地；是否达到规定的投资强度；是否改变用途或提高容积率；是否办理相关手续；是否按照规定的时限进行开竣工申报；是否按照规定进行批后公示；是否按照有关规定配建保障性住房及其他需要列入监管的事项，配合健全完善的建设项目跟踪、交地确认、信息现场公示、价款缴纳提醒、开竣工预警提醒、开竣工申报、现场核查、闲置土地查处、建立诚信档案、履约保证金、竣工核验等监管配套制度，进行动态巡查监管（高秉博等，2014）。

一、建设用地再开发监管的主要内容

根据《国土资源部办公厅关于建立土地利用动态巡查制度加强建设用地供后开发利用全程监管的通知》（国土资厅[2013]30 号），建设用地再开发监管的主要内容有以下几方面。

1. 建设项目跟踪

建设用地再开发出让合同签订或划拨决定书下发后，市、县国土资源管理部门在监测监管系统中提取《建设用地再开发项目用地跟踪管理卡》，对已供土地的公开信息、出让价款缴纳、开竣工、定期巡查等情况作详细登记录入，建立动态监管档案，作为省、市、县、镇四级国土资源管理部门开展建设用地再开发土地利用动态巡查监管工作的基础。

2. 交地确认

在建设用地再开发土地出让合同约定或划拨决定书规定的交地时间前，市、县国土资源管理部门在监测监管系统中提取《交地确认书》，送达土地使用权人处，进行现场交地并签订《交地确认书》。除划拨土地使用权补办出让手续外，出让合同未约定或划拨决定书未规定交地时间的，监督其履行交地确认手续。交地后 2 个工作日内，相关人员要及时将交地信息录入建设用地再开发监测监管系统。

3. 信息现场公示

市、县国土资源管理部门依据《建设项目用地跟踪管理卡》的相关内容，提示土地使用权人在项目所在地醒目位置，按照统一样式和标准设置《建设用地再开发项目用地信息公示牌》，接受社会监督。公示内容包括建设用地使用权人、建设单位、项目动工竣工时间、土地开发利用标准和监管机构、举报电话等相关信息。

4. 价款缴纳提醒

对于建设用地再开发土地出让合同约定缴款时间前 30 日尚未缴纳土地出让价款的项目，市、县国土资源管理部门根据监测监管系统的预警提醒，在系统中提取《建设用地再开发国有建设用地使用权出让价款缴纳提示书》，提醒受让人及时缴纳土地出让价款。缴纳土地出让价款后 10 个工作日内，相关人员及时将价款支付情况及相关凭证录入建设用地再开发监测监管系统。

5. 开竣工预警提醒

对于距建设用地再开发土地合同约定或划拨决定书规定的开竣工时间前 30 日尚未开竣工的项目，市、县土资源管理部门根据监测监管系统的预警提醒，在系统中提取《建设用地再开发项目开工提醒书》或《竣工提醒书》，并送达土地使用权人处，提醒其按期开工或竣工，同时提示其违约风险及违约处理等事宜。对于依法批准延期的，及时在监测监管系统中更新信息，并按照新的开、竣工时间进行建设用地再开发监测监管。

6. 开竣工申报

签订建设用地再开发土地出让合同、核发《国有建设用地划拨决定书》时，市、县国土资源管理部门要求土地使用权人须在项目开工、竣工时向市、县国土资源管理部门提交《建设项目动工申报书》和《建设项目竣工申报书》，并提供相应的建设用地施工许可证、现场照片、竣工验收证明等材料。市、县国土资源管理部门及时将相关信息在 10 个工作日内上传省、市、县建设用地再开发监测监管系统。

7. 现场核查

市、县国土资源管理部门在约定开竣工时间、实际开工、竣工验收等时间点及开发建设过程中，按照核查内容，定期或不定期对项目建设情况进行现场核查，获取同一角度、不同时期现场全景照片，并在《建设用地再开发项目用地跟踪管理卡》上做好记录。核查记录在获取后 10 个工作日内上传建设用地再开发监测监管系统。

8. 闲置土地查处

市、县国土资源管理部门严格按照《闲置土地处置办法》（国土资源部令第 53 号）的要求，认真履行各项程序。对涉嫌构成闲置的建设用地及时开展调查、认定和处置，并将有关信息及时录入建设用地再开发监测监管系统，同时填报相应的法律文书和案卷表；对于确认的闲置土地及处置结果应在门户网站和中国土地市场网等媒体向社会公开相关信息，并抄送同级金融监管等部门。

9. 建立诚信档案

根据建设用地再开发监测监管系统中的土地使用权人违规违约记录，分级建立用地诚信档案。对未按要求提交开竣工申报书、未按合同约定开竣工、不及时缴纳土地价款的，列入市、县级诚信档案；对于经认定为闲置土地的，市、县国土资源管理部门要在认定后 10 个工作日内逐级上报省国土资源管理部门,列入省级诚信档案。在建立用地诚信档案的过程中,根据管理需要,在内容和环节上适当延伸,从成交确认、开发建设条件复核、合同履行等方面做好诚信记录,建立符合本地特色的建设用地再开发诚信档案系统。

10. 履约保证金

市、县国土资源管理部门在签订建设用地再开发土地出让合同时,要求土地使用权人按照出让合同价款的一定比例(数额)缴纳保证金,作为土地使用权人履行出让合同按期开工、竣工的保证。项目按期开工经现场核查后返还 50%履约保证金及利息;项目按期竣工并验收合格后,返还剩余 50%履约保证金及利息。非因政府原因而未按期开工、竣工或竣工核验不合格的,履约保证金作为出让合同违约金缴入财政系统。

11. 竣工核验

市、县国土资源管理部门协调发展改革、住房城乡建设、规划等有关部门,建立建设用地再开发项目用地竣工核查验收制度。建设项目竣工后,土地使用权人向市、县国土资源管理部门申请土地核验。国土资源管理部门会同有关部门对土地使用权人及建设项目履行用地出让合同、划拨决定书约定规定的各类条件及承诺情况进行核验,出具建设项目用地核验意见书。没有国土资源管理部门的核验意见,或者核验不合格的,不予通过竣工验收。核验合格后,相关人员于 10个工作日内将核验结果上传建设用地再开发监测监管系统。

从广东省的建设用地再开发监管情况看,已建成土地市场监测与监管系统,实现了县、市、省及国土资源部联网,每宗土地出让公告信息、交易信息、开竣工信息等均能在网上查询。省国土资源厅、市县国土局都非常重视土地市场动态监测与监管系统的运行,统筹人员和专项经费安排,做到建设用地再开发监管的"专人、专线、专机、专管",确保土地供应、开发利用、土地出让金收缴、闲置土地认定及处置等相关信息及时、全面、准确采集和录入,并实时更新各环节的监测监管信息,做到"监管、服务、预警、督办"四位一体。

二、建设用地再开发监管对象

建设用地再开发项目往往需要解决的历史遗留问题多、需要协调利益的难度大、需要投入的经费多。我国自 2008 年以来,通过国土资源部与广东省共建节约集约利用示范省的方案,在广东省开展了以改造旧城镇、旧厂房、旧村庄为主要内容的建设用地再开发实践。在实践中一些地方的开发商将"三旧"改造视为最后一次大规模获取土地的机会，在市场利益驱动下一哄而上。政府和社会迫切需要对建设用地再开发加强科学的监管，如果对此再缺失引导、缺失规范、缺失科学监管，势必会带来更多的浪费和更大的问题。在目前全国大力开展低效建设用地再开发的情况下，必须采取措施，积极稳妥、规范有序地推进建设用地再开发监管工作。建设用地再开发监管就是要围绕我国建设用地再开发，在土地利用现状调查、建设用地集约节约用地评价及有关经济、社会、环境数据的基础上，在区域规划、土地利用总体规划、城镇规划的控制下，本着"补差补缺"的原则，以加强"经济调节、市场监管、社会管理、公共服务"理念下的建设用地再开发调控与监管为核心，改进土地市场监测监管技术，进行建设用地再开发数字化监管技术研究，实现信息化监管，研制建设用地再开发调查监测装备，开发调控、监管技术系统，提出相应的技术规范，从而有效监管建设用地再开发（李淑贞，2014）。从广东省的"三旧"改造和全国各地低效建设用地再开发实践来看，建设用地再开发的监管对象不外乎就是旧城镇、旧厂房和旧村庄，三类监管对象的监管内容总体差不多，而又略有差别。

1. 旧城镇

旧城镇的监管包括改造范围、土地利用现状、改造成本、改造模式、改造方案、房屋拆迁补偿安置协议、融资方案、居民户数达到 2/3 以上的协议、规划方案、市政及公共服务设施、历史文化保护、建设时序等方面的内容。

2. 旧厂房

旧厂房改造的监管包括改造范围、土地整合、规划方案、改造业态、历史文化保护、市政和公共服务设施、资金投入及监管、规划指标、土地收储及补偿、后续审批指引、建设时序等方面的内容。

3. 旧村庄

旧村庄监管主要包括改造范围、改造成本、改造模式、融资方案、土地利用、规划方案、市政及公共服务设施、历史文化保护、资金监管、建设时序、经 90% 以上村集体经济组织成员同意改造方案（包括安置规划、实施计划及股权合作方式、土地转性等重大决策事项）的签名协议等方面的内容。

第三节　建设用地再开发监管的审批业务流程

建设用地再开发监管最为重要的内容就是建设用地再开发审批业务流程，也

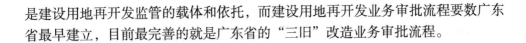

是建设用地再开发监管的载体和依托，而建设用地再开发业务审批流程要数广东省最早建立，目前最完善的就是广东省的"三旧"改造业务审批流程。

一、"三旧"改造业务审批流程基本原则

1. 重心下移

在"三旧"改造项目中，省、市、县（区）三级管理架构中进一步扩大县（区）政府及其相关职能部门的控制性详细规划编制权、"三旧"改造方案批准权、实施"三旧"改造方案后续的立项（审批、核准、备案）、环评、规划、用地等审批管理权，强化县（区）政府推进"三旧"改造工作的主体作用。

2. 依法可行

"三旧"改造管理简政放权既要有利于解决"三旧"改造的突出矛盾和问题，有效推进工作，又要符合相关的法律法规。

3. 权责统一

"三旧"改造管理简政放权后，县（区）政府作为"三旧"改造的第一责任主体，负责统筹监督管理县（区）各相关部门行使各项审批管理权，切实加快推进"三旧"改造工作，做到有权必有责。

二、符合控制性详细规划的"三旧"改造业务审批部门分工

符合现行控制性详细规划（包括已批的旧厂房改造专项规划）的"三旧"改造项目由县（区）政府统筹县（区）各相关部门推进实施。"三旧"改造方案由县（区）政府（或授权区"三旧"改造机构）批准，并报（地级）市"三旧"改造机构备案；属"退二进三"企业的旧厂房，同时报（地级）市"退二进三"领导小组办公室备案。"三旧"改造方案经批准后，后续立项（审批、核准、备案）、环评、规划、国土、建设等审批管理权由县（区）政府统筹辖区内对口职能部门按照以下规定行使。

1）县（区）"三旧"改造机构负责其区域"三旧"改造项目的具体组织实施工作，并负责组织县（区）相关职能部门和有关街道、镇协同推进"三旧"改造工作。

2）县（区）发展改革部门负责办理"三旧"改造项目的立项（审批、核准、备案），并将结果报（地级）市发展改革部门备案（由市本级全额或者部分出资的项目、涉及全市综合平衡的"三旧"改造项目、向市级投资主管部门办理商品房

屋建设计划备案及法律法规明确不得下放的项目除外）。

3）县（区）环保部门负责对辖区内由本级发展改革部门审批可行性研究报告的"三旧"改造项目进行环评审批。

4）县（区）规划部门负责核发"三旧"改造项目的《建设项目选址意见书》《建设用地规划许可证》《建设工程规划许可证》《建设工程规划验收合格证》，并将结果报（地级）市规划部门备案复核。

5）县（区）建设部门负责办理"三旧"改造项目（国家、省、市重点工程、建设地点跨区的市政工程除外）的初步设计审查、施工图审查、施工许可证、竣工验收等事项。

6）涉及国土管理的审批权按照省、市、县国土部门关于简政放权加快推进"三旧"改造工作的意见执行。

三、涉及调整现行控制性详细规划（包括已批的旧厂房改造专项规划）的"三旧"改造项目方案审批

1）旧村庄改造项目，改造方案由村集体经济组织提出、县（区）政府审核后上报（地级）市"三旧"改造机构，由（地级）市"三旧"改造机构征求市规划、国土、建设、发展改革等"三旧"改造成员单位的意见并修改完善后，将控制性详细规划调整方案提交市规划委员会"三旧"改造委员会审议。控制性详细规划调整方案经审议通过后，（地级）市"三旧"改造机构将改造方案提交（地级）市"三旧"改造工作领导小组审议，改造方案经审议通过后，由市"三旧"改造机构批复改造方案。

2）旧厂房改造项目，改造方案由（地级）市"三旧"改造机构征求市规划、国土、建设、发展改革等"三旧"改造成员单位的意见并修改完善后，将控制性详细规划调整方案提交市规划委员会"三旧"改造委员会审议。控制性详细规划调整方案经审议通过后，（地级）市"三旧"改造机构将改造方案提交市"三旧"改造工作领导小组审议，改造方案经审议通过后，由（地级）市"三旧"改造机构批复改造方案。改造方案经（地级）市"三旧"改造机构批复后，后续立项（审批、核准、备案）、环评、规划、国土、建设的审批按照符合控制性详细规划的"三旧"改造项目流程审批。

第四节　建设用地再开发监管工具和手段

建设用地再开发监管工具和手段要求紧紧围绕拓展建设用地空间，推进节约

集约用地，推进产业升级和结构调整，促进经济增长方式转变，推动城乡统筹和城镇化发展，建设资源节约型和环境友好型社会的需要，以保障建设用地再开发工作健康、规范、有序、稳步开展为总目标，利用建设用地再开发数字化监管技术，构建建设用地再开发现场监测、全程监管、信息共享与服务集成平台，实现建设用地再开发现场监测、全程监管与业务系统一体化整合。针对建设用地再开发涉及业务部门多、实施过程复杂、监测监管难度大的特点，通过实现建设用地再开发现场监测、全程监管、省市县三级互通互联与公共服务，以及监测监管技术平台集成，从而有效实现建设用地再开发监测监管。

目前，建设用地再开发监管工具和手段主要是依托现有国土资源领域国土监管的技术手段。随着计算机、GIS、网络等先进技术的发展，"金土工程""一张图"等国土资源信息化工程的实施，我国目前在建设用地动态监测中主要采用"3S"和网络信息技术实现"天上看，地上查，网上管"的技术要求，加强建设用地再开发过程管理，强化建设用地产权管理，逐步完善土地有偿使用。目前已经实现了以航空、航天遥感影像为主要信息源，采用多平台、多波段、多信息源的遥感影像，包括航空、航天获取的光学及雷达数据，以实现在较短时间内对全国各类地形及气候条件下现势性遥感影像的全覆盖；采用基于数字高程模型（Digital Elevation Model，DEM）和 GPS 控制点的微分纠正技术，提高影像的正射纠正几何精度；采用星历参数和物理成像模型相结合的卫星影像定位技术和基于差分 GPS/IMU 的航空摄影技术，实现对无控制点或稀少控制点地区的影像纠正，从而有效地对建设用地再开发各阶段及其变化情况进行监测、监管和分析（白亚男等，2008）。

随着我国各地建设用地开发不断地深入，利用信息技术辅助建设用地再开发监管和执法监察工作势在必行。自 2000 年以来，国土资源部为了加强建设用地的审批管理、保护耕地，在制定一系列规程、规范和办法的同时，利用信息技术手段建立了国家级的建设用地审批管理信息系统，该系统以"数字国土工程"项目为支撑，完成了建设用地项目申报、审批、信息发布和社会监督，实现了电子化、网络化和现代化的建设用地审批管理方式，最终取得了显著的社会、经济效益。吉林省在 2000 年开始了建设用地管理软件的研发工作，至今已实现了建设用地审批的信息化。2001 年，深圳市国土资源信息中心开发了建设用地审批管理信息系统，利用 GIS 技术搭建了数字网络平台，此外，还相继研发了其他专项系统，如土地征收系统、土地供应系统、土地开发复垦管理系统等，从而全面提升了政务、业务的信息化管理水平。2003 年，浙江省国土信息中心采用 GIS 技术、OA Office Assistant 技术、网络技术，建立了建设用地审批管理信息系统，该系统实现了省、市、县三级管理信息的远程交换与共享。2004 年江苏省启动了省级建设用地审批管理信息系统项目，实现了建设用地审批管理的网络化、现代化，严格了建设用地报批和审批制度，促进了国土资源各管理部门间协同工作与信息的共享，提高了工作效率。2005 年实现了省、市、县三级联网。2006 年，江苏省开展了新增建设用地批后核查工作，全面实施建设项目用地全程跟踪管理制度，在原建设用地备案系统的基础上，开发基于 WebGIS 的江苏省建设用地全程跟踪管理系统，加强了建设用地批后跟踪的信息化管理工作。

根据《国土资源部关于加强建设用地动态监督管理的通知》（国土资发 [2008]192 号），我国陆续开展了以建设用地的审批、供应、利用和补充耕地、违法用地查处（简称"批、供、用、补、查"）等有关情况的动态监管技术的研究。结合"金土工程"建设，我国已初步建立国家土地督察业务系统，正探索建立国家土地督察巡查监控系统和土地违法违规网上督察举报系统，并纳入国土资源管理业务网。督察信息与各建设用地监管系统信息实现共享，运用计算机网络技术、全球定位系统和遥感监测系统，构建统一的网络监管平台，提高建设用地监管水平。其关键技术包括海量数据快速访问技术、空间数据及属性数据的一体化管理、历史数据回溯、空间数据库引擎（Spatial Database Engine，SDE）、工作流引擎设计、基于因特网、政府专网和企业网的客户／服务器模式等，这些技术都有了一定的探索、研究与应用。目前我国建设用地监管信息系统已具雏形，各地陆续建立相关的建设用地监管信息系统，例如，武汉市武昌区 2006 年建立的规划国土建设工程批后动态监管信息系统，青岛市 2007 年建立的土地规划管理局业务跟踪监控系统，深圳市福田区设立的地政监察信息系统，等等。

这些技术手段能有效监管违法用地现象，同时有助于实现土地精细化管理和动态监测，提高土地管理效率，但是各个地区的社会发展水平存在差异，建设用地的信息化监管管理水平也不尽相同。各系统在建设用地再开发的全流程业务数字化监测、数据共享与分发、社会服务方面可以利用并完善，当前亟待提升基于网络的信息共享及社会化服务技术方法和多级协同监管技术，借助现有的信息网络及服务系统，依托国家自然资源和空间地理基础数据库信息平台，实现与各行业的信息共享与数据交换，为各相关部门和社会提供土地基础信息和应用服务。

2011 年，国土资源部审议《基本农田保护区、国土资源领域违法行为易发区视频监控网推广试点方案》，针对基本农田的保护任务非常繁重的情况，利用视频监控网进行国土资源监测与管理，具有实时、直观、不间断、远程可控等特点，实现了执法监管方式的一大创新。通过建设视频监控网，能够实现执法手段现代化、执法对象空间可视化、监督管理常态化、违法处置程序化，极大地提升土地执法监察效能。目前，国土资源部在全国 14 个省（自治区、直辖市）开展 15 个土地视频监控网建设试点。国土资源部通过视频监控网，实现对违法用地的同步、上下联动等多层次监管，上级国土部门可同步掌握用地现场情况，对下级国土部门发现但难以查处到位的违法用地行为直接立案处理。利用视频监控网可以第一时间发现并制止违法用地行为。但是，现有视频监控网并没有用到智能视频监测技术，无法实现建设用地再开发过程变化快速检测和智能化违规发现，依然需要人工分析视频，一旦出现违规，要执法人员调用视频，从大量的视频中人工找出违规用地的视频段，费事费力，仍然需要不少的人力成本投入。

当前建设用地再开发监管工作信息化整体水平较低，不能完全满足新形势下对建设用地再开发监管的要求。建设用地再开发监管工具和手段主要是加强建设用地再开发监管信息系统建设。实现建设用地再开发监管的电子化、网络化和全面的现代化管理，已经成为国土资源管理和国土资源政务信息化的一项重要而又迫切的任务。

总体来说，我国建设用地再开发的过程监测、监管技术工具手段逐步从分散的、单一项目的建设用地再开发过程监测监管阶段过渡到区域性的建设用地再开发全程监测监管阶段。

第三章　建设用地再开发监管政策研究与实践

　　建设用地再开发是随着节约集约用地制度改革的不断深化而逐渐发展起来的。旧城镇改造、旧城镇更新在发达国家开展较早，政策制度相对完善。我国起步较晚，进入 21 世纪以后，随着"坚持科学发展观、建设资源节约型环境友好型社会"政策制度的实施，建设用地再开发及其监管工作才逐步推进，特别是 2004年以来，建设用地再开发逐步大规模、有组织地开展起来，国家先后出台的一系列节约集约用地政策措施，为积极推进建设用地再开发奠定了制度基础。2004 年，国务院下发《关于深化改革严格土地管理的决定》（国发[2004]28 号），明确要求"实行强化节约和集约用地政策，把节约用地放在首位，重点在盘活存量上下功夫"，"开展对存量建设用地资源的普查，研究制定鼓励盘活存量土地的政策措施"，提出"鼓励农村建设用地整理，城镇建设用地增加要与农村建设用地减少相挂钩"，为城乡建设用地结构和布局调整提供了政策依据。2008 年，党的十七届三中全会提出坚持"最严格的节约用地制度"，这一提法与最严格的耕地保护制度并称为"两个最严格"土地管理制度，节约集约用地由此上升为基本国策。同年，国务院下发《关于促进节约集约用地的通知》（国发[2008]3 号），明确要求今后各项建设要优先开发利用低效建设用地，要在"第二次土地调查"的基础上，认真组织开展建设用地普查评价，对现有建设用地的开发利用和投入产出情况做出评估，并按照法律法规和政策规定，处理好建设用地开发利用中存在的低效利用等问题。

　　近年来，各地围绕节约集约用地，以低效建设用地开发利用为重点，积极探索建设用地有效供应的新途径。通过实践探索，形成了以深圳市为代表的城市更新、以武汉市为代表的"两型社会"建设、以重庆市"地票"交易为代表的增减挂钩试点、以广东省为代表的"三旧"改造等各具特色的发展模式，总结出了一批具有开创性的好做法、好经验，推进了低效建设用地开发利用和管理制度创新，增强了政策储备和制度供给。

第一节　发达国家建设用地再开发政策

　　城市因其区位、发展历史、传统文化、功能、经济结构、居民构成等诸多因素的差异，而拥有自己独特的发展轨迹。城市的多样性使得城市可持续发展模式呈现多样性。发展中国家的城市建设用地再开发大多面临发展经济、提供就业、满足居民基本需求等发展问题,而发达国家的城市则更多的是恢复城市中心活力、防止过度消费、消除社会两极分化、解决社会生态等"发展过度"带来的问题。虽然发达国家和发展中国家的国情和发展阶段不同,但是,土地集约利用形成原理、过程和规律具有客观性,发达国家土地集约利用的经验和教训仍然值得我国吸取和借鉴(刘卫东,2014)。

一、美国土地再开发利用与管理政策

美国传统的、低密度蔓延式的城市发展模式曾经促进了美国经济和人口的双重增长,使亿万美国人拥有宽敞的住房,过上舒适满意的生活。然而,城市蔓延也引发了社会、环境和经济问题,威胁着美国社会经济的高效、持续发展,成为人们生活水平提高的重要制约因素,需要人们重新思考城市发展的战略和土地利用目标。

(一)城市土地再开发利用目标

对于城市土地利用的目标,《美国城市土地利用规划》明确提出,即实现土地可持续利用。土地利用规划的目标就是要寻求一个永续的城乡土地使用模式,在环境、公平、经济和宜居等价值取向之间取得恰当的平衡,并肯定土地利用的原则(Berke et al.,2006)为:①与自然和谐的原则,土地使用和开发应与生态系统进程相互协调。②建成环境的宜居原则,开发活动应当增进人和城市形态之间的协调关系。③经济扎根地方原则,地方经济活动在自然系统的约束范围内运行,并满足地方需求。④公平原则,土地使用模式提供运用社会和经济资源的公平机会。⑤排污付费的原则,造成污染就必须付出代价。⑥负责任的地方主义原则,城乡在追求其自身的地方目标时,要尽量减少对其他地区的伤害。

美国林肯土地政策研究院提出的"美国土地利用21世纪议程"也特别强调:①地方政府在保证土地合理利用上必须起主导作用,关于土地利用规划和开发管理的倡议是一个以社区为基础的和对未来憧憬的过程。②为了帮助小城镇和农村地区,州政府必须帮助地方政府通过制定合理的规则和规划要求,统领涉及多个地方管辖的事项。③土地开发控制规则需要调整,以利于更高效、更灵活地鼓励而不是阻碍新的土地再开发和保护方法的实施。④土地所有者必须被公正地对待并遵守确定的土地利用管理规定。⑤许多政府的政策和行动——农业,公路和环境项目——影响土地利用。⑥在特定情况下,公共土地征用是必要的、但是必须有一个可靠的资金来源对其进行补偿。⑦城市老区与郊区是城市更新的重点区域。⑧一个较优的土地利用选择是以新的合作伙伴为基础的。它需要超越传统的联盟把所有的土地保护者组织起来，才能实现社会公正和经济发展利益。这些合作伙伴可以动员其周围被人们认为有价值的自然和文化资源。⑨土地利用的新挑战需要新的工具和方法解决。土地使用的争议应当通过协商或者调解，而非对抗和诉讼解决。地理信息系统（GIS）和其他科技的进步也为提高土地使用决策水平提供了新的机会。

（二）控制城市蔓延的政策

自 20 世纪 60 年代以来，为了减轻城市蔓延的不利影响，美国开始加强了政府对于土地利用的干预，逐步形成了区域主义、城市成长管理、新城市主义，并在 90 年代后期，在美国副总统戈尔的推动下，汇成了城市理性增长的洪流（马祖琦，2007）。

控制城市蔓延的区域主义可以追溯到格迪斯的城市区域观，他在《演变中的城市》一书中提出"城市的形成有赖于无数个区域"。主张提高建立强有力的都市区政府，通过设置新的服务区、专门的税收区等方式解决城市空间发展的矛盾和冲突。城市理性增长内容广泛，涉及城市发展过程中自然、人文和技术问题，在土地、住房和社区环境、自然和农田保护、交通、旧区维护、规划和公众参与等方面提出了以下具体改革原则：①土地混合利用采用紧凑的建筑布局；②可供选择的多种类型房屋；③创造步行社区环境；④培养有特色、充满吸引力的、有场所感的社区；⑤保护开敞空间、农田、自然美景和濒危环境；⑥加强和引导现有社区的维护；⑦多种可供选择的交通方式；⑧做出可预知并且公正有效的发展定位和目标；⑨鼓励社区和投资方在发展决策中的合作。城市理性增长起源于马里兰州的增长管理计划，目前美国有 2/3 的州采用了这种发展战略，其中一些州还将"理性增长"写入了法律法规之中。

（三）促进土地集约利用的规划体系

美国城市土地利用是以城市规划宏观导向和通过区划（Zoning）微观控制。城市规划基本上属于城市自治体议事日程上的工作。联邦政府和州政府多是把权限赋予自治体。自治体规划体系由 5 个部分构成（林镐根，1994）。①城市总体规划（General Plan），一般是具有 20 年左右的长期计划文件，包括土地利用、交通设施、各种公共设施（城市道路、公园、广场等）、空地等各个领域的计划。在传统上主要是城市物质发展方面，近年来也包括人力资源开发、工商业的活力化等经济社会发展方面内容。②区划，是为了公共的健康、安全、伦理及一般社会福利等目的，由自治体把它所辖区域划分为若干个地区，并规定各个地区的土地利用条件和建筑限制。土地区划是全覆盖的，通过行政权力划定的，对不同用途地区的经济收益能力差异不进行经济补偿。③土地细分规则（Subdivision Control）。土地细分是指为了转让或者建筑目的，将一块土地细分为两块以上的土地的行为。其规则就是这种行为者有义务服从自治体既定的开发基准。④公图（Official Map）。公图是确保未来建设公共设施用地的手段。它是通过把现有的，或者规划中需要建设各种公共设施用地制作成地图，经过自治体议会通过决议后，该用地即禁止建设。⑤合同（Covenant），即不动产所有者之间，或者开发者和购买者之间签订的民事合同。一般记录在土地、建筑物档案及权力书上。

从理论上讲，美国城市总体规划是以表达土地利用规制为目的的，城市土地利用规则是城市规划体系的核心，区划、土地细分规则、公图和合同都是实现总体规划的手段。在实践中，区划是美国土地使用控制的基本工具。区划作为美国城市土地利用控制的工具，对美国城市土地合理利用，土地集约利用水平的提高起到了良好的促进作用。

（四）控制城市建设用地规模

控制建设用地规模最直接的办法就是设定城市空间增长边界（Urban Growth Boundary，UGB）。城市空间增长边界是城市允许发展的界线。一般说来，UGB以内城市备用土地，应该满足城市未来20年的建设和发展需要。UGB一旦划定，不得随意移动。必要时，需要按照规定的规划审批手续获得批准后才能修改。设定城市增长边界实质上是一种规划许可行为，和原来区划中项目按照土地用途申请建设许可一致。控制城市建设用地规模，也可以通过经济手段，提高建设项目进入门槛或者用地成本实现。在区划中对于特定区块的开发有针对性地增加一些附加条件，例如，实行建筑总量许可控制、公共设施充足条例、非排他性分区制、额外收费、征收影响费或开发税等。公共设施充足条例，是指在审批一个开发项目时，要求开发商在项目完成后必须满足一定的公共设施标准。如果地方政府对公共设施改建的时间表和开发项目实际的时间表不符合，除非开发商选择自行投资建设所需要的设施，否则项目不能批准实施。非排他性分区制是开发商在规定建设单元外，必须建设一定比例的中低收入家庭住房。额外收费、征收影响费或开发税等是地方政府为了获得用于公共服务的资金，对房地产开发商强制征收的基础设施配套费、工程施工影响费、基础设施维修费和新增建设用地使用税等。此外，对土地产权尊重，维护土地产权的稳定性，限制地方政府的征地权，维护农用地所有者的合法权益，也往往使得城市建设用地取得困难，也间接地限制了城市建设用地规模的迅速扩张。

（五）优化城市土地利用结构与布局

从产业经济上分析，美国土地利用顺应世界经济全球化潮流，通过产业结构调整和跨国经营，将资源消耗大的传统产业向外转移，优化国内资源配置，腾出土地资源，以发展新兴产业提高城市土地集约利用水平，较好地处理产业发展和土地消耗的关系，为经济奠定了良好的基础。特别是 20 世纪 90 年代以来，美国开展新技术革命，大力推动新经济发展，一方面着力拓展高技术产业，重点发展信息产业，另一方面以信息化推动工业化，改造传统产业，促进新型工业的建立和发展，推动现代服务业的兴起和拓展，实现了产业结构的合理调整和转型升级，使城市土地利用效果明显改善，单位面积土地经济、社会和生态综合效益大大提高，也增强了城市土地可持续利用和经济社会可持续发展能力。按照城市理性增长和新城市主义的观点，强化土地混合利用，缩短居住和工作地距离，建设邻里社区，也是优化城市土地利用空间结构和布局的一个重要方面。美国的城市土地规划控制和分区中提出特定区制度、推行集束分区制、规划单元制、建筑总量许可制、不固定区划、绩效标准区划和实施分区开发等都为城市土地再开发提供了节约和集约利用土地的创新空间（范润生，2002）。美国的特定区制度还规定了某个历史文化建筑保护区土地利用的特别要求，有利于城市历史文化的传承。规划单元开发，由于规划审查时，整个土地的各项用地要求和建筑设计是一起审核的，只要不违反规划规定的城市功能和总体规模，对于具体建筑物的高度、容积率和最小用地面积等限制相对灵活，使得城市设计更加能够满足用地者的需求，体现建筑师的设计个性和地方特色。推行集束分区制，鼓励将房屋集中布置在较原有规划建筑用地更小的面积上，节省出更多的土地用于公共设施建设或者留做开敞空间，这样不仅可以减少单位住房平均道路用地面积和市政工程管线总长度，还可以减少场地平整费用，并易于创造出为全体居民所享用的特色休闲景观区。实行分期分区开发，可以节省投资成本，并集中精力保证已经实施的城市土地开发项目适时完成，早竣工、早受益，带动后续项目，为其增添活力，实现滚动发展。

（六）提高土地利用效益

增加土地利用效益是节约集约用地的客观要求。美国政府为了促进城市低效利用土地的再开发，提高开发商集约使用土地的积极性，常常是采用以经济利益为导向的手段。为了促进衰退的中心城区复兴或者是城市中的棕地再开发，美国政府往往率先对一些计划开发的地区进行基础设施投资和公共设施投资，以减少开发商的投资成本，提高他们投资的热情。或者通过税收减免等优惠政策，以提高土地开发者的投资报酬率。为了减少政府开支，美国在促进城市土地集约利用过程中，也进行了许多制度创新。通过制度设计，让开发商节约集约利用土地，从而获得更加高的收益。例如，美国城市土地再开发推行购买开发权、空置权转移、容积率转移的激励分区制有利于激发房地产开发商的创造力。通过增强容积率接受区的土地再开发强度赢得规划调整的额外收益。对于容积率转出区而言，容积率的降低增加了城市开敞空间，也为资金投入能力较低的开发商提供了机会。此外，通过买断农用地的开发权，切实保证农地农用，为保护耕地提供了可靠保证，农用地的开发权转移，也增加了农民的收入来源。

二、日本和韩国的城市更新

（一）日本的城市更新

始于明治维新的日本城市化进程因第二次世界大战陷入停滞，但二战后日本政府采取各种措施改善二战对城市的破坏，很快恢复了发展，仅仅用了 30 年的时间就走完了西方国家百余年才完成的城市化进程。日本如今整洁的城市面貌和井然有序的社会秩序与过去城市街道脏乱、贫民窟遍地、犯罪率高的情况形成了鲜明的对比，其经过探索而形成的成功的城市发展经验足以供我国低效建设用地再开发及其监管借鉴。

1. 城市更新背景

明治维新前，日本是一个农业国，当时日本的城市人口比重不足 10%。1868年明治天皇开始学习西方，进行现代化政治、经济、社会改革，大力进行工业基础设施建设，对采矿业、钢铁业、造船业和机械业给予重点政策倾斜，日本的城市化水平也由 1889 年的 10%上升到 1920 年的 18%，到 1940 年，日本的城市化率达到 37.3%。虽然当时的城市化水平不高，但是由于政策上对重工业的倾斜，造成城市产业结构的不合理、城市住宅的破败及城市环境的恶化等后果，城市改造已经迫在眉睫。

第二次世界大战为日本的城市更新提供了良好的契机。在第二次世界大战后期日本许多城市成为美国轰炸的目标，东京高大的建筑物基本被夷为平地，成千上万人无处栖身，大多住在临时搭建的简易木棚子里，横滨、大阪等城市也在战争中受到重创，而广岛和长崎被原子弹夷为平地。日本正是在第二次世界大战后开始了大规模的城市更新运动，第二次世界大战后日本新兴城市经济的飞速发展为城市更新提供了动力，城市的重建和更新反过来又促进了经济的复兴。

2. 日本城市更新历程与政策措施

城市更新的发展是与当时的社会政治、经济和文化相统一的，是随着历史条件不断发展完善的过程，不同的历史背景塑造着不同的城市更新特征。战后为了修复战争对大城市的毁灭性破坏，日本以政府为主导对 102 座城市大约 28 000 公顷的地区实施了土地区划整理。在城市规划决定的实施土地区划整理的地区内，遵照"对应原则"，将私有的、杂乱不整的用地进行有规划的重新划分，通过土地所有者出让一定的土地，政府取得所需的公共设施用地，以达到建设、完善道路、公园绿地、排水等公共基础设施和提高住宅利用率的目的。日本利用土地区划整理政策改善了城市的破败面貌，提高了土地的利用率。

战后日本政府特别重视引进和创新，注重对原重工业的改造，积极地发展新兴工业，使工业化水平在短短的几年时间内达到了新的高度。新兴工业的发展和技术的提高刺激了人口的自然流动，大量国民移居到城市从事非农产业，在创造经济奇迹的同时，城市化水平在 1975 年达到了 76%。庞大的人口迁徙和工业增长使城市不堪重负，街道变得狭窄，住房不能满足城市人口增加的需求，原有的城市工业厂房和商业用地已经难以适应飞速发展的经济需要。为了解决城市中心人口过于密集、业务区过于集中的弊病，1960 年，建筑师丹下健三在研究和参考大伦敦规划的基础上提出了著名的"都市轴"理论，并提出了"东京规划-东京湾规划"的规划方案：在东京湾区域发展临海新城，将沿东京湾周边区域设计成为日本经济、政治、文化中心，从而形成一个人口达三千万的巨大都市圈，目的在于解决经济发展带来的城市问题、谋求东京的信息化和国际化发展。

1968 年的第二次都市圈区域规划中，东京被作为经济高速发展的日本的管理中枢，但造成了城市功能的过度集中、中心开发强度提高和城市用地无限制扩张等问题。1977 年，面对突出的城市问题，为限制东京的无序扩张，日本政府把绿色综合规划正式列为城市规划的指导性法律条文。所谓绿带计划，即"在建成区周围设置宽度为 5～10 公里的绿化带，并在其外围布置卫星城以控制工业用地等继续沿建成区向外扩散，防止东京规模过大和已建成区过于密集"。之后又把绿地按功能系统分类，以保证建设的有序性及不同类型要求的完备性。绿地综合规划深入地探析了城市的结构形态、城市的发展方向、发展的规模，在此基础上形成的城市绿地系统就更具整体性，并且更加有利于城市的多元化发展和城市环境的净化。

第三次规划（1976 年）和第四次规划（1986 年）分别提出构建以商务核心城市为中心、独立的自立型都市圈，最终形成"区域多核心功能分散"的都市圈结构。第五次规划发生在 1998 年，规划提出了"展都"和首都功能迁移的设想，这种设想是对前一次的补充和改进，旨在有效改造"单轴/单极"式的城市空间结构，从而有助于城市体系的多元化和多层次的交通网络的发展。在五次东京都市圈的综合规划中，分别体现了以产业、居住、交通和环境等为主题的规划理念，并制定了相应的行动纲领。例如，针对人口膨胀、商务办公云集、"一级集中"矛盾尖锐，交通和环境污染等大城市通病日益恶化的问题，在日本形成了"多核心型"

城市结构理论，即"控制商务功能向中心区的继续集中，使其向副中心疏散，促进就业和居住平衡接近的城市"。

20 世纪 80 年代，日本也开始了地下深层空间设施的更新利用。由于国土面积狭小，土地资源紧缺，日本十分注重地下空间的利用，在 1927 年就建成了第一条地铁，1934 年建成第一条地下商业街。东京地下大约有 50 多条公交线路由地铁和电车组成，几乎延伸到每个角落。但是在充分开发和利用的过程中，也呈现了很多的不平衡点，如急速的发展造成的大量无序性和无计划性建设，公共空间地下利用率高和住宅地下利用率过低的不平衡状态。80 年代日本政府通过计划性制定制度开始了针对地下空间设施的更新。

经过多年的建设和更新，20 世纪 80 年代末的日本城市已经很难找到破败、缺乏现代设施的地区。在城市更新的过程中，日本十分注重对环境的保护，制定了严格的法律对破坏环境的行为给予严厉的制裁，同时十分注重历史传统和文化的沿袭，在最初的东京规划中，"都市轴"理论便是从东京湾的地理环境条件出发，以日本原有城市分布为基础的实验型规划理论。而后建筑师黑川纪章提出了"螺旋东京规划"和"共生城市"的理论，旨在保证城市原有的合理之处。

（二）韩国的城市更新

韩国位于亚洲大陆东北朝鲜半岛的南半部，和我国相比，韩国国土面积狭小，只有 9.96 万平方公里，总人口在 2011 年为 5 051.5 万人。韩国曾长期处于传统的农业社会，城市化水平比较低，1945 年韩国的城市化水平仅仅为 15%。朝鲜半岛的内战使原本落后的韩国经济受到重创。从 20 世纪 60 年代初开始，韩国政府致力于建立"政府指导的资本主义体制"，即在充分发挥市场机制作用的同时，政府利用其强大的行政管理职能，通过各种途径有力地推进经济计划，使政府对经济的干预程度达到最大的限度，强调规模经济效果和对有限资源的有效配置，确立了"工业为主，大企业为主，大城市为主"的政策。韩国用了不到 30 年的时间，经历了"从进口替代的内向型经济向出口导向的外向型经济发展战略"的第一次产业调整，继而又根据世界经济格局的变化，从 1970 年起先后进行了"资本密集型"产业结构和"技术知识密集型"产业结构的调整。在经济方面，实现了从 1962 年开始实施第一个五年计划到 1990 年国内生产总值平均每年 8.7% 的增长（70 年代增长速度高达 9.6%）。韩国一跃成为新型的工业化国家，城市化水平在 2000 年达到 86.2%。

韩国发展政策在实现经济发展奇迹的同时，也给城市造成了很多的问题：城市人口的过度集中（首尔达到了 1 000 多万）、住房短缺、交通拥挤、地价飞速上涨、环境污染、城市生活舒适度下降和地区间贫富差距拉大等问题。韩国的城市更新正是为解决经济快速发展带来的城市问题而进行的，贯穿于韩国城市发展的过程中。韩国的城市更新也可以看做是一部新城的开发史，韩国的城市化可以说是借助于城市更新实现的。

为解决工业化带来的城市人口的过度集中造成的城市不堪重负问题，1964 年韩国政府颁布了《控制城市快速增长的国务决策》，提出"不鼓励首尔的新工业开发"及"二级政府机构在地方城市的重新分布"。1972 年的《首尔土地利用控制》又提出了"减少首尔居住和工业用地的区划"和"在首尔外重新安排政府机构"。1977 年制定了《工业分散法》，规定与城市土地利用规划相违背的工厂必须进行搬迁，同时颁布《环境保护法》，将污染工厂强行迁至首尔西南的安山新城。为解决严重的住宅不足和土地、住宅价格上涨等问题，1988 年韩国建设部决定在首尔的绿带外建设 5 个新城市，分散首尔地区的功能。

（三）日本城市更新对我国建设用地再开发监管的政策启示

日本的城市更新与城市规划实践对我国当前的建设用地再开发及建设用地再开发监管具有一定的借鉴意义。

1. 完善的法律为保障

法律是日本政府在城市更新中最为倚重的手段。它以强有力的规范形式对城市更新中出现的问题予以解决，是城市更新的根本保障。

日本的城市管理立法涉及城市管理中土地、规划、住宅、绿地环保等多个领域，立法数量繁多严密，构成了城市更新的法律网络体系。早在 1919 年，日本政府就制定了《城市规划法》，对城市的规划、利用作出了政策性指导。第二次世界大战后日本利用的土地区划整理方法就始于《城市规划法》。面对突出的城市问题，1977 年日本政府把绿色综合规划正式列为城市规划的指导性法律条文，解决了城市中人口集中环境恶劣的问题,促进了城市的多元化发展和城市环境的净化。

2. 科学的城市规划为依据

城市规划是城市发展和城市更新的"宪法"。治理城市更新乱象必须依据城市规划，从一定程度上说城市更新实质上是城市规划落实和实现的具体过程，城市规划的质量决定城市更新的质量。

1960 年，建筑师丹下健三在研究和参考大伦敦规划的基础上提出了著名的"都市轴"理论，并提出了"东京规划-东京湾规划"的规划方案。在之后的 40 多年里，日本又进行了四次都市圈综合规划，体现了以产业、居住、交通和环境等为主题的规划理念，并制定了相应的行动纲领，为城市更新提供了指导。

3. 城市更新中鼓励公民积极地参与

城市更新涉及政府、开发商和公民三方的利益关系，公民的参与既提高了立法、政策制定的科学性和民主性，又保障了政府的公信力。同时，公民通过参与城市更新立法与政策的制定，也增强了对城市发展的责任心和荣誉感，为城市更新的顺利完成提供了良好的社会基础。

城市更新运动过程中众多问题的产生及公民参与意识的增强使政府意识到倾听公众的意见是避免政府诚信危机的最好方式，并逐步开始将公民参与引入到立法、政策制定中。日本《城市规划法》规定：区市町村级政府在确定本地区城市规划的基本方针之前，必须以召开听证会等形式，采取必要措施听取征求市民的意见。日本还通过各种法规评估体系、影响评估体系（如环境影响评估）使公民意见成为决定法规存废或修改的重要参考内容之一。

4. 培育发展社会自治

社区是指那些由具有共同价值取向的同质人口组成的，关系密切、守望相助、富有人情味的社会关系和社会团体，社区组织是参与式民主的一个重要组成部分，也是公民参与城市管理的途径之一。为了使公民更有效地参与到城市更新中，日本采取了多种措施扶持社区组织自治发展。从 20 世纪 70 年代，日本民间争取社区自治的活动就已经开始。2000 年日本《地方分权法》的实施确立了社区自治主体的地位，该法将町内会定位为服务于社区，以从事居民相互联络、完善环境、维护管理集会设施等有助于维持和形成良好地域性共同活动为目的的公益法人。社区自治不仅能使公民有组织、有效率地参与政府城市更新决策中，而且也改善了城市居民之间的邻里关系。

总之，日本城市更新对我国建设用地再开发监管的借鉴是：①城市更新必须建立在对城市地区条件详细分析的基础上；②城市更新要以同时适应城市地区的形体结构、社会结构、经济基础和环境条件为目标；③通过综合协调和统筹兼顾战略的制定和执行，努力实现同时适应城市地区的形体结构、社会结构、经济基础和环境条件的任务；④确保按照可持续发展的目标来制定战略和相关的执行项目；⑤明确地执行目标，这类目标应该尽可能地定量化；⑥最好能利用自然、经济、人力和其他资源，包括土地和现存的建筑环境。

第二节　建设用地再开发监管政策探索

我国关于建设用地再开发监管政策主要是 2004 年以后政府先后出台了一系列节约集约用地政策措施，为积极推进低效建设用地再开发利用奠定了制度基础。

2004 年，国务院下发《国务院关于深化改革严格土地管理的决定》（国发[2004]28 号），明确要求"实行强化节约和集约用地政策。把节约用地放在首位，重点在盘活存量上下功夫"，为城乡建设用地结构和布局调整提供政策依据。2008 年，党的十七届三中全会提出坚持"最严格的节约用地制度"，节约集约用地上升为基本国策。同年，国务院下发《国务院关于促进节约集约用地的通知》（国发[2008]3 号），文件提出，要充分利用现有建设用地、大力提高建设用地利用效率，明确要求今后各项建设要优先开发利用低效建设用地。2011 年《国民经济和社会发展第十二个五年规划纲要》首次提出"落实节约优先战略"。2012 年，国土资源部下发《国土资源部关于大力推进节约集约用地制度建设的意见》（国土资发[2012]47 号），首次从国家层面系统地提出了节约集约用地八项制度。2013 年，全国国土资源工作会议将城镇低效用地再开发列入国土资源部"创新'1+8'组合政策"中。同年，国土资源部下发《国土资源部关于印发开展城镇低效用地再开发试点指导意见的通知》（国土资发[2013]3 号），明确开展低效用地再开发的试点范围、总体要求、主要目标、基本原则和鼓励政策，为指导低效建设用地再开发利用提供具体的现实路径和政策依据。

一、国土资源部节约集约用地试点示范省建设

2008 年 12 月 20 日《国土资源部　广东省人民政府共同建设节约集约用地试点示范省合作协议》和《印发广东省建设节约集约用地试点示范省工作方案的通知》（粤府明电[2009]16 号）中明确以下几方面内容。

（一）强化用地监管

建立和完善土地管理问责制，构建覆盖土地审批供应使用全过程、各工作环节紧密衔接、相关部门协作配合的监管体系。加强国土资源执法监察队伍建设，完善动态巡查通报和社会监督机制；强化乡（镇）、村两级土地巡查执法力度，积极推进基层协管制度的开展。加大土地执法监察力度，从严查处违法案件，最大限度减少违法违规用地行为的发生。

（二）加强新技术、新手段和"第二次土地调查"工作成果的应用

充分应用遥感、地理信息系统、全球定位系统和网络技术等现代高新技术，提升相关调查、清查工作的科技含量，提高土地利用监管水平和效率。完善卫星遥感监测体系，构建国土监察动态监测网络。在加快完成"第二次土地调查"工作的基础上，按广东省土地利用总体规划的耕地保护目标，准确核定省内各地耕

地保有量和基本农田面积。进一步细化土地的类别，科学界定水域归类。在规划中探索水面不计入建设用地规模的做法，如小水库的水面列入坑塘水面，与河流相连的水库水面可不作为建设用地统计。

（三）建立节约集约用地激励与约束相结合的新机制

按照"约束要严、激励要实、责任要明"的原则，推行节约集约用地并建立节约集约用地考核评价制度，将节约集约用地评价体系的相关指标列入广东省经济社会发展和领导干部政绩考核指标体系。省政府每年对各市节约集约用地工作成绩突出的市、县（区）予以奖励，并在分配下一年度新增建设用地指标时予以倾斜。鼓励开发区高效利用土地，对土地集约利用评价达到要求的开发区，可以申请整合依法依规设立的开发区，或利用符合规划的现有建设用地扩区，促进产业集聚，集中布局。

（四）鼓励扶持"三旧"改造

对开展"三旧"改造需要新增建设用地和占用农用地的，按照"增加建设用地流量，不增加建设用地规模"的原则，创立国家专项的"周转指标"安排解决。对历史形成的无合法用地手续的建设用地，符合土地利用总体规划并属已建成使用的，按"区别对待、调减规模、依法处置"的原则，一并纳入"三旧"改造的范畴，以促进用地布局优化和现有建设用地的集约利用。

二、浙江省人民政府《关于推进低效利用建设用地二次开发的若干意见》

2008 年，浙江省颁发 2008～2013 年为期五年的《"365"节约集约用地实施方案》，该方案从城镇建设（"节地型城市发展模式"试点工作、城中村改造）、工业建设（提高工业用地投入产出强度及土地利用强度、116 个开发区土地节约集约利用潜力评价）、农村建设（宅基地清理）、基础设施建设（改造工艺落后、占地较大、影响环境的现有基础设施）、住宅建设（综合整治改造旧住宅区）和土地开发整理（治理空置宅基地及空闲土地，复垦废弃工矿用地）6 个方面着手，推进节约集约用地，力争在五年内盘活存量建设用地和转而未供土地 50 万亩。

2009 年，浙江省出台《浙江省人民政府办公厅关于切实做好城乡建设用地增减挂钩工作的通知》（浙政办[2009]121 号），其实施原则为"先复垦，后置换"。2010 年，浙江省颁发《关于深入开展农村土地综合整治工作扎实推进社会主义新农村建设的意见》（浙委办[2010]1 号），明确"进一步优化农村土地资源配置，促进城乡统筹发展"，实施复垦与盘活并重，增减挂钩及三集中（工业企业向园区集中，农村居民点向中心村集中，居住区向城镇集中）原则，促进土地集约利用。

2012 年，《浙江省人民政府关于加快"腾笼换鸟"促进经济转型升级的若干意见（试行）》（浙政发[2012]49 号）指出，浙江省将严格按照《中华人民共和国土地管理法》《闲置土地处置办法》等相关规定，全面落实征收土地闲置费、协商或依法收回、实施土地置换等措施，加快淘汰落后产能，鼓励实施低效利用建设用地"二次开发"、搬迁改造、就地转型（"退二优二""退二进三"）、兼并重组等盘活措施。

2013 年，浙江省发布 2013～2015 为期三年的《浙江省人民政府关于开展"三改一拆"三年行动的通知》（浙政发[2013]12 号），指出将在三年内对城市规划区内旧住宅、旧厂房和城中村进行改造，同时拆除全省范围内违反土地管理和城乡规划等法律法规的违法建筑，在盘活的手段上给出更灵活的政策：鼓励社会各方参与开发利用；原土地使用权人、市场开发主体，可以依据法律法规和有关政策规定，对符合条件的"三改一拆"土地自行再开发或收购后集中再开发；或由原集体经济组织对集体土地实施自主再开发。另外还允许以协议方式办理用地手续，用于商服用地的，还可以分割销售改造后总建筑面积的 30%。这些政策都大大调动了原土地使用者的积极性。2012 年，浙江省通过"腾笼换鸟""二次开发"等手段共盘活存量建设用地 6.04 万亩；在 2013 年 1～8 月"三改一拆"期间，浙江省"三改"面积达 7 883 万平方米，拆除违法建筑面积 7 904 万平方米；共 2 109个自然村和农村居民点通过土地整治归并，有效解决一户多宅、"空心村"问题，减少农村闲置土地，激活集体存量建设用地，同时推进城乡要素平等交换。

近年来，浙江省政府通过协商回收、鼓励流转、协议置换、"退二进三""退二优二"、收购储备 6 项措施积极开展低效建设用地再开发，各个县市如宁波市、湖州市、温州市、平湖市、瑞安市等纷纷出台了切合本市特点的建用地再开发实施意见，且都取得了良好的效果。

三、广东省人民政府关于推进"三旧"改造促进节约集约用地的若干意见

该意见明确了广东省"三旧"改造的总体要求：以科学发展观为指导，围绕提升综合竞争力和资源承载能力，切实转变发展观和用地观。遵循"全面探索、局部试点、封闭运行、结果可控"的原则，在不突破土地利用总体规划确定的耕地保有量、基本农田面积和建设用地总规模的前提下，积极稳妥推进"三旧"改造工作。将"三旧"改造与农村土地整治有机的结合，统筹规划、全面推进土地综合整治。以推进"三旧"改造工作为载体，促进存量建设用地"二次开发"，统筹城乡发展，优化人居环境，改善城乡面貌，努力建设生产发展、生活富裕、生

态良好、文化繁荣、社会和谐、人民群众充满幸福感的新广东。

该意见明确了广东省"三旧"改造的基本原则：①政府引导，市场运作。政府统一组织，制定专门政策，充分调动政府、集体、土地原使用权人及相关权利人的积极性，吸引社会各方广泛参与，实现多方共赢，确保国有、集体资产的保值、增值。在按市场化运作的同时，政府要正确引导，加强监管，确保改造规范推进。②明晰产权，保障权益。调查摸清"三旧"现状，做好"三旧"土地的确权登记工作。属于"三旧"改造的房屋和土地，未经确权、登记，不得改造。正确处理"三旧"改造过程中的经济、法律关系，切实保障土地权利人的合法权益，维护社会稳定。③统筹规划，有序推进。统筹经济社会发展和资源环境保护，依据国土规划、主体功能区规划、土地利用总体规划和城乡规划，科学制定"三旧"改造规划，并强化规划的统筹管控作用。严格界定"三旧"改造范围，对列入改造范围的，必须编制控制性详细规划和改造方案，有序推进。严禁擅自扩大"三旧"改造政策的适用范围。④节约集约，提高效率。通过市场运作和公开规范的方式，强化市场配置土地，促进土地高效利用。严格执行土地使用标准，提高土地使用强度。创新机制方法，强化土地资源、资产、资本"三位一体"管理，实现土地利用效益的最大化。⑤尊重历史，客观公正。既要做好与国家法律政策的衔接，防止发生新的违法违规用地行为，又要兼顾各地发展历史和土地管理政策的延续性，妥善解决历史遗留问题。要科学合理地制定改革方案和配套政策，改造利用与完善手续相挂钩，做到公开、公平、公正。

该意见明确了广东省"三旧"改造范围：紧紧围绕产业结构调整和转型升级、城市形象提升和功能完善、城乡人居环境改善、社会主义新农村建设等战略部署，在有利于进一步提高土地节约集约利用水平和产出效益的前提下，确定"三旧"改造范围。下列土地可列入"三旧"改造范围：城市市区"退二进三"产业用地；城乡规划确定不再作为工业用途的厂房（厂区）用地；国家产业政策规定的禁止类、淘汰类产业的原厂房用地；不符合安全生产和环境要求的厂房用地；布局散乱、条件落后，规划确定改造的城镇和村庄；列入"万村土地整治"示范工程的村庄等。

该意见明确了科学规划、统筹推进广东省"三旧"改造：开展"三旧"改造的地方，要认真进行"三旧"用地的调查摸底工作，将每宗"三旧"用地在土地利用现状图和土地利用总体规划图上标注，并列表造册。要根据土地利用总体规划和城乡规划等，围绕本地区经济社会发展战略实施要求，对"三旧"改造进行统一规划，优化土地利用结构，合理调整用地布局。通过统筹产业发展，加快商贸、物流等现代产业或公益事业的建设，增加生态用地和休闲用地，优化城乡环境。依据"三旧"改造规划，制定年度实施计划，明确改造的规模、地块和时序，并纳入城乡规划年度实施计划。涉及新增建设用地的，要纳入土地利用年度计划，依法办理农用地转用或按照城乡建设用地增减挂钩政策规定办理。通过"三旧"改造，进一步推进土地利用总体规划、城乡规划及产业发展规划的协调衔接，优化城市功能布局和促进产业转型升级。

该意见明确了因地制宜，采取多种方式推进广东省"三旧"改造：①市、县人民政府为了城市基础设施和公共设施建设，或者为了实施城市规划进行旧城区改建需要调整使用土地的，由市、县人民政府依法收回、收购土地使用权，纳入土地储备。土地使用权收购的具体程序、价格确定，由市、县人民政府依法制定实施办法。②在旧城镇改造范围内，符合城市规划、"三旧"改造规划和年度实施计划的，鼓励原土地使用权人自行进行改造。自行改造应当制定方案，经土地行政主管部门和城乡规划部门同意后报市、县人民政府批准实施。所涉及的划拨土地使用权，可采取协议方式补办出让手续，涉及补缴地价的，按地级以上市人民政府的统一规定办理。③在旧城镇改造范围内，符合城乡规划的，市场主体根据"三旧"改造规划和年度实施计划，可以收购相邻多宗地块，申请进行集中改造。市、县土地行政主管部门可根据收购人的申请，将分散的土地归宗，为收购人办理土地变更登记手续。收购改造应当制定改造方案，经土地行政主管部门和城乡规划部门同意后报市、县人民政府批准实施。涉及补缴地价的，按地级以上市人民政府的统一规定办理。④旧城镇、旧村庄改造涉及收回或者收购土地的，可以货币方式向原使用权人补偿或支付收购款，也可以置换方式为原使用权人重新安排用地。置换的土地其使用权价额折抵不足的可以货币补齐。⑤土地利用总体规划确定的城市建设用地规模范围内的旧村庄改造，原农村集体经济组织申请将农村集体所有的村庄建设用地改变为国有建设用地的，可依照申请报省人民政府批准征为国有，由市、县（区）、镇人民政府根据"三旧"改造规划和年度实施计划分别组织实施。其中，确定为农村集体经济组织使用的，交由农村集体经济组织自行改造或与有关单位合作开发建设。⑥土地利用总体规划确定的城市建设用地规模范围外的旧村庄的改造，在符合土地利用总体规划和城乡规划的前提下，除属于市、县人民政府应当依法征收之外，可由农村集体经济组织或者用地单位自行组织实施，并可参照旧城镇改造的相关政策办理，但不得用于商品住宅开发。⑦"三旧"改造涉及拆迁腾挪的合法用地，确能实现复耕的，可根据国土资源部的相关规定，纳入城乡建设用地增减挂钩试点，由省土地行政主管部门根据各地级以上市的情况安排专用周转指标。周转指标的使用和管理按照国家和省的规定办理。

四、国土资源部关于推进土地节约集约利用的指导意见

该意见首次从国家层面系统地提出了节约集约用地制度的框架体系和八项具

体内容，为指引节约集约用地工作提供了重要的政策依据和现实路径。文件明确要促进低效用地的开发利用，主要表现在三个方面。一是在土地资源市场配置中，鼓励集体土地使用权人以土地使用权联营、入股等形式兴办企业，盘活利用低效用地。二是实行城市改造中低效用地"二次开发"的鼓励政策，在符合法律和市场配置原则下，从规划、计划、用地取得、地价等方面制定支持措施，鼓励提高存量建设用地利用效率。三是建立土地利用监测监管制度，实行土地开发利用信息公开，定期公布低效用地情况，扩大公众参与，发挥社会监督作用。

　　该意见的指导思想是：我国经济发展进入新常态，处于经济增长换挡期、结构调整阵痛期、前期刺激政策消化期"三期叠加"的阶段，对大力推进节约集约用地提出了新要求。近年来，各地采取措施推进土地节约集约利用，取得了积极进展，但是土地粗放利用状况没有根本改变，建设用地低效闲置现象仍较普遍。为了切实解决土地粗放利用和浪费问题，必须坚持以土地利用方式转变促进经济发展方式转变，推动生态文明建设和新型城镇化。坚持和完善最严格的节约用地制度，遵循严控增量、盘活存量、优化结构、提高效率的总要求，全面做好定标准、建制度、重服务、强监管工作，大力推进节约集约用地，促进土地利用方式和经济发展方式加快转变。

　　该意见明确了下一步节约集约用地主要目标：①建设用地总量得到严格控制。实施建设用地总量控制和减量化战略，将城乡建设用地总量控制在土地利用总体规划确定的目标之内，努力实现全国新增建设用地规模逐步减少，到 2020 年，单位建设用地二、三产业增加值比 2010 年翻一番，单位固定资产投资建设用地面积下降 80%，城市新区平均容积率比现城区提高 30% 以上。②土地利用结构和布局不断优化。实施土地空间引导和布局优化战略，完成全国城市开发边界、永久基本农田和生态保护红线的划定，引导城市建设向组团式、串联式、卫星城式发展，使工业用地逐步减少，生活和基础设施用地逐步增加，中西部地区建设用地占全国建设用地的比例有所提高。③土地存量挖潜和综合整治取得明显进展。实施土地内涵挖潜和整治再开发战略，"十二五"和"十三五"期间，累计完成城镇低效用地再开发 750 万亩、农村建设用地整治 900 万亩、历史遗留工矿废弃地复垦利用 300 万亩，土地批后供应率、实际利用率明显提高。④土地节约集约利用制度更加完善，机制更加健全。"党委领导、政府负责、部门协同、公众参与、上下联动"的国土资源管理新格局基本形成，节约集约用地制度更加完备，市场配置、政策激励、科技应用、考核评价、共同责任等机制更加完善，建成一批国土资源节约集约利用示范省、模范县（市）。

　　该意见明确了下一步节约集约用地的主要措施：①逐步减少新增建设用地规模。与国民经济和社会发展计划、节约集约用地目标要求相适应，逐步减少新增建设用地计划和供应，东部地区特别是优化开发的三大城市群地区要以盘活存量为主,率先压减新增建设用地规模。严格核定各类城市新增建设用地规模,适当增加城区人口 100 万~300 万的大城市新增建设用地,合理确定城区人口 300 万~500 万的大城市新增建设用地,从严控制城区人口 500 万以上的特大城市新增建设用地。②着力盘活存量建设用地。着力释放存量建设用地空间,提高存量建设用地在土地供应总量中的比重。制定促进批而未征、征而未供、供而未用土地有效利用的政策,将实际供地率作为安排新增建设用地计划和城镇批次用地规模的重要依据,对近五年平均供地率小于 60% 的市、县,除国家重点项目和民生保障项目外,暂停安排新增建设用地指标,促进建设用地以盘活存量为主。严格执行依法收回闲置土地或征收土地闲置费的规定、加快闲置土地的认定、公示和处置。建立健全低效用地再开发激励约束机制,推进城乡存量建设用地的挖潜利用和高效配置。完善土地收购储备制度,制定工业用地等各类存量用地回购和转让政策,建立存量建设用地盘活利用激励机制。③完善区域节约集约用地控制标准。继续落实"十二五"单位国内生产总值建设用地下降 30% 的目标要求。探索开展土地开发利用强度和效益考核,依据区域人口密度、二三产业产值、产业结构、税收等指标和建设用地结构、总量的变化,提出控制标准,加快建立综合反映土地利用对经济社会发展承载能力和水平的评价标准。④引导城乡提高土地利用强度。加强对城镇和功能区土地利用强度的管控和引导,依据城镇建设用地普查,开展人均城镇建设用地、城市土地平均容积率、各功能区容积率和不同用途容积率、建筑密度、单位土地投资等土地利用效率和效益的控制标准研究。提出"十三五"平均容积率等节约集约用地考核具体指标。逐步确立由国家和省市调控城镇区域投入产出、平均建筑密度、平均容积率控制标准,各城镇自主确定具体地块土地利用强度的管理制度,形成城镇整体节约集约、功能结构完整、利用疏密有致、建筑形态各具特点的土地利用新格局。⑤严格执行各行各业建设项目用地标准。在建设项目可行性研究、初步设计、土地审批、土地供应、供后监管、竣工验收等环节,严格执行建设用地标准,建设项目的用地规模和功能分区不得突破标准控制。各地要在用地批准文件、出让合同、划拨决定书等法律文本中,明确用地标准的控制性要求,加强土地使用标准执行情况的监督检查。鼓励各地在严格执行国家标准的基础上,结合实际情况制定地方土地使用标准,细化和提高相关要求。对国家和地方尚未编制用地标准的建设项目,国家和地方已编制用地标准但因安全生产、地形地貌、工艺技术有特殊要求需要突破标准的建设项目,必须开展建设项目节约集约土地评价论证,合理确定用地规模。⑥大力推进城镇低效用地再开发。坚持规划统筹、政府引导、市场运作、公众参与、利益共享、严格监管的原则,在严格保护历史文化遗产、传统建筑和保持特色风貌的前提下,规范有序地推进城镇更新和用地再开发,提升城镇用地人口、产业承载能力。结合城市棚户区改造,建立合理利益分配机制,采取协商收回、收购储备等方式,推进旧城镇改造；依法办理相关手续，鼓励旧工厂改造和产业升级；充分尊重权利人意愿，鼓励采取自主开发、联合开发、收购开发等模式，分类推动城中村改造。⑦因地制宜盘活农村建设用地。统筹运用土地整治、城乡建设用地增减挂钩等政策手段，整合涉地资金和项目，推进田、水、路、林、村综合整治，促进农村低效和空闲土地盘活利用，改善农村生产生活条件和农村人居环境。土地整治和增减挂钩要按照新农村建设、现代农业发展和农村人居环境改造的要求，尊重农民意愿，坚持因地制宜、分类指导、规划先行、循序渐进原则，保持乡村特色，防止大拆大建；要坚持政府统一组织和农民的主体地位，增加工作的公开性和透明度，维护农民土地合法权益，确保农民自愿、农民参与、农民受益。在同一乡镇范围内调整村庄建设用地布局的，由省级国土资源部门统筹安排，纳入城乡建设用地增减挂钩管理。⑧全面推进节约集约用地评价。持续开展单位国内生产总值建设用地消耗下降目标的年度评价。进一步完善开发区建设用地节约集约利用评价，适时更新评价制度。部署开展城市节约集约用地初始评价，在初始评价基础上开展区域和中心城区更新评价。加快建立工程建设项目节地评价制度，明确节地评价的范围、原则和实施程序，通过制度规范促进节约集约用地。⑨加强建设用地全程监管及执法督察。全面落实土地利用动态巡查制度，超过土地使用合同规定的开工时间一年以上未开工、且未开工建设用地总面积已超过近五年年均供地量的市、县，要暂停新增建设用地供应。建立健全土地市场监测监管实地核查办法，加大违法违规信息的网上排查和实地核查。充分运用执法、督察手段，加强与审计、纪检监察、检察等监督或司法机关的联动，有效制止和严肃查处违法违规用地行为。

第三节　建设用地再开发监管实践探索

一、促进城市低效用地二次开发，向存量要空间——以深圳市为代表的城市更新模式[①]

（一）主要做法和经验

深圳城市更新主要考虑的是城市建成区的存量低效建设用地开发利用，不包括农村地区的集体建设用地，但建成区内的城中村被涵盖在内。过去，深圳市低效建设用地利用主要以城中村改造为主，基本做法与旧城改造的传统模式

---

① 毛蒋兴，闫小培，李志刚，等. 2008. 深圳城市规划对土地利用的调控效能. 地理学报，63(3): 311-320.

相差不大，政府通过补偿村集体和村民获得城中村土地，通过市场交易转移给新的使用者进行再利用。2009 年，深圳低效建设用地开发利用进入"城市更新"阶段，开始全面探索城市低效建设用地开发利用新路子，总结积累了丰富经验。

1）规划先行，开展全市低效用地专项调查，科学编制低效用地二次开发专项规划，确保低效用地合理、有序、滚动开发和利用。

2）建立低效用地置换储备机制。通过采取收购、委托收购、协议收购等多种手段，将企业改制用地等存量土地优先纳入土地储备，优化存量土地储备机制的运行模式，设立存量土地储备管理的专项资金，盘活存量土地资产。

3）设立城市更新单元，有效化解公共项目落地难题。城市土地二次开发意味着城市资源将重新配置，也意味着相关各方利益的再分配。为了有效化解城市整体利益、局部利益与个体利益之间的矛盾，深圳市提出建立城市更新单元概念，将城市更新片区作为单元进行整体规划，从而避免公共项目落地难的问题。

（二）政策创新

深圳城市更新实践，对城市低效建设用地的处置和收益分配等政策进行了有益的探索和创新，允许原土地使用权人参与低效用地再开发利用。借鉴台湾市地重划经验，2009 年深圳出台《深圳市城市更新办法》，鼓励拆除重建的城市更新地块由原权利人自行改造，也可以通过协议方式出让给其他企业进行改造，与政府签订出让合同时可以重新计算土地使用权期限；改变过去完全由政府主导，原土地使用权人无法参与开发过程的做法，允许集体建设用地与国有土地一样可以享受自行开发的政策；合理分配低效用地开发利用土地收益。2012 年，深圳出台《深圳市城市更新办法实施细则》和《关于加强和改进城市更新实施工作的暂行措施》，明确城市更新过程中各方在土地权益上的划分。规定原农村集体经济组织继受单位是唯一的土地确权主体。在确定的城市更新单元内，土地按照确定权益、利益共享的原则在政府和继受单位之间进行分配。政府获得土地面积的 20%用于出让，实施城市发展战略，落实规划；城中村所属集体经济组织继受单位获得 68%的面积用于自行开发，并支付土地用途改变出让金差额；20%的面积由政府投资为城市更新单元，进行基础设施建设。政府获得了城市功能提升的建设空间，继受单位既获得了基础设施改善后的土地增值，又获得了用途调整后的土地收益。城市更新过程使土地增值收益在各方之间得到合理分配，原土地使用权人的权益得到充分的尊重和保障，调动了原土地使用权人主动参与城市更新的积极性。

二、土地"托管"——东莞市的闲置与低效工业用地处置模式

东莞市的闲置土地处置经验在 2007 年得到国土资源部通报推荐，对建设用地再开发、存量建设用地盘活制度的设计有着积极的借鉴意义。

（一）主要做法

东莞市 2006 年的统计结果显示，作为工业强市的东莞市在经济发展过程中形成应处置闲置用地 4.57 万亩，东莞市先后印发了《关于加快收回闲置土地纳入政府土地储备的通知》《关于闲置土地处置有关问题的处理意见》《关于加强土地闲置费征收使用管理的通知》等 18 项专项政策文件，以推动闲置土地的盘活。

除了采用征收闲置费、限期开发、地块置换、强制无偿收回、退地还耕等常用方式外，东莞市还创造了一种"托管"的方式，即原土地权属人将土地委托给政府管理；双方商定好土地补偿地价，一般采取市场比较法或成本逼近法进行综合评估，并适当考虑相关成本，政府重新招商处置这块土地，获得出让金；土地溢价部分由政府和原土地权属人按照事先约定的比例分成，分成比例多为 60%：40%（政府：原用地者）或者 50%：50%。通过这种名为"托管"的溢价分成方式，东莞市一年内处置 92 宗闲置土地，面积达到 8 126 亩。

（二）有效经验

按照我国《闲置土地处置办法》的规定，对原土地权属人自身原因造成的闲置土地，满一年的征缴闲置费，满两年的无偿收回。这类措施都是惩罚性的，实施起来比较困难，尤其是在无偿收回上不仅要处理各种复杂的社会经济关系的纠葛，阻力非常大；还要面临与《物权法》的冲突，难以获得法律支撑。

东莞市的闲置土地处置更多考虑的是如何提高闲置土地再利用的实际效率，跳出强制性惩罚措施的思路。惩罚措施依然保留，但更多是作为谈判具体处置方式时的一种威慑，在此之外另辟一条引导并推动原土地权属人腾退出闲置土地的路径。原土地权属人在获得补偿底价之外，还可以获得一部分的溢价，这种处置下的收益远远大于被强制无偿收回，也比政府收购的一般补偿方式多了一定比例的溢价分成，利益带来的驱动力促使他们更愿意参与。

（三）政策创新

原土地权属人能获得土地在再开发利用条件下的增值部分，与过去只能与政府谈定固定价格相比，无疑是一种政策创新。这种溢价分成方式处置闲置或低效

土地的创新在于：①减少社会成本，提高退出效率。原土地权属人的土地权利可以通过估价确定其价值，但是按此价格要求原土地权属人退出往往会引起一系列的抵触行为，由此带来更多的金钱和时间成本，在激烈的抵抗之下还可能连带产生负面的社会成本。这些成本的产生更多是由于原土地权属人对估值的不认可。在这样的处理方式下，原土地权属人获得的是剩余年期的原用途价值，而政府支付的除了这一部分还要考虑其他成本。如果能有一种补偿方式更容易得到原土地权属人的认可，即使补偿有所增加，只要不大于激烈抵触带来的成本，对政府而言支出并没有增加，只是将对抗中的耗散变为直接补贴给对方。考虑抵抗带来的社会负面影响，给出一个更容易为原土地权属人所接受的土地价值补偿方案更有效。②更合理的补偿。在经济学中讨论收益分配往往要看各方对收益的贡献，以贡献的大小和比例分配收益。土地由低效利用情况下从原土地权属人手中退出并重新安排使用一般会带来溢价。原土地权属人如果坚持不退出，地块上的溢价难以产生，或延迟，或缩量产生。因此，原土地权属人有效率的退出行为对预期溢价的产生是有贡献的，对其分配一定比例的溢价也符合经济学的基本原则，更容易获得原土地权属人的认同。③变冲突为合作。土地溢价的可能分配者是政府与原土地权属人，政府如果不分配溢价，而原土地权属人积极争取更多补偿，则政府与原土地权属人之间是一种零和的博弈，考虑抵抗带来的各种交易成本，甚至可以说是负和博弈。而对于溢价分成的方式，双方往往按照过往案例确定溢价的比例，之后更多的是讨论如何合作后续程序以尽快、尽可能多地从市场获得溢价的问题。这时，两者的关系就从利益的争夺者转变为创造溢价合作者，大大提高了低效建设用地再开发的效率。但是应该看到，溢价分成方式的先决条件是土地再开发利用后会产生较高的溢价，这种溢价往往来自政府对地块规划条件进行的调整，在工业用地盘活继续用于工业的案例中，也只有工业用地价格已经能体现市场竞争的地区才会产生可用于分配的溢价。

三、规范推进城乡建设用地增减挂钩试点，向结构调整要空间——以重庆市为代表的"地票"交易模式

2008年以来，重庆市作为全国统筹城乡综合配套改革试验区，以深化土地改革为突破口，稳步开展城乡建设用地增减挂钩试点，探索创新了"地票"交易制度。截至2012年6月，重庆市农村土地交易所共组织"地票"交易25场，产生"地票"220张，面积8.86万亩，"地票"交易金额175.4亿元。其主要做法和创新有以下三点。

一是建立农村土地交易所，构建城乡统一土地市场。2008年12月，重庆市成立了全国首个农村土地交易所，推行"地票"交易制度。按照《重庆农村土地

交易所管理暂行办法》的规定，农村土地交易所交易的"地票"实质上是增减挂钩指标，而"地票"的持有者则拥有增加了相应面积的城镇建设用地指标。重庆市规定，在主城区的经营性用地必须通过"地票"取得。"地票"持有者可在符合城乡总体规划和土地利用总体规划的前提下，按自己的意愿寻找地块，并向土地所在地政府提出征转用申请，最后报市政府批准。经批准后，政府按程序对该地块进行征用，并将其作为经营性用地进行招拍挂，此时拿到"地票"的开发商和其他企业成为平等的竞争者。

二是完善土地交易制度，严格把关产生"地票"的关键环节。重庆市制定了《农村土地交易所管理暂行办法》《农村土地交易所交易流程（试行）》等法律文件和操作规程，为农村土地流转构建了制度保障。按规定，"地票"的产生必须经过复垦、验收、交易和使用四个环节：①按照规划和复垦整理技术规程，在农民自愿和农村集体同意的前提下，将闲置的农村宅基地及其附属设施用地、农村公共设施等农村集体建设用地，复垦为耕地；②经土地管理部门会同农业部门严格验收后，对经复垦后产生的耕地质量和数量进行把关，确认腾出的建设用地指标作为"地票"的来源；③"地票"通过农村土地交易所面向社会公开交易，各项收益和补贴归农民和农村集体所有，农村集体经济组织获得的土地收益，主要用于农民社会保障和新农村建设等；④购得"地票"的单位在城市规划区内选定待开发的土地，由区县（自治县）人民政府办理征收转用手续并完成补偿安置后，按招拍挂有关规定取得国有建设用地使用权。与其他地区"先占后补"的挂钩模式相比，"地票"模式是先对农村集体建设用地进行复垦，将验收合格后增加的耕地指标通过"地票"在交易所进行拍卖，即先复垦后占地。

三是建立利益分配机制，切实维护农民合法权益。市政府在综合考虑耕地开垦费、新增建设用地土地有偿使用费等因素的基础上，制定全市统一的农村土地基准价格。如果"地票"交易价格低于基准价格，土地所有者有权优先回购。"地票"产生的收益分配主要有三个方面：首先，支付复垦成本，按区县政府确定的当地征地拆迁补偿标准核算对农民宅基地上的房屋及其附着物的补偿，对其新购房给予补贴；其次，按乡镇国有土地出让金标准对农村集体经济组织进行补偿；最后，上述分配完成后，如果还有结余，由区县政府建立耕地保护基金或用于农村基础设施建设的专项基金，使农民成为"地票"交易机制的受益者。

四、促进产业结构调整，向效率要空间——以武汉市为代表的"两型社会"建设模式

2007年12月，国家批准武汉城市圈为"资源节约型和环境友好型社会建设

综合配套改革试验区"。探索节约集约用地方式是打造"两型"社会的重要内容，在创新机制体制，破解发展难题，不断提高武汉城市圈土地资源用的有效性方面，武汉市、黄石市、鄂州市、孝感市、黄冈市、咸宁市、仙桃市、潜江市、天门市等构成的经济联合体进行了先行先试的探索创新，取得显著成效。

（一）主要做法和经验

武汉城市圈老工业基地多，且以传统重工业为主，占地面积大，单位产值低，多分布在城市中心或黄金地段，导致城市土地低效配置。武汉等城市以盘活城镇低效建设用地为重点，促进产业结构调整，提高土地利用效率，走出了一条节约集约用地新路子。

1. "退城进园"，促进产业结构调整

武汉市主城区低效用地约 213 平方公里，占主城区建设用地的 37%，可再开发面积约 138 平方公里，通过"退城进园"，促进产业结构调整，将布局散乱、利用粗放、用途不合理的低效工业用地盘活的潜力巨大。2010 年，武汉市把新建都市工业园与改造老工业基地结合起来，先后建设 8 个都市工业园，通过"进二退二"，清退高能耗、高污染、低效益的企业，引进科技类、环保类的都市型工业企业，激活存量土地 1.25 万亩，引进企业 896 家，实现年工业总产值 500 多亿元，提供就业岗位 6.7 万个。

2. 以市场机制引导低效用地盘活

针对武汉城市圈土地资源特别是工业企业粗放利用的现实，武汉等城市充分发挥市场机制的引导作用，依据城市土地价值规律，将市区内地处黄金地段、效益差、对居民和环境影响大的工业企业逐步迁出，用来发展第三产业及公益性事业。通过土地用途更新、土地结构转换、土地布局调整、土地产权重组等措施，实现土地现有功能和潜在功能的开发，提高城镇土地利用效率。

（二）政策创新

武汉市对"退二进三"企业除了收购外，还允许企业采取"交易许可"方式。通过建立"交易许可"制度，企业在向政府提出腾退土地申请时，政府可优先收购，也可以批准该地块直接在土地市场上交易，收益部分由政府与原土地使用权人按协商比例分成。原土地使用权人可获得土地在新的利用条件下的增值部分，这调动了原土地使用权人腾退土地的积极性，可最大限度盘活低效用地。其创新性表现在：①实现土地资产价值增长。长期以来，土地的再利用往往是由政府收购后重新推向市场，收购价格在理论上是剩余年期的土地原用途价值，并非土地再利用价值。通过建立"交易许可"制度，腾退土地可直接在土地市场上交易，令土地在新的利用条件下实现增值。②以溢价分成方式，使原土地使用权人获得土地在新的利用条件下的增值收益。这种处置下的收益远远大于被政府收购或强制无偿收回的补偿，保障了原土地使用权人的土地权益。

五、探索土地分类管理，向精细化管理要空间——以广东省为代表的"三旧"改造模式

作为改革前沿的广东省，其建设用地供需矛盾尤为突出，通过转变土地利用方式和管理方式，促进经济发展方式转变，成为新的政策诉求。2008年年底，广东省与国土资源部签订了合作共建节约集约用地示范省工作协议，制定出台了《关于推进"三旧"改造、促进节约集约用地的若干意见》，以旧城镇、旧村庄、旧厂房改造为内容的"三旧"改造，作为广东省节约集约用地示范省建设的一项重要任务和政策创新，积极推进低效建设用地开发利用。

（一）主要做法和经验

广东省遵循"全面探索、局部试点、封闭运行、结果可控"的原则，全方位推进管理创新和配套改革。

1. 规划先行，科学统筹，推进改造

一是开展标图建库。在全省范围内部署开展"三旧"用地调查摸底，把"三旧"地块在影像图、土地利用现状图和土地利用规划图上进行标注，严格圈定"三旧"改造范围，建立"三旧"改造地块监管数据库和"三旧"改造标图建库动态调整机制。二是编制"三旧"改造专项规划。在完成标图建库的基础上，编制"三旧"改造专项规划，明确用地规模和改造时序，合理确定改造用地开发强度控制的要求，基本形成了专项规划纲要—年度实施计划—单元规划（控制性详细规划）—改造方案四个层级的规划体系，确保"三旧"改造有序推进。

2. 市场主导，积极探索多种模式，鼓励社会资金参与

广东省"三旧"改造坚持了"政府引导，市场运作"的原则。一是在改造主体上，主要有政府主导拆迁、净地出让、引进资金运作的旧城镇改造模式；以农村集体经济投入为主，自行改造或以土地入股、引进社会力量联合改造的旧村庄

改造模式；等等。二是在改造用途上，有保留原建筑风貌、完善公共配套设施的旧厂房改造模式，整合多地块连片改造升级的旧厂房改造模式，以环境整治改造为主的旧城镇、旧村庄改造模式，等等。三是在投资方式上，形成了政府投资改造、社会资金投资改造、集体经济组织自行改造、原土地使用权人自行改造等模式。

3. 利益共享、多方共赢，统筹兼顾各方利益

"三旧"改造以"让群众共享发展成果"为基本准则。一是保障公共利益用地。如东莞市建立"拆三留一"制度，要求拆迁后应提供不低于三分之一的公共用地，用于道路、市政、教育、医疗、绿化等公共用途；深圳市要求改造范围内用于城市基础设施、公共服务设施等公益性项目的建设用地不少于改造范围的 15%，并视情况按 5%～15% 配建保障性住房。二是保障产业升级用地。如广州市规定，改造后用于新兴产业的，对补缴土地出让金实行 40% 的优惠。三是合理分配土地收益。"三旧"改造过程中依法征收集体建设用地或者收回国有土地使用权的，出让土地后的纯收益可按一定比例返还给集体土地所有权人、被改造地块的原使用单位和个人；申请改变用途按规定补缴土地出让金的，市县镇政府和农村集体经济组织可以分享部分出让收益。佛山市南海石头村项目改造后，基本形成政府、原土地权利开发投资主体 4∶4∶2 的收益分配格局。这些政策激发了利益相关者改造土地的积极性，实现了多方共赢。

（二）政策创新

广东"三旧"改造试点主要是针对存量建设用地与新增建设用地在土地占用、开发、处置、收益等方面的差异而进行的改革探索和制度创新。存量土地再开发方面允许存量土地使用权人在不违反法律法规的原则下，按照规划对土地进行再开发。"三旧"改造试点明确，除了因公共利益需要必须对土地进行收购储备外，在符合土地利用总体规划和城乡建设规划的前提下，土地使用者可以自己，也可以与他人合作，对土地进行再开发。原来由后续开发者获得的增值收益完全或者部分由土地使用者获得，使土地使用者成为存量建设用地再开发过程中利益分配的主导者，从而调动了存量土地使用权人再开发改造的积极性。

一是存量土地供应方面，完善城镇存量土地出让制度，原土地使用权人自行改造涉及划拨土地使用权时可采取协议方式补办出让手续。在旧城镇改造范围内，针对符合规划的土地，除了由政府收购储备后重新供地，鼓励原土地使用权人自行改造，所涉及的划拨土地使用权，可以采取协议方式补办出让手续，涉及补缴地价的按规定办理。这样规定，提高了原土地使用权人释放土地、参与"三旧"改造的积极性，同时政府也能获得即期的土地收益和长远的税收增长，形成多方

共赢的格局。

二是集体土地产权处置方面，完善集体土地权能，促进集体建设用地流转。试点适度放宽了对集体建设用地使用主体和用途的限制，对土地利用总体规划确定的城市建设用地范围外的旧村庄改造，在符合规划的前提下，除属于应当依法征收的土地外，允许农村集体经济组织自行改造或与有关单位合作开发建设；同时，允许将集体建设用地使用权出让、转让、出租、抵押、作价出资或者入股，但不得用于商品住宅开发。此政策打破了政府垄断的单一的供地渠道，促进了农村存量建设用地的开发利用，并极大地显化了集体建设用地的资产价值，实现了集体经济组织和农民的集体土地权益。

三是存量土地收益分配方面，在国家、改造者、土地权属人之间合理分配土地收益。试点明确规定，地方政府可将获得的土地出让纯收益按一定比例返还给被改造地块的原使用者或原农村集体经济组织，专项用于支持其发展；同时，还对工业用地提高容积率不增缴土地价款、允许将拆迁与拟改造土地的使用权捆绑招标等做法做了规定。这样做，充分考虑了投资主体、被改造地块单位和个人的权益，有利于形成利益多方共享的格局。

六、规范推进城乡增减挂钩试点，向结构调整要空间——以成都市为代表的农村建设用地再开发模式

2006 年，国土资源部共批准 29 个省份开展增减挂钩试点，经过近 9 年的探索实践，逐步形成了以成都市为代表的各具特色的发展模式，总结出一些具有开创性的实践经验。

（一）主要做法和经验

1. 统筹制定规划，突出规划引领

积极组织开展专项调查，依据土地利用总体规划和土地整治规划，与农业发展、村镇建设等规划相衔接，编制城乡建设用地增减挂钩试点专项规划及项目区实施规划，统筹安排增减挂钩试点规模、布局和时序，有序推进试点工作。

2. 强调建章立制

建立由政府领导，国土资源部牵头，国家发改委、财政部、建设部、农业部、水利部、环保部等多部门参与的工作机制，协调解决重大问题，统筹推进城乡建设用地增减挂钩工作。结合实际出台的规范性管理文件，为规范推进城乡建设用地增减挂钩工作提供制度保障。

3. 坚持以人为本,切实维护农民权益

城乡建设用地增减挂钩地区坚持尊重农民意愿,维护农民权益,在旧房拆迁、安置补偿、新居建设、土地互换和复垦用途等方面,广泛征求农村集体经济组织和农民意见,保障农民的知情权、参与权、决策权和监督权,提高试点项目实施的透明度。

4. 探索多元投入,强化资金保证

城乡建设用地增减挂钩地区积极拓宽资金筹措渠道,以新增建用地土地有偿使用费、用于农业开发的土地出让收入、耕地开垦费和土地复垦费等资金为主体,引导和聚合相关涉农资金,探索鼓励引导社会资金、农村集体经济组织和农民自筹资金参与试点项目,保障资金渠道不乱、用途不变,实行专账管理、统筹集中使用,切实提高各项资金的综合使用效益。

5. 及时还田复耕,确保复耕质量

城乡建设用地增减挂钩地区制定出台了拆旧复垦政策措施,确保实施后,还田复耕的耕地面积不减少,质量不下降。

6. 建立监管机制,强化项目管理

城乡建设用地增减挂钩结合国土资源综合监管平台建设,加强试点项目管理信息化建设,实行全程全面监管;完善项目在线备案制度,对项目的批准、实施和验收情况实行网络直报备案,及时向社会公示,自觉接受社会公众的监督。

7. 坚持以城带乡,促进城乡统筹

一方面,通过开展城乡建设用地增减挂钩,利用节约出来的一部分集体建设用地,依法依规发展乡镇企业和非农产业,让集体经济组织和农民参与经营和开发,进一步壮大了村级集体经济;另一方面,依照有关规定将农村建设用地整理节余的建设用地指标调剂到城镇使用,将获得的土地增值收益返还农村,有效地促进了新农村建设。

（二）政策创新

2007 年,成都市获批"全国统筹城乡综合配套改革试验区"后,将土地产权制度建设作为统筹城乡的重要基础工作,加快推进土地确权登记,紧扣"还权赋能"改革主体,将农村土地整治与城乡建设用地增减挂钩试点相结合,围绕农村土地产权制度、建设城乡统一土地市场、完善土地收益分配机制等方面积极探索

创新，探索推进新时期农村土地管理制度改革。

1. 创新农村土地综合整治新机制

成都市将城乡建设用地增减挂钩试点与农村建设用地整治相结合，实行农用地整理与建设用地整理"统一规划、分别立项、同步实施、分别验收"的土地综合整治机制，并创新完善土地综合整治新机制，形成了"政府引导、农民主体、镇村组织、市场运作"的运行模式。

2. 探索农村产权制度改革

以"还权赋能"为核心，按照"权属合法、界址清楚、面积准确"的原则，对农村土地和房屋进行确权登记，颁发农村集体土地所有权证、农村集体建设用地使用权证、农村集体土地承包经营权证和林权证，建立"归属清晰、权责明确、保护严格、流转顺畅"的符合市场经济规律的现代农村产权制度。将确权登记成果作为开展农村建设用地综合整治涉及的土地权属调整、收益分配及补偿的依据。

3. 探索城乡建设用地增减挂钩指标交易制度

2008 年，成都市成立了全国首家农村产权交易所，搭建起市、县、乡三级农村产权交易信息发布和组织交易综合平台，实行"六统一"管理模式，即统一交易规则、统一交易签证、统一服务标准、统一交易监管、统一信息平台、统一诚信建设。通过全市城乡一体的有形农村建设用地交易市场，按价高者得原则，配置城乡建设用地挂钩指标，同时建立挂钩指标保底收购价，暂时未成交的挂钩指标由成都市土地收储中心收购。

4. 完善土地收益分配机制

成都市针对城乡建设用地增减挂钩试点节余的建设用地指标，要求必须留下不低于 5% 的土地用于农村集体经济组织发展经济。按照明晰产权、维护权益的原则，城乡建设用地增减挂钩合理分配土地调整使用中的增值收益：明确受益主体，规范收益用途，确保所获农村建设用地土地增值收益及时返还农村，用于支持农业农村发展，改善农民生产生活条件，切实维护农民权益。

此外，建设用地再开发比较成功的浙江省的几个市也都进行了政策探索实践，例如，宁波市 2010 年至 2012 年，以低效利用土地"二次开发"为突破口，千方百计撬动"存量"，全市共盘活存量建设用地 45 726 亩，原厂房扩容增密增加土地 2 500 亩，实现"退二进三"（退出工业、发展服务产业）面积 1 015 亩。土地产出水平持续提升，全市单位建设用地 GDP 达 3.43 亿元/千米^2。平湖市把实施"两退两进"（"退低进高""退二进三"）工作作为破解资源要素制约、助推经济转型升级的重要突破口和切入点，通过依法直接收回、淘汰落后产能、实施"退二进三"、企业兼并重组、企业跨行业转型、企业行业内提升等方式，在推进低效建设用地二次开发工作方面取得明显成效。2012 年，全市共腾退建设用地 45 宗，面积 1 161.31 亩，其中直接收回土地 29 宗，面积 675.06 亩。收回后直接用于"退低进高"16 宗，面积 471.4 亩；用于"退二进三"13 宗，面积 203.66 亩。嘉兴市推行"两分两换"，将宅基地与承包地分开，搬迁与土地流转分开；以承包地换股、换租、换保障，推进集约经营，转换生产方式，以宅基地换钱、换房、换地方，推进集中居住，转换生活方式。通过对集中后的宅基地进行统一复垦，置换指标用于城市发展所需规模，实质上是以福利置换方式推进增减挂钩，盘活农村存量建设用地资源。

第四节　建设用地再开发监管政策走向

党的十八大指出，社会发展新时期、经济发展新常态对节约集约利用资源、转变资源利用方式提出了明确要求。面对新形势、新任务、新要求，下一步建设用地再开发监管政策将紧密围绕节约集约用地，推动城乡低效建设用地开发利用，加快转变经济发展方式，提高土地对经济社会发展的保障能力等方面。

一、充分调动低效建设用地土地使用权人集约高效利用土地的积极性

在符合因公共利益的需要对土地进行收购储备的前提下，当其他土地严格执行土地利用总体规划和城乡规划确定的土地用途等条件时，土地使用者可以自己，也可以与他人合作，对建设用地进行再开发，实现建设用地的高效利用。对现行占有土地、没有完善用地手续的土地使用者，在符合土地利用总体规划和城乡规划的前提下，根据其用地行为发生的不同时期采取相应的处罚措施，后对其进行确权颁证。以此调动低效用地土地使用者再开发利用的积极性，增加土地的有效供应，避免城乡大量土地的低效利用。

二、开展全国低效建设用地调查

科学界定低效建设用地范围；充分利用最新土地调查成果，开展全国低效建设用地调查，摸清低效建设用地的历史、现状、产权关系和再开发利用潜力；按照明晰产权、维护权益的要求，做好土地确权登记；充分利用地籍调查成果，将低效建设用地标注在遥感影像图、地籍图和土地利用总体规划图上，建立低效建设用地数据库。

三、统筹规划低效建设用地再开发利用

结合各地经济社会发展阶段，依据土地利用总体规划和城乡建设规划，县级以上人民政府组织国土资源、城乡规划、农林水利等部门，编制低效建设用地再开发利用专项规划，按照突出重点、先易后难、分步推进的原则，明确建设用地再开发利用的目标任务、性质用途、规模布局、开发强度、利用方向、时序安排和保障措施，做好与控制性详细规划、生态环境保护规划等的协调衔接，统筹城乡功能再造、产业结构调整、生态环境保护、历史人文传承等，保障基础设施、公益设施用地，引导低效建设用地有序再开发利用。

四、协调可持续推进城乡低效建设用地再开发利用

1）鼓励和引导原国有土地使用权人、农村集体经济组织和市场主体开展低效建设用地开发利用。在符合土地利用总体规划和城乡建设规划的前提下，原国有土地使用权人可以申请开展低效建设用地再开发利用，报市县人民政府批准实施；涉及改变土地用途、法律法规等明确规定应当收回土地使用权重新出让的，采取招拍挂方式出让经营性用地；不属于上述情况的，可以通过协议方式办理出让手续，重新签订土地出让合同，取得新的土地使用权，并按市场价格补缴土地出让金；对现有工业用地改造后不改变用途、提高容积率的，不再增缴土地价款。引导农村集体经济组织开展低效建设用地开发利用：土地利用总体规划范围内，需要将集体建设用地改变为国有建设用地的，可由原农村集体经济组织提出申请，依法办理手续，确定给原农村集体经济组织使用，并由原农村集体经济组织自行或合作开发。鼓励市场主体参与低效建设用地开发利用，调动市场主体参与再开发利用积极性，允许市场主体收购相邻多宗地块，申请集中进行再开发利用。市县人民政府国土资源部门根据申请，将分散的土地合并登记。

2）在坚持土地招拍挂出让的前提下，允许以划拨、协议出让、出租、入股等多种方式供应低效建设用地，实行弹性年期制度，并约定土地使用权收回条件。例如，对申请转为国有或者改变用途的土地，在完善用地手续后，可以将协议方式交由原土地使用权人自行开发，也可以划拨给原集体，由集体经济组织自行使用；集体经济组织可以利用协议出让、出租、转让入股等方式将集体土地供给市场其他主体；集体土地使用权出让、出租年限管理与国有土地相同。通过逐步建立城乡统一的土地市场，集体土地与国有土地享有同等权益。

3）完善低效建设用地再开发利用土地收益的分配办法，建立利益共享机制。将低效建设用地再开发利用过程中产生的土地增值收益，在政府、市场、原权利人之间合理分配。自行开发利用或转让开发利用的，原权利人需依据法律法规补

缴地价、缴纳集体建设用地流转税费等；政府依法征收或收回低效建设用地使用权的，土地增值收益应与原权利人分享；对于不同用途的改造项目，分类收取地价；鼓励企业利用现有厂房、土地开展技术改造，促进传统产业转型升级；工业企业在不改变土地用途、符合城乡规划及建设用地控制指标要求的前提下，实施拆建、改扩建、加层改造、利用地下空间等途径提高工业用地容积率的，不对其增收土地价款。

五、建设用地再开发监管政策顶层设计

立足国家战略层面，开展建设用地顶层战略设计，明确其内涵、指导思想、方针、重点、工程和布局，从宏观部署、制度设计、配套政策、技术标准等多个方面，构建以节约集约用地、转变土地利用方式为核心的建设用地再开发利用新机制。进一步强化土地产权制度、集体建设用地管理制度、征地制度、土地出让制度等相关配套制度改革和机制创新，以资源管理方式的改变推进资源利用方式的转变，进而促进经济社会发展方式的转变。

第五节　建设用地再开发监管工具手段

探索与进展

在经济持续高速发展、城市化水平不断提高的背景下，近年来政府部门与学术界对建设用地再开发问题不断地进行反思与处理，对建设用地再开发监管工具手段不断地探索，使得当前建设用地再开发监管工具手段具有鲜明的国情特征和应用性。然而，从目前对建设用地再开发监管工具手段的统计分析来看，关于建设用地再开发系统性的理论基础依然薄弱，先进成果分散，学科之间的交叉与融合还不足；建设用地再开发监管工具手段多以统计分析为主，遥感、地理信息系统、泛在定位技术、智能化算法与高性能计算等先进信息技术的整合与应用尚未全面铺开，对于开展城乡统筹下的建设用地再开发而必需的调查与监测、规划与调控、智能监管与信息服务等工具手段较为零星分散，从而对建设用地再开发的有效监管产生了影响和限制（王志杰，2014）。

一、建设用地再开发调查与监测现状与发展趋势

土地调查监测是获取土地基础信息的重要手段，是土地管理的基础性工作。

多年来，政府管理部门及科研机构都非常重视这方面的工作及研究，表现在以下几个方面。一是在土地利用调查方面，国内外的应用研究都具有开展时间早、应用层面广、重视跟进对地遥测技术发展的特点。尤其是近年来随着"3S"技术的普及和国际上对土地利用/覆被变化的合作研究推进，土地调查基于 GIS 技术实现了空间建库、空间分析和可视化，基于 GPS 定位技术实现野外数据采集和处理，基于 RS 实现影像实现对地监测、解译与反演建模，促进了土地利用调查理论和技术愈发成熟，使土地调查的精度、质量和效率不断提高。例如，国土资源部采用 RS 与 GIS 相结合的土地利用动态监测技术进行土地利用动态总量监测，广州市结合土地利用更新调查开展了"率先发展地区土地调查评价关键技术研究"。二是土地地籍测量方面，经历了多个阶段的技术手段更新。由于与市政工作联系密切，政府部门展开了多次城镇调查测量工作，在地籍管理部门积累了丰富的调查测量数据资料。近年来，伴随着"3S"技术的发展，调查测量研究主要集中在 GPS/PDA 便携式采集、数据建库、管理系统研发等技术方面，例如，东南大学在 GPS/PDA 采集技术方面开展了大量研究，武汉大学引进和发展了跨域资源共享（Cross-origin Resource Sharing，CORS）技术并开展了大量实践工作。三是新型信息技术的结合应用。近年来，视频监控技术是计算机视觉领域一个新兴的应用方向和备受关注的前沿课题。国土资源部正探索建立全国基本农田和违法行为易发区视频监控网，第一时间发现、制止和查处国土资源违法行为，从而有效保护基本农田，震慑违法用地和违法开矿行为。

但从当前土地调查的工作与研究的性质及工作目标看，目前土地调查监测的内容主要集中在土地空间特征要素的采集、识别、建库等方面，对建设用地情况专项调查仅仅包括存量建设用地的部分内容，数据不够准确。造成这种情况的主要原因是，我国建设用地再开发调查监测技术创新方面还很薄弱，相关的基础研究文献少有涉及，而技术专利成果还是空白。具体来说存在的问题为：一是调查监测手段单一、目标各异，土地调查成果差异大，很难实现综合调查。二是采集技术各异，数据采集与调查时序混乱，不能很好地实现多平台协同采集。三是调查成果数据具有格式标准不统一、建库结构不一致等问题。四是针对建设用地更新频繁、监测要素复杂特点，当前土地调查监测技术很难配套实现实时动态调查监测、数据整合、三维地籍的再开发监测需求，适应于建设用地再开发调查监测的研究方面还比较薄弱。五是一些新型监控技术，如视频监控，在建设用地监管中的应用尚属空白。基于视频监控的基本农田的保护给建设用地的监控提供了强有力的借鉴，而建设用地存在场景复杂、自动识别困难等问题，将智能视频监控技术应用到建设用地再开发监管中还需要深入的研究和探索。

为了适应建设用地再开发监管的要求，迫切需要跟进信息采集传输技术和传感器技术的发展，充分发挥各种信息采集平台和采集技术手段优势；需要研究建设用地再开发综合调查所涉及的调查装备、信息实时动态采集与多平台协同，以弥补单一平台采集的不足；需要研究多元异构数据整合与建库等技术方法，以充分利用和管理多来源信息，为有关应用与决策提供数据基础。

二、建设用地再开发规划与调控技术现状与发展趋势

近年来，国家对建设用地的开发利用带来的各种问题日益重视，开展建设用地再开发规划与调控成为提高城市土地效益，实现土地集约利用的最重要手段之一。但从政府对国土空间规划操作层面看，许多部门做出的规划与调控彼此之间缺乏协调甚至相互冲突，导致开发管理上的混乱和建设成本的增加，在一定程度上影响了经济社会的健康发展。这些问题说明，进行建设用地再开发，面临着很多技术和方法上的问题。

第一，普通土地评价的做法，难以有效判别建设用地中的效益，缺乏基于综合评价基础的识别方法；对低效用地改造的成本测算也不够成熟，容易因改造过程涉及的利益主体多样而出现改造方案考虑欠周、测算偏差较大等问题；在低效用地置换时，大多注重用地功能转化，缺乏从全局统筹的角度来考虑用地设置的配套问题，容易在城市交通、环境污染等方面出现新的问题。

第二，规划过程中容易出现以"数量推导"为主，采用"以人定地"的预测方式或"以地定人"的推导方式，缺少能够按资源条件、环境容量、市场选择约束的"动态平衡"资源配置技术及多目标配置的规划方法模型。

第三，建设用地再开发需要考虑城乡统筹的问题。当前，国家实施的城乡建设用地指标挂钩机制，实际上是城乡统筹发展理念下进行建设用地土地资源优化配置的关键所在。在这种情况下，建设用地再开发不能回避城乡统筹主题。但当前研究主要侧重宏观物质性空间规划、转变城乡二元结构的体制机制、实现策略研究，而对实施层面的功能区划分、城乡统筹规划技术、资源优化配置技术、基于城乡统筹的公共服务与设施配套技术等研究较为薄弱。

因此，开展建设用地再开发的评价、规划与调控，需要统筹考虑建设用地的分区、划分单元的指标体系，再开发规划的综合决策及再开发规划与其他规划的配套耦合技术。同时，在城乡统筹主题下，建设用地再开发需要考虑空间布局、土地利用、环境保护、基础设施建设等多目标效益内容。

三、建设用地智能监管与信息服务现状与发展趋势

信息化对国土资源科技发展支撑的重要性是不言而喻的。从1997年美国副总统戈尔提出"数字地球"概念之后，政府部门、科研机构和普通大众都体会到信

息技术带来的巨大效益。政府部门与科研机构互动频频，不断推动信息化技术在行业上的应用。例如，国土资源部推出"数字国土工程""金土工程"，旨在完成"三大系统"建设（即耕地保护国家监管，矿产资源国家安全保障，以及地质灾害预警、预报与应急指挥系统），通过国土资源管理政务信息化的实施，有效促进国土资源信息深度开发和高效利用，带动空间信息产业发展，全面推进国土资源信息化建设。随着《全国"一张图"及土地变更调查工程建设总体方案》《全国"一张图"工程建设外业调查》等项目的上马与结题，国土资源管理部门初步构建了国土资源综合监管平台，初步形成了对"批、供、用、补、查"环节的监管。但面对建设用地近年来频发的问题，建设用地监管信息化仍然存在一些不足：①建设用地监管对象复杂，建设用地再开发业务不明确、用地违规现象的智能发现程度不高，缺少智能监管决策系统支持；②建设用地再开发监管存在数据标准化程度不高、信息交换与共享困难、信息系统缺乏沟通和关联的问题；③不能很好地结合近年来发展的新型信息服务技术，存在监管信息服务的供给能力不足等问题。

在这种背景下，开展建设用地再开发智能土地监管与信息服务，主要是实现监管方式从"以数管地"到"以图管地"的转变，信息更新从定期向实时转变，从业务应用向信息服务进行转变。这种监管理念与方式的转变涉及监管信息的决策分析、业务处理、服务发布等各个环节的技术问题。尤其是随着无线通信技术和智能移动终端的广泛应用，基于地理位置的服务和云计算的新型服务模式在最近几年得到飞速发展，为国土部门提供建设用地监管服务提供了良好发展契机。

第四章　建设用地再开发数字化监管

第一节　建设用地再开发数字化监管概述

建设用地再开发数字化监管是以计算机硬件与网络通信平台为依托，以政策、法规、规范、标准、信息化机构及安全体系为保障，以数据中心为枢纽，以国土资源电子政务平台为基础构建的政务管理系统和信息服务系统为支撑，经过建设用地再开发监管业务需求分析、数字化建设用地动态监管系统的系统技术架构、系统功能设计、关键技术攻关等研究开发过程，覆盖建设用地再开发监管业务前期调查与潜力评价、项目申报和项目立项、项目测量设计、项目规划设计与审批、项目招投标与施工、项目变更、项目竣工及项目验收、项目数字档案建设、建设用地再开发后评价各个阶段，涵盖建设用地再开发"批、供、用、补、查"土地审批主体业务，由建设用地再开发现场实时监测系统、建设用地再开发业务与监测监管系统集成平台、建设用地再开发省、市、县多级业务流转与信息发布系统、再开发建设用地流转信息发布与电子交易系统、建设用地再开发数字化监管技术规范等构成的一整套建设用地再开发监管过程的省、市、县互通互联数字化监管技术体系。各级建设用地再开发管理部门、国土资源管理部门可以充分运用建设用地再开发数字化动态监管系统，结合国家宏观调控政策、区域经济发展战略，定期对建设用地再开发供地总量、结构、价格、变化趋势及区域耕地总量动态平衡、区域节约集约用地进行深入分析，实现建设用地再开发监管工作的全面信息化，为各级管理机构提供及时、快速、准确的动态分析及决策支持（密长林等，2013）。

一、建设用地再开发数字化监管解决的主要问题

（一）通过标图建库系统（广东模式）建立建设用地再开发项目库

通过获取各县（区）级"三旧"改造专项规划和标图建库系统中建设用地再开发项目数据，以及建设用地再开发历史项目数据，建立省、市、县建设用地再开发项目历史台账，并通过图形系统建立相应数据图层，省、市、县各级国土资

源管理部门能够方便、快捷地查询获取所辖属区的建设用地再开发项目情况，并准确地为项目申报审批及监管提供判断及决策支持。

（二）建立已再开发、开发中、待开发的建设用地再开发土地信息数据库

建立较为完备、合理有序的已再开发存量土地信息、开发中的土地信息、待开发的土地供应信息数据库。省、市、县各级国土资源管理部门能够方便、快捷地查询获取所辖属区的每宗再开发建设用地项目的审批与供应情况，分析所辖属区的存量土地情况，对三类用地数据进行实时动态监控，并准确地为各级管理阶层提供判断及决策支持。

（三）对建设用地再开发项目建立图文叠加的定位系统

建立建设用地再开发项目的申报审批流程、过程数据备案流程及项目变更管理流程等实现数据录入和审批，并能在流程审批过程中提供图形辅助审查，对申请的土地再开发整理项目范围进行重叠分析、阶段对比分析等检查，达到图文相结合的效果；系统还提供快速的搜索能力，可以根据项目名称等对土地再开发整理项目进行搜索定位。

（四）建立建设用地再开发土地储备信息、项目供地信息及存量土地信息的电子数据台账制度

做到建设用地再开发项目"批一宗，录一宗"，供地项目"供一宗，记一宗"，存量土地"查一宗、报一宗"。

（五）建立国土资源部、省、市、县互通互联的建设用地再开发数据整合系统

和国土资源部、省国土资源厅国土资源监管系统能进行有效的数据交互，减少用户重复录入问题，并和部、省级国土资源监管系统进行数据整合；实现对市（县）级建设用地再开发整理项目的系统审批和动态监管，并实现向部、省建设用地再开发整理系统的数据报备，主要包括项目立项报备、项目预算批复报备、项目验收报备等。

（六）建立建设用地再开发批后监管系统

加强对各类建设用地再开发批后土地实际利用情况和土地有偿使用合同履行情况的监督检查，对每个建设项目从土地供应到项目竣工实行全程监管。

（七）建立建设用地再开发统计系统

对建设用地再开发土地征收信息、供地信息、项目建设情况、存量土地信息进行全方位自动逐级分类汇总、统计及传输备份，根据省、市、县及市县不同部门的不同业务需求，生成各种汇总统计报表。并通过对项目申报立项、项目进展情况、立项未送审、批复未动工、批复未竣工、项目资金情况和项目完成率等信息的查询统计，实现对建设用地再开发项目的申报、过程管理及项目变更等项目全过程的监控、统计分析和汇总，为领导决策提供数据支持。

二、建设用地再开发数字化监管系统架构

建设用地再开发数字化监管系统由门户层、业务层、数据层、网络层组成，是由国土资源系统电子政务平台支撑的政务管理系统和信息服务系统（蓝宇蕴，2001）。

1）建设用地再开发项目监管信息系统提供项目来源管理、项目申报管理、项目过程管理、项目变更管理、公示公告、土地供应管理、待监测管理、违约管理、闲置管理、市场调控管理、综合查询统计、数据接口等功能；

2）数据中心由数据交换系统和数据管理系统构成，提供数据录入、交换和管理功能；

3）数据访问层为业务逻辑层组件提供数据资源访问的功能，包括查询、修改、删除等操作；

4）业务逻辑层为表现逻辑层提供业务逻辑计算功能，使用数据访问层组件完成逻辑计算过程的数据操作；

5）用户层为土地供应、建设用地再开发整理的人机接口，完成用户操作、导航、结果显示的逻辑，向业务逻辑层提交业务请求，并显示业务逻辑层的逻辑计算结果；

6）网络系统包括国土资源政务网、国土资源机关局域网和互联网。

三、建设用地再开发数字化监管系统功能

（一）数据管理

数据管理包括录入农用地转用与征收（新增建设用地）、储备用地、存量用地、

国有未利用地等来源数据；录入集体建设用地数据；录入供应计划、出让公告、划拨批前公示、成交公示等公示公告数据；录入出让合同、划拨决定书、其他合同等供应管理数据；录入土地出租、土地抵押、土地转让等市场交易数据；录入测绘宗地数据。

（二）待监测项目管理

待监测宗地管理中根据合同的内容分三个阶段显示项目的信息：交地阶段、开工阶段、竣工阶段；市、县国土局管理部门在建设用地供应出去后，需要对项目的进展情况进行跟踪，主要包括是否按时交地、是否按时开工、闲置检查、违约项目管理和竣工验收；系统对将要到期的项目，可以自动提示、统计。根据跟踪信息统一对建设用地利用情况进行监控；如果存在违约情况，项目信息及具体的违约类型在违约宗地管理栏中显示；如果存在闲置，在待监测违约宗地管理中包含有交地、开工、竣工的跟踪信息，由各市、县国土资源局的具体项目负责人根据项目的进展情况及时填写上报。若开工阶段停工超过一年，则视该项目用地处于闲置状态，转为闲置地，经确认后项目信息及具体的闲置情况在闲置土地管理栏中显示。其中，出让金管理根据出让合同，监测国有土地使用权人是否在约定时间内缴纳出让金。违约宗地管理：存在违约的项目会在违约宗地信息栏中显示，包括交地违约、开工违约、竣工违约。附上判定疑似违约说明：交地违约，实际交地时间为空且交地时间或变更交地时间小于当前日期；开工违约，实际开工时间为空且开工时间或变更开工时间小于当前日期；竣工违约，实际竣工时间为空且竣工时间或变更竣工时间小于当前日期。

（三）统计报表功能

统计报表包括供地统计表、项目跟踪情况统计表，以标准化的格式，输出各类报表，包括供地面积统计、供地率与盘活率统计、供地监测项目信息、批而未供、供而未用、台账、项目跟踪情况统计表等。

四、建设用地再开发数字化监管典型技术

从各地开展建设用地再开发数字化监管的经验来看，建设用地再开发数字化监管典型技术包括 Windows 通信接口（WCF）、微软银光（Silverlight）。

（一）Windows 通信接口

WCF 全称为 "Windows Communication Foundation"，是一组数据通信的应用

程序开发接口，为数据通信提供了最基本最有弹性的支持。它与 WPF（Windows Presentation Foundation）及 WWF（Windows Workflow Foundation）并行为新一代 Windows 操作系统及 WinFX 的三个重大应用程序开发类库。

WCF 可以看做是 ASMX、.Net Remoting、Enterprise Service、WSE（Web Senvices Enhancements）、MSMQ（Micorosoft Message Queuing）等技术的并集。因此，利用 WCF 就可以解决包括安全、可信赖、互操作、跨平台通信等需求。它支持传输层次安全性及消息层次安全性两种，通过在数据传输时期加密和在数据处理时加密，提高数据的安全性。

WCF 具有如下的优势：①互操作性。由于 WCF 最基本的通信机制是简单对象访问协议（Simple Object Access Protocol，SOAP），即使是运行不同的上下文，都能保证系统之间的互操作性。只要支持标准的 Web Service，这种通信可以基于.Net 到.Net 间的通信，也可以基于跨进程、跨机器甚至跨平台的通信。应用程序可以运行在 Windows 操作系统下中，也可以运行在其他的操作系统中，如 Sun Solaris、HP Unix、Linux 等。②统一性。WCF 是对 ASMX、.Net Remoting、Enterprise Service、WSE、MSMQ 等技术的整合，由于 WCF 完全由托管代码编写，因此开发 WCF 的应用程序与开发其他的.Net 应用程序没有太大的区别，仍然可以像创建面向对象的应用程序那样，利用 WCF 创建面向服务的应用程序。③安全与可信赖。WS-Secure Conversation、WS-Security 和 WS-Trust 均被添加到 SOAP 消息中，以用于用户认证、数据完整性验证、数据隐私等多种安全因素。④兼容性。WCF 充分考虑了与旧有系统的兼容性，安装 WCF 并不会影响原有的技术如 ASMX 和.Net Remoting。即使对于 WCF 和 ASMX 而言，虽然两者都使用了 SOAP，但基于 WCF 开发的应用程序，仍然可以直接与 ASMX 进行交互。

（二）微软银光

Microsoft Silverlight 中文名为"微软银光"，是一种新的 Web 呈现技术，它提供灵活的编程模型，可以很方便地集成到现有的网络应用程序中，并能在多种平台上运行。

Silverlight 通过使用基于向量的图像图层技术，支持任何尺寸图像的无缝整合，可为用户提供内容丰富、视觉效果绚丽的交互式体验。使用 Silverlight 插件，在用户界面内可以实现绚丽的图像效果、高清晰度的字体渲染。它还支持 64 位操作系统，在 IE9 的无窗口模式下可以启动硬件加速，提供了 GPU 加速的 3D API（Application Programming Interface）。此外，Silverlight 支持 Postscript 矢量打印，改进了可扩展应用程序标记语言（Extensible Application Markup Language，XAML）解析性能，对启动和运行速度都进行了提升。

Silverlight 包含以下特性：①跨平台跨浏览器。可支持微软及苹果的多种操作系统，以及 IE、Firefox 等多种流行的浏览软件。②绚丽高清的图像效果，更加快速的图像加载速度。Silverlight 将图像、交互性内容及其他格式的内容融合在一起，集成了强大的图像及图层技术，支持任何尺寸图像的无缝整合。

（三）任务并行库

任务并行库（Task Parallel Library，TPL）是 .NET Framework 4.0 的 System.Threading 和 System.Threading.Tasks 命名空间中的一组公共类型和 API。TPL 的目的在于简化向应用程序中添加并行性和并发性的过程。TPL 会动态地按比例调节并发程度，以便最有效地使用所有可用的处理器。

TPL 的主要优势是：① 数据并行。数据并行是指对源集合或数组中的元素同时（即并行）执行相同操作的情况，当并行循环运行时，TPL 将对数据源进行分区，以便循环能够同时对多个部分进行操作。② 任务并行。任务并行是指一个或多个独立的任务同时运行，可以使系统资源的使用效率更高，可伸缩性更好。

（四）WPF

WPF是微软推出的基于Windows Vista 的用户界面框架，属于.NET Framework 3.0 的一部分。它提供了统一的编程模型、语言和框架，真正做到了分离界面设计人员与开发人员的工作；同时它提供了全新的多媒体交互用户图形界面。

WPF 的主要优势是：① 广泛整合。WPF 通过统一的编程模型和紧密整合，涵盖了 2D 图形、控件、3D 图形、视频、语音、富文档视图技术等，使得各种媒体类型都能组合起来并一起呈现。② 与分辨率无关。WPF 使用矢量图形，无论缩小还是放大屏幕上的元素，都能适应不同的屏幕的分辨率。③ 硬件加速。WPF 应用程序可以从硬件加速中获得好处，从而获得更平滑的图像和更好的性能，更快更真实地展现图像。

第二节　建设用地再开发数字化监管

相关理论研究基础

一、土地调查与评价

土地调查是获取土地基础信息的重要手段，是土地管理的基础性工作，针对这方面的研究比较多。

一是在土地利用调查方面,国外经济发达国家工作开展较早,20 世纪 30 年代,便开始利用航空摄影测量技术进行土地利用现状调查。20 世纪 70 年代起,随着"3S"技术的逐步发展,土地利用/覆盖变化(Land Use and Cover Change,LUCC)研究开始在全世界兴起,遥感技术方面的研究主要集中在对遥感影像的分类、处理及信息提取上,地理信息系统方面的研究主要集中在空间数据建库、分析算法和可视化等方面,全球定位系统方面的研究主要集中在野外数据采集、处理等方面。我国土地调查技术方法的研究伴随着国土资源清查、第一次土地详查、土地利用更新调查和第二次全国土地调查等土地调查工作的开展而不断推进,研究的重点主要是在土地调查中采用"3S"技术提高土地调查的精度、质量和效率。例如,国土资源部采用 RS 与 GIS 相结合的土地利用动态监测技术进行土地利用动态总量监测,广州市结合土地利用更新调查开展了"率先发展地区土地调查评价关键技术研究"。

二是在城镇(村镇)土地调查测量方面,西方经济发达国家出于不动产权利保护、税收等目的,在 19 世纪就开始了城镇地籍图制作工作,积累了丰富的城镇地籍资料,近年来研究的重点是地籍数据的共享与应用、多用途地籍、基于 GPS 的地籍测量等技术。我国城镇地籍调查测量起步比较晚,自 20 世纪 80 年代起,经历了平板测量、图解法测量和解析法测量三个阶段,近来还开展了存量土地、开发园区等专项调查工作,研究主要集中在 GPS/PDA 便携式采集、数据建库、管理系统研发等技术方面。例如,东南大学在 GPS/PDA 采集技术方面开展了大量研究,武汉大学引进和发展了 CORS 技术并开展了大量实践工作。

三是在其他领域的调查方面,我国开展了经济普查、人口调查、城市规划前期社会调查等丰富的非空间信息调查工作,建立了一套以统计学为基础的社会经济调查技术方法体系。同时与土地利用调查相类似,我国开展了大量林业、农业等包含空间信息的调查工作,技术方法的研究重点是遥感图像解译、产量估算等方面。

国外早期的土地评价研究主要是为土地征税而发展起来的,以后逐步发展成为土地利用、土地规划服务。20 世纪 50 年代以前,俄罗斯、美国、德国等根据土壤条件开展土地分类工作,以满足课税的需要,形成和发展了样地法等评价方法;50 年代至 70 年代,美国、英国、加拿大等开展了土地利用潜力分级工作,土地评价的目的从作为土地赋税的依据转到为土地利用的目的而服务,这一时期的土地评价以美国的土地潜力分级系统为代表,评价考虑的是土地自然属性的变化,未涉及社会经济条件和技术因素的变化;70 年代以后,土地评价的目的已转到为土地利用规划服务,开始从一般目的的土地评价向有针对性的专门性土地评价过渡。

我国对土地评价的研究具有悠久的历史,据《禹贡》记载,夏禹依其肥力制定贡赋等级,这是迄今为止世界上有文字记载的最早的土地评价体系。新中国成立后,我国大规模开展了土地评价研究和实施工作,1951 年开展了查田定产工作;20 世纪 50 年代至 70 年代中期开展了多项区域性的单项土地评价;70 年代后期,国外的土地评价理论和方法被引进，推动了我国土地评价研究的开展，这一时期，我国进行了大规模的资源调查和农业区划工作；80 年代开始，土地评价研究的内容和范围日益综合与深入，遥感技术和信息系统的理论和方法开始应用于土地评价，评价也从定性逐渐发展为半定量和定量，旅游用地评价、城市用地评价等非农业用地的评价发展很快；90 年代，我国土地评价研究的重点开始转向对土地可持续利用评价的指标体系和方法理论的研究；21 世纪以来，我国大规模开展了农用地分等定级与估价、城镇土地估价、农用地产能核算等工作，国土资源部还开展了"城镇土地利用现状和潜力调查"项目，土地评价方法得到快速发展。

总的来说，土地调查评价方面的研究较多，但是研究主要集中在土地利用调查与农用地评价方面，建设用地调查评价方面还比较薄弱。为适应建设用地再开发的要求，迫切需要研究建设用地综合调查评价所涉及的指标体系、数据融合、信息提取等技术，建立涵盖潜力、适宜性、规划符合性等方面的建设用地评价方法。

二、建设用地再开发市场调控技术

土地市场动态监测与分析方法方面，张波提出了城市土地市场动态监测分析具体的技术路线和工作程序，收集了土地市场、房产市场、地价变化监测数据；刘响忠、江立武和罗献栋探索应用数学模型监控土地市场的动态变化；Kins 和 Knaap 用永续存盘法对土地市场进行监控；Parker 和 Filatova 发现了基于智能体的常规行为推理模型与地价感应的互动关系，使房产市场预测模型由均衡分析模型转变为更能反映土地市场价格变化本质的多智能体模型。

随着国家城镇化、工业化的快速推进，我国农用地保护与建设用地供给不足的矛盾加剧，在东部沿海和内地发达地区尤为突出。2005 年全国城镇化发展水平仍低于 2000 年世界 50% 的城镇化水平，农村仍然居住着全国 50%～60% 的人口。根据《全国土地利用总体规划纲要（2006～2020 年）》，1997～2005 年全国乡村人口减少 9 633 万人，而农村居民点用地却增加了近 1.18×10^6 公顷。其中，1999 年全国农村居民点用地是城镇用地的 5.61 倍，农村居民点用地利用效率普遍较低；全国自然村有 313.714 6 万个，行政村 56.85 万个，乡镇 35 473 个。在"18 亿亩耕地红线"不能碰的前提下，如何从建设用地、特别是村镇建设用地内部挖潜是党和政府亟须解决的迫切现实问题，也是摆在我国土地科研工作者面前亟须深入研究的项目。一方面，从 2004 年我国城镇存量建设用地调查的结果来看，城镇存量用地总量占当年城镇建设用地总量的 7.8%，城镇存量用地并不能有效缓解当前城镇化建设用地的需要，同时城镇存量土地是不可再生资源，用一块少一块；另一方面，我国广大村镇建设用地一直处于粗放用地状态，如何用好村镇建设用地是解决我国城镇建设用地供需矛盾的有效途径。尽管我国开展过土地详查、土地利用变更调查和土地调查等工作，但还没有真正深入开展过一次针对城乡建设用地调查与评价的工作，城乡建设用地再开发潜力有多少，城镇建设用地增加与农村建设用地减少的增减挂钩实施的操作性有多强，村镇建设用地流转入市对土地市场的调控作用有多大，等等问题的关键在于城乡建设用地的挖潜土地如何有效投放土地市场以促进城乡统筹发展。

相关建设用地的理论和方法研究主要有：目前国内外建设用地集约利用水平及利用潜力研究大多集中在城镇土地集约利用理论（陶志红，2000）与定量评价方法（胡昱东等，2009）上，而对农村居民点用地状况及利用潜力的定量研究相对较少（马佳等，2008）。从 Google 学术搜索引擎、中国知网（CNKI）、国际学术期刊数据库（JSTOR）及中国国家图书馆等搜索引擎检索的结果来看，国内外土地集约利用研究主要集中在城镇和农地，很少有严格意义上较系统地研究城乡建设用地（含城镇及独立工矿区、农村居民点等用地类型）集约利用评价的研究成果（张俊平，2010）。

土地市场供需研究方面，乔荣锋（2005）建立了土地存量和储备量的供地模型。汪小勤等（2008）对房地产市场供需联动调控模型进行了探讨研究。曾宪祖等（1994）研究了供需关系对价格变动影响的差分方程模型。谢方（1992）研究了总供需平衡的控制模型。续竞秦（2006）用灰色-马尔可夫模型对土地需求量进行了预测与供需平衡分析。Quigley 提出了住宅选址理论、城市住宅供求理论等。丛屹（1999）研究了城市供地的范围，认为城市存量土地未入市场流通，造成了城市土地市场需求只能靠大量征用城市周围农村土地（耕地）来满足，一定程度上导致城市土地供需不平衡，促使城市地价的攀升；同时他也对农村集体非农建设用地的入市问题提出了思考。现有赞成农村集体建设用地进入城市土地市场的观点主要有下几方面：袁弘（2003）通过调查取证，发现我国集体建设用地已经存在大量有偿流转，但是由于供给和需求的自发性、局部性，市场供需机制尚未发挥作用；黄烈佳（2006）从供需理论的角度出发，分析了农地的城市流转对土地一级市场均衡造成影响；张俊平（2010b）针对广东珠江三角洲地区集体建设用地流转普遍的现象，提出建立"省—城乡"二级农村集体建设用地流转制度和协调好"政府—农村集体—农民"三方利益关系是解决目前我国农村集体建设用地流转问题的关键。

土地市场调控研究中，支大成等（1999）认为我国城市土地市场目前正处于发育、成长阶段，土地市场的要素市场正在构建。张敬东（1994）研究了在土地一、三级市场中由于"双轨制"而导致的隐形市场问题。王玉堂（1999）则运用制度变迁的理论分析了我国目前划拨土地使用权进入土地灰色市场的动因，并通过博弈分析寻求制度创新。曲福田等（2002）从理论上提出了对城市国有土地市场发育滞后和土地市场发育制度创新供给非均衡的解释。国外建设用地的市场调控机制较完善，土地市场体系较完整，建设用地的全程监管得到较好的保障。在城镇土地整理中采用市场融资手段，以市场需求为导向，可以更好地为经济发展提供用地保障。戈德伯格从单一的市场均衡模式、存量流量模式、蛛网滞后调节模式、闲置与过度需求模式等几个方面研究了土地市场的调控机制。关于政策对土地市场运行的调控分析有：Lin 等探讨了当地块狭小时地价与规划的关系；Park（1998）以韩国和新加坡为例，论述了政府在土地市场中的作用和角色。

在土地市场监测监管与决策支持信息系统研究方面，周康健研发了城市土地价格决策支持系统；陈翔（2008）开发了基于 WebGIS 的江苏省建设用地全程跟踪管理系统等；张云鹏等（2006）研发了土地交易与地价信息服务系统；赵江洪等（2008）利用 ArcIMS 技术构建了一套土地市场监测的 WebGIS 系统，并应用于北京市国土资源局的土地市场监测预测中。此外，还有国土资源部相关部门研制的土地市场动态监测系统和城市地价动态监测系统、全国土地市场调查与动态监测系统，以及土地市场动态监测与监管系统。

国内外关于土地市场调控的研究，多从土地市场的一般均衡规律、地价与土地市场金融调控技术、土地供应与市场流通规律等方面着眼，缺乏对土地市场调控的具体实现技术和土地市场决策支持技术的探讨。在土地市场调控决策系统构建上，基本实现了图文一体化、网络化及协同办公的一般需要，但缺乏城乡建设用地变化的动态模拟与决策支持系统的构建，更缺乏对城乡建设用地入市的评估技术、综合决策支持技术，以及方案选择与优化技术的研究。

三、产业升级和结构调整的土地配置与调控研究

产业发展中的土地配置一直是我国政府土地宏观调控的重点，并业已从用地门槛角度建立了较为系统的土地配置标准（如土地集约利用、地价杠杆、土地利用规划等）。在学术上，这些问题也得到了广泛的关注，与之研究密切相关的土地集约利用、土地空间扩展研究文献较多。尤其是 20 世纪 80 年代以来，产业发展的土地利用优化配置作为实现区域可持续发展的重要途径和手段受到广泛的重视。国外着重产业发展过程中土地利用配置规律与案例研究，具有范围广泛、注重深度探讨、方法先进等特点；而针对产业用地空间置换、新兴产业"链接植入"的"落地"研究尚不多见，加之政府决策影响力、经济发展阶段、产业发展层次、土地管理制度等多方面的差异，我们只能借鉴国外的经验和教训，结合国情特色，开展适宜性的研究。国内学者的相关研究多侧重于村镇土地利用与经济社会发展或产业发展、调整等之间的相互关系，强调了基于产业发展的城乡土地需求分析或供给瓶颈分析，而对于实现产业用地配置具体空间化的城乡建设用地再开发与产业升级之间的研究较为少见，尤其是如何通过城乡建设用地再开发促进产业转型升级的学术研究及技术成果极其少见。

低碳经济与循环经济的土地调控研究方面，2003 年英国最早提出"低碳经济"，

这一概念迅速被世界许多国家采纳，成为一种新型的可持续发展模式，欧盟、日本、澳大利亚、美国等纷纷提出低碳发展政策；2008 年《气候变化法案》的颁布实施使英国成为世界上第一个为减少温室气体排放、适应气候变化而建立具有法律约束性长期框架的国家；2009 年英国又发布了《英国低碳转换计划》《英国可再生能源战略》，通过制定土地占用税、不定期促进废弃物的回收再利用和循环使用，从而激励低碳经济的发展。面对低碳经济的发展机遇，2008 年日本提出新的防止全球气候变暖的对策，即著名的"福田蓝图"；2009 年，日本又公布了《绿色经济与社会变革》草案，提出了实现低碳社会、实现与自然和谐共生的社会等中长期方针。国际上估算碳排放的方法与计算污染物排放量的方法相似，主要采用清单编制法、实测法、物料衡算法、排放系数法、模型法、生命周期法和决策树法。考虑到土地利用是影响碳排放的重要因素，虽然我国业已出台了《应对全球变化的国家策略》《节能减排国家方案》等指导性文件，而且就村镇土地空间产业活动的碳排放效应进行了较为广泛的研究，尤其是在能源消耗、城市交通等方面开展了较为深入的研究，但是从国内外现有研究来看，从城乡土地角度分析碳循环效应的研究尚不多见，尤其是如何通过城乡建设用地再开发实现低碳经济发展的研究更为少见。更为重要的是，我国核算碳排放的清单大多根据 IPCC 核算，而 IPCC 原则不适用于城市尺度已经是国际共识。日本等少数国家或地区提出了得到国际社会认可的碳排放清单，而决定我国碳谈判话语权，且符合我国城乡土地特征及其产业活动状况的碳排放清单尚未形成，更有待制定。

循环经济下的土地调控研究。循环经济起源于美国经济学家肯尼思·博尔丁在 1966 年提出的宇宙飞船经济学。20 世纪末，循环经济在发达国家逐步发展为大规模的社会实践活动，并形成相应的法律和制度。德国是发展循环经济的先行者，先后颁布了《垃圾处理法》《避免废弃物产生及废弃物处理法》《关于容器包装废弃物的政令》等法律；20 世纪 80 年代的《废弃物处理法》就提出了避免废弃物、减少废弃物、实现废弃物利用的要求。除了法律制度的约束，国外还通过经济上的激励和引导措施等促进资源的循环利用和废弃物的减量化。另外，国外还按照循环经济理念和政策，引导产业区规划布局，推进生态关联产业或共生产业的发展。在我国，2003 年《中华人民共和国清洁生产促进法》的正式实施，对于提高资源利用效率，减少和避免污染物的产生，促进经济和社会可持续发展起到了重要作用；2009 年开始实施的《中华人民共和国循环经济促进法》，为促进循环经济发展奠定了法律基础。截至目前，我国 20 多个省、市的 20 多个行业、400 多家企业开展了清洁生产审计，在企业相对集中的地区，按照循环经济理念建立了 10 多个生态工业园区，并在省（市和区）开展循环经济试点工作。目前，辽宁省、江苏省及有关市已在境外探索循环经济发展模式。江苏省于 2005 年就基本完成了省级、市级、县级乃至典型乡镇、生态村和生态工业园区的循环经济规划编制工作，循环经济建设进入全面推进阶段。虽然循环经济研究得到了广泛的关注，还开展了土地利用循环经济评价等相关研究，但是如何通过城乡土地供应尤其是城乡建设用地再开发引导产业链"植入"、产业物质流形成，促进循环经济发展的技术尚不多见。

基于以上研究背景，开展产业升级与结构调整下的土地配置和调控研究，可为全面提升经济竞争能力、应对全球变化能力及可持续发展能力提供相应的土地配置与调控的成套技术支撑。

四、土地的规划编制研究

自 20 世纪 80 年代末，我国进行了大量的城乡规划尝试。早在 1993 年国务院就出台了《村庄和集镇规划建设管理条例》，建设部于 1994 年颁布了《村镇规划标准》（GB 50188-93），但规划存在着严重的"城市中心"偏向，一直对农村地区缺乏应有的关注。农村地区仍然是城乡规划研究的附属对象，规划研究内容松散，内部的关联性差，缺乏理论内核，大多停留在传统的经验式描述阶段，无法起到对村镇建设实践的指导作用，导致改革开放以后城乡差距不断扩大，引发愈来愈多的深层次结构矛盾。

近年来，中央政府已经充分认识到根本转变长期延续的"以农支工"的发展路径的必要性和紧迫性。党的十六届三中全会提出了包括城乡统筹在内的"五个统筹"战略思想，党的十七大明确指出，"我国总体上已进入以工促农、以城带乡的发展阶段，进入加快改造传统农业、走中国特色农业现代化道路的关键时刻，进入着力破除城乡二元结构、形成城乡经济社会发展一体化新格局的重要时期"。随着国家对村镇发展的重视，村镇规划处于大规模的实践探索阶段。21 世纪初，我国开展了社会主义新农村建设、"千村示范、万村整治"的村庄整治工作；2008年 1 月 1 日开始实施新的《中华人民共和国城乡规划法》，将村庄规划纳入法定规划体系；2007 年 5 月 1 日实行新的《村镇规划标准》（GB 50188-2007）。

然而，目前开展的城乡规划工作还存在诸多不足，主要表现在以下方面：现有规划体系对村镇再开发考虑不足，城市规划重城轻乡、市镇脱节，乡镇规划、村镇规划过于关注居民点规划，忽视其他空间的安排；在规划过程中，所采用的主要引导手段，如空间管制、四区划定等适用性不强；目前规划全覆盖是以城市为中心的规划覆盖，侧重于城市建设用地覆盖，忽视农业用地、乡镇用地规划的覆盖，影响了农业土地规模经营及农村集体土地流转。

总体上看，目前国内城乡建设用地再开发利用的研究和实践，主要集中在 21 世纪初期的旧城更新改造保护规划、新农村建设规划和全国全域土地整治规划等方面，对城乡建设用地再开发利用规划中农田保护、产业聚集、生态涵养等内容研究不足，城乡建设用地再开发利用体系建设、规划规程及标准制定等研究薄弱，亟待完善。

五、土地实地监管与信息集成分发应用技术研究

随着技术的发展，特别是网络信息技术在城乡土地开发信息管理领域中的应用，城乡土地整理和监管信息化建设的速度大大提升。国外政府信息系统大部分基于 GIS 建设，其土地整理相关业务也同样大量采用了 GIS 技术实现信息共享与管理。GPS、GIS 数据采集系统实现了野外数据采集快速准确，实现数据实时动态更新。国外的各种系统和信息技术应用都与当地的土地管理政策和信息管理政策紧密相关，其中大部分土地管理信息系统的应用环境在国内都缺乏相应的基础条件，所以，在具体的应用研究过程中只能在充分考虑国内现有条件的情况下，参考其中的系统构建实现技术。

随着多年的积累和发展，我国土地资源管理信息化建设水平也有一定的提高。王晓栋等（1999）提出了县级土地利用动态监测中的 GPS 选型思路和综合考虑 GIS 功能的 GPS 数据获取方法；邓军等（2006）实现了在 VRS 技术的支持下 GPS/PDA 功能及工作流程，东莞市采用 GPS/GPRS（Global Positioning System/ General Packet Radio Service）技术建立了土地监察实时巡查系统，使土地外业巡查作业人员可以实时查询地块信息。但相关的技术研究主要是针对土地资源管理某一个领域的局部应用研究，且主要侧重于变更调查和信息采集方面，缺少针对土地资源管理领域某一方面系统性的应用研究，在土地开发监管方面的研究也比较少，特别是利用实时视频与现场数据获取设备实现建设用地再开发实地监管方面的应用还是一片空白。

在监管系统建设及系统集成方面，国土资源信息化作为国家信息化的重要组成部分，近年来有了快速的发展。2005 年国土资源部土地整理中心完成了"土地开发整理项目管理信息系统"，该系统作为国家、省、市、县四级网络化项目管理的平台。2006 年初开始的"金土工程"，以构建"天上看，地上查，网上管"的国土资源管理运行体系为目标，充分利用现代高新技术加强土地利用动态监测，建立"土地利用总体规划实施、耕地保护、土地市场的动态监测网络"。国土资源部组织实施了四级国土资源管理部门"金土工程""数字国土工程"，已初步建成了土地审批、土地规划预审等信息系统，但系统建设各自为政，没有实现系统之间业务自动流转。在网络通信方面，土地管理系统利用已建成的国家电子政务外网平台，初步实现了国土资源部与部分省级国土资源管理部门、部直属事业单位之间的网络连接，但业务系统之间尚未实现省以下的互联互通。在土地整理业务监管系统开发与应用方面，江苏省、湖北省、福建省等都提出了土地开发整理项目管理相关业务系统的建设内容，并开发了相应的管理系统。但这些项目都侧重于对土地整理项目相关耕地保护、占补平衡等业务的管理和信息的存储、查询等应用，缺乏贯穿土地整理项目全过程的监管。在村镇土地管理系统方面，国内也取得了一定的成果，但还存在一定不足。

例如，朱焜在《村镇土地批后监管信息系统设计》一文中提出了村镇土地批后监管业务管理流程设计和系统实现方案，没有提出城乡土地全过程业务监管解决方案；许贵林在《国土政务业务一体化信息系统应用研究》一文中提出了国土政务业务应用整合实现方法，主要侧重于数据和客户应用的整合，但没有提出独立业务系统整合的解决方案。城乡建设用地再开发信息系统整合集成需要解决在不同网络环境下的信息共享、异构系统的整合与实现、城乡土地整理信息分发服务等问题，在这方面的技术研究和应用开发还是一片空白。

六、土地再开发和城市更新改造研究

19 世纪末期，西方国家的城市任意膨胀发展导致建筑密度增大，同时，土地私有及生产的无政府状态，使得城市建设杂乱无章，城市环境日益恶化，需要采取相应措施改善这一状况。这一时期比较典型的旧城区改造的例子是法国巴黎的城区重建改造和英国伦敦旧城镇改造这两个工程，但未能彻底满足城市工业化提出的新要求，也未能解决城市"贫民窟"问题和城市交通障碍。第二次世界大战以后直到 20 世纪 60 年代，西方许多城市开展了以规模改造为主特征的"城市更新"运动，其重点包括中心区被毁坏部分的重建与贫民窟清理，最初的目的是恢复遭到 30 年代经济萧条打击和两次世界大战破坏的城市，特别是解决住宅匮乏问题。在当时由国际建筑协会倡导的"现代主义"城市规划思想指导下，各国政府都曾拟定雄心勃勃的城市重建计划，而且这些计划莫不以大规模改造为手段，主张对城市中心进行大拆大改。在许多沉醉在现代主义城市规划思想中的规划师眼中，凭借工业革命以来积累的财富和技术，按照"科学"规划进行的大规模改造将可以彻底解决工业时代产生的"贫民窟"这类社会问题。然而，由于产生贫民窟的根本原因——贫困与就业问题并未得到解决，"清理贫民窟"并未取得真正的成功。20 世纪 80 年代的城市更新表现为对前期政策的修改和补充，突出特点是强调私人部门和一些特殊部门参与，培育合作伙伴。空间开发集中在地方的重点项目上，以私人投资为主，社区自助式开发，政府有选择地介入。大部分计划为置换开发项目，对环境问题的关注更加广泛。西方国家旧城镇改造主要是基于市场经济条件进行的，但是市场的作用远不能解决城市问题。随着管治研究的兴起，从城市管治的角度关注城市发展与城市更新问题越来越受到重视。20 世纪 90 年代，在全球可持续发展理念影响下，城市开发进入了寻求更加强调综合和整体对策的阶段，建立合作伙伴关系成为主要的组织形式，强化了城市开发的战略思维，基于区域尺度的城市开发项目增加。

1949 年至今，我国旧城更新改造已近 60 年，经历了一个漫长而曲折的发展过程。解放初至 20 世纪 70 年代，我国提出"充分利用、逐步改造"的建设用地改造和更新政策，主要着眼于棚户和危旧简陋房屋的改造，同时增添一些市政基础设施，以解决居民卫生、安全、居住等最基本的生活问题，但整体上维持现状，并未进行实质性的更新改造。20世纪70年代后期至80年代末期，从老城区边缘向中心移动的"填空补实"方式进行了一系列标准低、配套不全、侵占绿地、破坏历史文化环境的城市建设。采用"拆一建多"的开发方式在老城区和新城区分别建设了一批多层盒装布局、兵营状的住宅区，以求最少的资金解决最多人数的居住问题。但是"内旧外新""填空补实""拆一建多"等形式忽视城市空间形态，破坏了城市机理，使得旧城生活环境恶化。20世纪90年代以后，大规模快速的城市更新，对一直缺乏更新改造的城市中心区的更新改造力度加大，与第二次世界大战后期国外大规模推倒重建有许多相似之处。在多样性的动力推动下，旧城镇改造带来物质更新、城市空间结构调整、人文环境优化等包括社会、经济、文化等内容的多目标、快速更新，城市空间职能结构、环境等问题得到一定程度的改善，但也产生了大量负面影响，如中心过度开发、社区失去多样性、城市社会空间分化、受保护建筑遭到破坏、城市文脉被切断、城市特色消失而走向雷同等。

理论研究方面，20世纪90年代以来，由于经济体制转轨和大规模房地产开发的兴起，我国学术界涌现了许多从不同研究角度和不同研究内容出发的关于旧村庄改造的理论研究与探讨，但大多数学者是针对城中村提出综合的改造对策或者结合相应的城中村改造实例研究改造对策。田莉（1998）从"加强村镇规划建设管理，城市向外围发展采取统一规划、统一征地、统一开发、统一管理方式，及早改造城市附近村镇，制定城中村法规，完善农转非后的社会保障"五个方面论述了如何防治城中村现象；敬东（1998）从城中村更新的目标、政策、规划方案等三个方面提出了城中村改造的高、中、低三套方案，在土地利用、形体规划、工程规划领域加以界定，并提出了具体的对策；杜杰（1999）认为改造城中村应强调从发展决策、城中村的内在要求、体制、经济、文化、法治、组织、人事等方面入手解决城中村问题；李钊（2001）认为城中村改造过程中产权转变是关键，就地安置是重点，同时还要采取健全法律法规、给予优惠的政策、近中远期改造结合、多方案比较等措施；郭艳华（2002）认为应"转变农民发展观念，加强培训教育，建立社会保障机制，农村集体土地管理要纳入市场经济范畴，加大力度推进实施旧村改造，把村民自治引入良性循环的发展轨道，加强出租屋管理，建立暂住人口管理的网络系统"；李培林（2002）指出城中村的改造实际上是对政府、房地产商、村民三方面利益的平衡；吴英杰等提出了"土地收益与集体资产股份制改造相结合，由村集体和个人集资建出租公寓，兴建农民公寓，引入投资商进行开发并通过制定合理的产权分配结构进行各方利益分享，在物质形态改造后，进行各项其他后续工作包括社保建设、就业引导和文化教育等"。此外，李晴（2002）以珠海市吉大村为个案，分析其演变的历程及存在的问题，对该村的古建筑住宅的历史价值进行了评估，确立了改造的目标，提出了保留具有历史价值建筑遗产的改造思路。阎小培等（2004）分析了广州市城中村改造中出现的问题和矛盾，认为城中村问题的核心是转制以后村集体股份制公司的管理，村民的出路问题，以及适应外来流动人口需求的城市住房供给问题，并提出了改造的新思路，即构建"政府—村民—开发商"的利益均衡机制以改造其物质环境，提供智力支持和教育补偿以改造村委会及村民的多样化模式。

总体看来，对建设用地再开发和城市更新的研究实践多于理论。无论是西方第二次世界大战前期至后工业化前夕以形体规划为核心的大规模、激进式的非理性更新，后工业化时期在人本主义、可持续发展思想影响下以强调功能的小规模、渐进式更新、社区规划、多元参与为主要特征的理性更新，还是新中国成立以来我国以局部危房改造、基础设施建设为主要目标内容的小规模形体更新，以及在多样性动力机制推动下逐渐朝向以包括物质性更新、空间功能结构调整、人文环境优化等社会、经济、文化内容的多目标快速更新，都是针对城市不同发展时期存在的社会经济问题提出的解决方案与措施。目前国内的研究还停留在针对城中村改造的层面上，在研究结论中列出的都是关于城中村带给城市发展的问题和必须尽快改造的理由。

七、土地政策评价研究

土地政策评价属于公共政策评估。传统政策科学认为公共政策的根本问题是对政策制定系统的改进，当代政策科学则重视对包括政策评估在内的政策科学的各个环节的研究。随着我国政治体制改革的推进，公共政策评估将成为各级政府必须面对的问题，这也必将促进我国公共政策评估理论的发展。20世纪80年代中期以来，随着发达国家政府对社会、经济事务干预程度的加强和国内民主决策体制的完善，政策评价问题越来越受到重视，政策评价实践的范围越来越广，其理论研究也得到了相应的发展。发达国家最终把政策评价的焦点集中在改善政策质量上，强调政策评价的根本目的是改善政策质量，政策质量应该包括政策的有效性、政策的效率、政策的统合性三个方面。近年来，国外政策研究主要集中在政策评价的理论基础、政策评价标准、政策评价的具体方法、政策评价活动的制度安排及其在不同国家的适用性等几个方面。2001年1月，日本政府政策评价各府省联络会议通过了《关于政策评价的标准指针》，对政策评价的对象范畴、实施主体、评价的视角和评价方式作出具体规定，同年12月发布《政策评价基本方针》，日本政府的政策评价制度自此拉开序幕。为提高政策评价的实效性，进一步取得国民的信赖，日本政府于2001年6月制定了《关于行政机关实施政策评价的法律（评价法）》，并于2002年4月开始正式实施。该法律附则第2条规定："政府应在法律实行3年后对实施状况进行检查，根据结果采取必要的措施。"日本政府据此又于 2005 年修改了《政策评价基本方针》和《关于政策评价的标准指针》。

长期以来，政策评价的研究在我国并没有引起足够的重视，我国的公共政策评价从 20 世纪 80 年代才起步，还没有建立起系统的理论指导，无论是学术界的理论探究，还是官方的局部实践，都没有形成具有普遍指导意义的定式。正因为缺乏完备的、系统的、适宜的理论指导，现阶段我国为数不多的政策评价在实践中具有很大的盲目性：不清楚评价的最终目的，不明确评价的现实标准，不确定评价的具体内容，不肯定评价结论的实际作用。因而，对公共政策的优劣得失仅仅停留于一般的理论分析和粗浅的定性判断，较少有深入的理论构建和量化的数学模型。公共政策评价还主要表现为经验总结、工作汇报和座谈研讨等形式，与真正科学意义上的公共政策评价还有相当距离。土地政策评价方面也是如此，目前仍然缺乏建立在科学基础上的机构和方法来系统地评价政策的制定和执行情况及影响。众多学者从不同角度，对公共政策评估标准提出了不同的观点。邓恩将公共政策评估标准分为：效果、效率、充足性、公平性、回应性和适宜性等标准；林水波认为一般性政策评估标准应包括：工作量（或称投入量）、绩效（涵盖产出量、效能及影响程度）、效率、生产力、充分性、公平性、妥当性、回应程度、过程和社会指标等；陈振明（1998）认为政策评估标准有：生产力、效益、效率、公正和政策回应度等；吴勇将公共评估标准分为：目标、投入、公平公正、效率、公民参与和回应政策程度等标准；陈捷（2003）认为，生产力标准涵盖和统帅了公共政策评估的其他标准，如绩效、效率、回应等；郭渐强等（2006）认为科学发展观标准不仅内在地包含绩效、效率、效能、效益等，而且强调了社会公正、以人为本、可持续发展等最基本的价值标准；张国庆（1997）提出了政策评估的首要标准和次要标准概念。虽然学者对公共政策评估标准的界定呈现多元化趋势，但是基本以绩效、效率、回应性、公平为基本标准。总体上，我国的政策评价无论在理论研究还是在实践上都仍然是一个薄弱环节。

第三节　建设用地再开发数字化监管

相关理论研究趋势

一、土地调查技术发展的综合化、集成化、精细化

目前我国城乡土地调查还没有制定一个标准的、操作性强的方法，土地利用情况、规划区调整及土地再开发对村镇土地的影响程度如何，还缺乏全面的、连续的动态监测，不能满足相关政策的需要。2004 年开展的全国土地情况专项调查只包括

了村镇土地的部分内容，数据不够准确。造成这种情况的主要原因是，我国城乡土地调查与评价的基础理论研究和技术创新方面还很薄弱，相关的基础研究文献少有涉及，而技术专利成果领域还是空白。如何完善并推动我国城乡土地调查评价工作，亟须解决 7 个方面的内容：一是城乡土地调查的标准规范化；二是城乡土地调查的对象；三是城乡土地调查的范围及相关概念的界定；四是城乡土地调查评价单元的划分；五是城乡土地调查评价指标体系的构建（包括指标因素的选择和权重值的确定）；六是城乡土地调查评价模型的开发；七是土地调查更新信息化技术平台的搭建。

二、建设用地再开发市场调控机理的技术实现

目前我国土地市场研究还存在重理论轻实践、重市场调控分析轻市场决策支持技术研究、重一般均衡分析轻一体化调控技术研究等问题，亟待开展以下几个方面的研究，加强建设用地再开发市场调控机制的技术实现：其一，建设用地市场动态监测与模拟分析技术研究，构建建设用地再开发的市场促进机制及模拟模型技术；其二，建设用地市场供需模拟模型和调控技术；其三，建设用地市场综合决策与仿真优化技术，构建以市场促进为目标的建设用地再开发市场调控决策支持的成套技术（卞广骥等，2013）。

三、土地再开发技术发展的低排放与环保化

不同类型的城乡土地利用，其能源消耗、污染排放等存在很大差异。急需研制针对不同类型区域的节能减排、土地利用及整理调控技术和方法：如何快速有效地获取建设用地的能源消耗及污染排放关联信息；全面掌握城乡建设用地的物质代谢，尤其是能源、污染效应的机理；建立建设用地再开发的节能减排评价方法、技术和指标体系。

四、建设用地再开发规划的综合化、生态化、智能化及可视化

规划呈现综合化、生态化、智能化及可视化的发展趋势，由单纯的物质环境改善规划转向综合考虑社会经济发展、人居环境、生态环境保护的复合规划，着眼全局与统筹、兼顾公平与效率、突出长远与动态、体现多元与多样成为城乡规划新的发展目标。目前，规划信息化建设集中在规划基础数据建设、规划业务数字化和电子"一张图"的管理三个方面。发展的瓶颈在于规划管理方面的信息化技术支撑能力不足、基础设施和市政基础设施信息化共享与服务功能较弱、社会经济综合管理滞后于建设发展等方面。新形势下，建立信息共享平台，促进数据的共享，实现规划业务的协同，扩展三维仿真和遥感的应用，为规划业务提供更真实的可视依据，加强基于 GIS 支持的智能化辅助规划业务，实现规划信息的"协同化、智能化、可视化"，将是规划信息化发展的新趋势。

五、建设用地再开发监管实时化、全程化和应用系统集成化

建设用地再开发业务涉及面广、周期长、内容复杂，为了保障建设用地再开发项目顺利推进，加强落实规划目标，需要对整个项目过程进行有效监管。应用最新的监测技术和装备对建设用地再开发进行实时监管，是实现建设用地再开发数字化监管的应用需要；深入研究建设用地再开发业务内容，建立再开发监管分析与评价模型，开发全过程监管方法，实现省、市、县、镇、村多级协同监管是建设用地再开发数字化监管的技术发展方向；集成独立运行的业务系统，建立建设用地再开发业务系统整合平台，实现建设用地再开发各业务系统在统一平台下自由流转与信息共享是建设用地再开发应用系统技术研究的主要方向，构建这个平台需要建立适应性强的泛型接口、形成系统集成技术标准、构建满足具体应用的业务流程驱动引擎，以及搭建具有良好开放性和扩展性的基础平台（喻成林等，2013）。

第四节　建设用地再开发数字化监管业务需求

一、社会需求

（一）建设资源节约型和环境友好型社会的需要

当今世界正处在大发展大变革大调整时期，我国正处于经济建设、政治建设、文化建设、社会建设及生态文明建设全面推进的重要战略机遇期。贯彻统筹城乡发展、促进城镇化建设的中央精神，落实调整产业结构、转变经济增长方式的国家政策，推进建设资源节约型和环境友好型社会的战略规划，对土地资源提出了新的需求。

经过改革开放 30 年的建设发展，我国社会经济取得了举世瞩目的成就，工业化、城镇化建设得到长足发展，与此同时，人们也开始认识到，经济建设虽然改善了国人的生活条件，但人地关系的紧张格局并未得到缓解。相反，随着人口和经济总量的增长，我国人地关系已经进入全面紧张的状态。根据《全国土地利用总体规划纲要（2006～2020 年）》，我国土地利用和管理面临人均耕地少、优质耕地少、后备耕地资源少等突出问题。2005 年全国人均耕地 1.4 亩，不到世界平均水平的40%。优质耕地只占全部耕地的 1/3。耕地后备资源潜力 1 333 万公顷（2 亿亩）左右，60%以上分布在水源不足和生态脆弱地区，开发利用的制约因素较多。在我国，优质耕地减少的同时建设用地却快速增长。1997～2005 年，全国灌溉水田和水浇地分别减少 93.13 万公顷（1 397 万亩）和 29.93 万公顷（449 万亩），而同期补充的耕地有排灌设施的比例不足 40%。2009 年全国建设用地供应 31.9 万公顷，比

上年增长 44.2%。其中，工矿仓储用地、商服用地、住宅用地和其他用地供应量分别为 11.9 万公顷、2.6 万公顷、7.7 万公顷和 9.7 万公顷。为了保持我国经济持续发展，我们必须节约集约利用土地，改变土地资源开发方式，挖掘土地利用潜力，以提高土地利用效率（刘茂松，2008）。

随着我国社会经济发展不断推进，在人地关系紧张格局长期不能得到破解的情况下，需要通过建设用地再开发的方式提升土地利用效益，促进经济增长方式转变，推动产业升级与结构调整，在控制建设用地总体规模的前提下，采用经济、法律、工程、信息技术等手段，改变原有低效土地利用方式，建立一个土地高效利用模式，为新兴产业、低碳产业、高新产业等各种高级产业提供更大的发展空间，改善城乡建设用地生态环境，优化社区人居环境，促进城乡建设用地进入可持续利用轨道。所以，建设用地再开发及建设用地再开发数字化监管是建设资源节约型与环境友好型社会，保障城乡统筹发展，加快社会民生建设的重要手段。

（二）切实保住耕地红线的需要

土地资源是我国经济建设、文化建设、社会建设、政治建设和生态文明建设的重要保障。在目前工业化、信息化、城镇化、市场化、国际化深入发展的背景下，保障发展和保护资源这个两难命题，历史性地摆在我们面前。建设用地利用越合理、高效，新增建设用地占用耕地就越少。因此，按照全面实现小康社会对建设用地的总需求，在中央明确坚守"18 亿亩耕地红线"的要求下，限于我国人均耕地、优质耕地、耕地后备资源"三少"的资源国情，只有高效、合理利用建设用地，才能真正保住耕地红线。例如，广东省、浙江省人均耕地分别只有 0.45 亩、0.56 亩，后备耕地资源稀缺，耕地占补平衡难度大。2008 年末，广东省耕地 4 266 万亩，已低于 2010 年规划指标，浙江省耕地 2 881 万亩，比 2010 年规划控制指标只多出 7 万亩。珠江三角洲许多城镇的建设用地比例已高达 35%～45%，未来建设空间非常狭小。可见，对支撑 30 年低端高速增长的建设用地进行再开发并总结上一轮发展教训，对建设用地再开发进行数字化监管，是实现建设用地高效利用的必然途径（王文龙，2014）。

（三）缓解资源刚性约束，政策指导和技术支撑的需要

经济社会发展遭遇资源刚性约束，迫切需要转向经济效益好、科技含量高、资源消耗低、环境污染少、人力资源优势得到充分发挥的"集约型增长方式"。对建设用地进行整治与再开发以提高土地利用效率和综合效益势在必行。30 年前，珠江三角洲地区从"三来一补"，长江三角洲地区城乡企业从"村村点火、处处冒烟""满

山放羊"的分散化粗放型工业发展起步，完成了工业化的"原始积累"。其经济高速发展很大程度上依赖于增加投入、扩大投资规模、产业结构总体层次不高、技术创新能力不强、生产要素利用效率低、资源和环境恶化、经济整体素质不高的"粗放型增长方式"，是低工资、低技术含量、低附加值、低地价、低环境门槛的高速增长。其结果是发展区域内到处充斥着"小、散、乱"的建设用地，土地资源的利用呈现出"用得早、用得快、用得粗放"的状态，土地再开发潜力巨大。

目前我国部分地区正在开展以"旧城镇、旧厂房、旧村庄"为主要内容的建设用地再开发工作。广州市"三旧"改造用地面积为 501.47 平方公里，其中旧城镇面积 56.18 平方公里，占总量的 11%；旧村庄面积 269.89 平方公里，占总量的 54%；旧厂房面积 175.40 平方公里，占总量的 35%。深圳市在土地、环境、人口、水资源"四个难以为继"的情况下开展城市更新，安排改造项目 182 个，涉及土地 10 余平方公里。佛山市已启动城镇"三旧"改造项目 399 个，已完成改造项目 1 151.5 万平方米。山东省连续三年盘活存量建设用地占到全省建设用地供应总量的一半以上。关于建设用地再开发的实践探索再次走到政策指导和技术支撑前面，因此，为保障进一步实践工作的顺利开展，迫切需要对城乡建设用地再开发进行数字化监管，提供相应的政策与技术支撑（赖寿华等，2013）。

（四）提升城乡功能、改善城乡人居环境的需要

改善城乡人居环境、提供全面均等的公共服务，是城镇化发展的必然要求。经过改革开放 30 年，农民基本解决了吃饭、穿衣等生存的基本问题，我国进入了全面建设小康社会的关键阶段，农村对基础设施和公共服务提出了更高的需求。这对政府的公共服务能力提出了新的挑战，即从早期帮助解决农民基本生活需求转向注重满足农民的发展诉求。

长期以来我国城乡人口基数大、经济发展水平低、城乡分布散乱、公共财政投入不足，导致基础服务设施和公共服务产品较为缺乏，生态环境恶化，村容村貌脏、乱、差，人居环境落后。《2007 年城市、县城和城乡建设统计公报》数据显示，截至 2007 年末，全国行政村达 637 011 个，自然村达 264.7 万个，其中还未通二级以上公路的乡镇达 53.9%，未通公交车或客运班车的行政村达 51%，未实施集中供水的行政村达 56.8%，没有垃圾处理点的行政村达 73.2%，没有综合市场的城乡达 31.6%，没有农产品专业市场的城乡达 77%。完善城乡基础设施建设和公共服务，逐步建立城乡统一的公共服务制度，提升城乡功能、改善人居环境势在必行。

因此，如何通过开展城乡建设用地再开发及城乡建设用地再开发数字化监管，提高城乡公共产品供给水平，增加农民收入，促进农业发展，稳定农村社会，建设"生产发展、生活富裕、乡风文明、村容整洁、管理民主"的社会主义新农村，

是新时期迫切需要解决的重大问题。

（五）城乡建设用地再开发的实践发展的需要

近年来，中央做出了建设社会主义新农村和统筹城乡发展的战略决策。新农村建设、"三旧"改造、低效建设用地再开发、城乡建设用地增减挂钩试点、城乡建设占用耕地占补平衡等工作已在全国范围内展开，并取得积极成效。2006 年起，国土资源部先后在 21 个省（区、市）实施 600 多个试点项目，拆旧面积将近 40 万亩。截至 2008 年 9 月底，实际完成 158 个项目，城乡居民点人均用地下降 100 平方米左右。2008 年 6 月，国土资源部出台《城乡建设用地增减挂钩试点管理办法》及 2010 年《国务院关于严格规范城乡建设用地增减挂钩试点切实做好农村土地整治工作的通知》（国发[2010]47 号），依据此办法及通知的要求，"千村示范、万村整治"的村庄整治工作开始在全国各地大规模进行。因此，研究城乡建设用地再开发的关键技术，积极稳妥、规范有序地引导及推进城乡建设工作，搭建新农村建设和城乡统筹发展的新平台，更加有效地驱动城乡消费需求，可谓正当其时。

面对复杂多变的外部环境和传统经济增长方式转型的双重压力，广东省在按照温家宝同志的要求建立节约集约用地试点示范省过程中，大力推进"三旧"改造，于 2009 年 8 月出台政策《关于推进"三旧"改造促进节约集约用地的若干意见》（粤府[2009]78 号），明确了"三旧"改造的总体要求、基本原则和重点任务。为推进相关工作的开展，国土资源部与广东省签订了《国土资源部、广东省人民政府共同建设节约集约用地试点示范省合作协议》，国土资源部明确支持广东省的建设用地再开发工作。

从 2006 年开始，经过几年的探索，广东省通过城乡建设用地再开发，在土地资源节约集约利用、产业结构转移升级和城市功能完善提升等方面取得了重要成效。但实践中也反映出基础信息资料获取方式滞后、规划指引和相关标准不健全、土地资源配置缺乏市场化运作与监管、低碳化土地利用调控的欠缺、缺少实时查询和全过程动态监管等方面的问题与不足，急需技术上的支撑。

资源压力与经济快速增长密切相关，是发展理念、资源禀赋、发展阶段、体制机制共同作用的结果。资源禀赋不能更改，发展阶段不可逾越，唯独发展的理念和体制机制是可以转变的。因此，破解资源压力难题只有靠转变发展理念、发展方式，才能真正做到又好又快、科学发展。现在形势逼人，必须承担历史的责任，避免重复过去的错误，在充分认识我国历史与现状的基础上，吸取先进的理念与技术，开展城乡建设用地再开发的科技创新，更加理性、综合、平衡地支撑建设用地再开发工作，保障与促进我国社会经济又好又快地科学发展。此外，当前各地大规模开展"三旧"改造或城乡增减挂钩试点，特别是房地产开发商在某种程度上仍主要是基于市场利益的冲动，更需要加强对建设用地再开发全过程的有效监管。

综上所述，建设用地再开发及建设用地再开发数字化监管是保障国家发展战略的重要支撑；是节约集约利用土地，保护耕地的必然选择；是调整转变经济增长方式、发展循环经济、建设节约型社会的紧迫要求；是进一步提升城乡功能，改善人居环境质量的重要途径。开展建设用地再开发数字化监管相关理论与技术研究，需求紧迫，意义重大。

二、行业需求

（一）提升土地领域科技创新能力

出于"一要吃饭、二要建设"的需要，我国在 1986 年成立了国家土地管理局，1998 年成立国土资源部，开展了以保护耕地为核心的土地管理工作，支撑土地管理需要的土地科研也才随之进行。由于时间短、底子薄，面对我国量大、复杂的土地问题，支撑土地事业发展的土地科技创新整体上存在严重不足。为适应形势发展，亟待加强土地科技创新，以改变土地科技"老账未还又添新账"的局面。

（二）填补建设用地再开发科研空白

受发展阶段局限，我国的土地整治、开发、复垦工作主要集中在田、水、路、林的农用地综合整治和矿区的土地复垦。"十一五"以来，国家科技支撑计划、863 计划陆续开始支持这两方面的科研，目前已取得阶段性成果，在实践中也发挥了重要的作用。但是，这些计划对建设用地再开发技术未开展过系统的研究工作。

（三）支撑、引领建设用地再开发健康有序发展

按照转变发展方式，建设资源节约型和环境友好型社会，统筹城乡发展的要求，根据产业升级和结构调整，以及改善民生的需要，在土地调查评价及有关经济、社会、环境数据的基础上，以土地利用总体规划、城镇体系规划、新农村规划为控制，研制建设用地再开发动态监测技术及装备，建立土地开发利用市场调控技术系统，研发产业转移土地配置技术，开发建设用地再开发规划及监控技术，通过技术集成与综合示范，构建建设用地再开发成套技术。

三、建设用地再开发数字化监管项目业务需求（以广东省"三旧"改造数字化监管为例）

广东"三旧"改造数字化监管的总体目标是以现有的省级土地市场动态监测

与监管平台为基础，通过设立省、市、县三级监管权限，以及建立上报、监管规则，形成专门针对"三旧"改造项目的批前批后监管模块，对各地审批"三旧"改造项目，实施改造的年度计划、改造方案、监管协议，以及实施情况进行实时备案和跟踪监管，兼有项目信息查询、开工、竣工预警与巡查、成效统计与分析、考核评分等功能，同时通过与"三旧"改造地块数据库的衔接，实现叠图浏览与图像分析功能。

（一）"三旧"改造业务审批过程需要监管

1. 项目审批前的监管

"三旧"项目方案制定与规划编制前的摸查监管，制定"三旧"规划、年度计划摸查主要使用的是现场监测技术，数据收集、地理数据收集，规划数据整合。

2. 项目审批过程中的监管

审批过程中需要使用监管技术：规划审核、地籍审核、压占等。具体需要使用的技术包括数据分析技术、数据挖掘，可用于规划修改，项目辅助审批。数据分析解决的问题是"三旧"项目审批中的实际问题："三旧"项目地块压占农田、项目地块压占路网，地籍权属清楚，历史用地手续是否完善，企业资质能力是否能完成"三旧"项目，补偿是否合理。数据挖掘、辅助决策是政府用于决策的技术。例如，某区域是否适合用来做"三旧"改造；某区域"三旧"项目商用、住宅分别收益如何，用做哪种更合理、收益更大；某地块未来升值潜力评估，保障房选址放哪里合适。

监管平台工作过程：①改造主体（项目主体）上报材料，材料包括资金信息、范围信息（坐标文件）、现场图片、进度数据。②市级用户：录入改造主体上报材料，对录入的改造主体上报材料进行审核，对审核过程中有问题的项目进行跟踪，资料缺失不齐的让用户提交更多材料。对审核中发现有违法用地问题的项目，移交司法，并上报省级监管部门。③省级用户：对市、县某些项目进行跟踪，对项目进行整体统计、分析，从中获取市、县整体"三旧"改造进展情况。

3. 项目审批后的监管

1）设立省、市、县三级监管权限，搭建"三旧"改造批后监管系统平台。在省土地市场动态监测与监管系统的基础上，建立专门针对"三旧"改造项目的批后监管模块，设立省、市、县三级监管权限，建立上报、监管规则，提供数据录入与导出、信息查询与统计、图形叠加与浏览等功能，形成全省"三旧"改造批后监管系统平台。

2）全省"三旧"改造项目审批系统化管理。提供省、市、县已批准的改造项目界址点坐标的窗口，并通过服务接口，实现与省"三旧"改造地块数据库的衔接，共享土地现状、土地规划、航拍影像、"三旧"改造地块图像数据，实现数据交换、叠图浏览和图像分析等功能。提供市县用户上报、浏览"三旧"改造方案及相应批准文件的窗口，各级用户根据权限，可分别按照市县名称、项目名称、批准时间进行改造方案信息查询。经批准的"三旧"改造方案需分别以上传文件和输入关键字段两种方式上报，相应批准文件以上传文件方式上报：需上传的文件格式为PDF；输入关键字段实现监管的内容包括项目基本情况（改造方案批准单位、批准时间、批准文号、项目名称、土地位置、土地面积、涉及完善征收手续的土地面积、涉及保留集体建设用地性质的土地面积、用地发生的时间及涉及的所有权人）、规划情况（纳入某年度"三旧"改造实施计划、标图建库号）、土地利用现状情况（土地用途、使用单位、建筑面积、容积率、年产值）、项目协议补偿情况（签订征地补偿协议时间、支付征地补偿款时间、征地补偿款数额）、土地拟改造情况（供地方式、土地用途、改造模式、产业类型、改造主体、投入资金、建筑面积、容积率、预计年产值等）。

3）全省"三旧"改造年度实施计划备案管理。提供市县用户上报、浏览"三旧"改造年度实施计划的窗口，各级用户根据权限，可分别按照市县名称、计划年度进行信息查询。为方便备案和查询管理，经批准的市县"三旧"改造年度计划需分别以上传文件和输入关键字段两种方式上报，需上传的文件格式为PDF；输入关键字段实现监管的内容包括改造总面积、需完善历史用地手续总面积或旧村庄建设用地征收为国有建设用地的面积、改造项目情况（序号、项目名称、土地位置、土地面积、涉及完善历史用地手续总面积或旧村庄建设用地征收为国有建设用地的面积、功能定位、改造模式、改造强度、进度安排）、备注。

4）及时了解"三旧"改造项目进展状况。按照"三旧"改造成效统计表的相关内容，建立项目信息卡，供市县填报"三旧"改造项目进展情况，用于跟踪与记录项目实施的过程与结果。对于享受"三旧"改造政策、改造方案已上报备案的"三旧"改造项目，由系统自动获取相关信息，生成项目信息卡供后续跟踪监管；对于不享受"三旧"改造政策、未制定改造方案，但已纳入"三旧"改造地块数据库范围的项目，提供市县自主设立项目信息卡及跟踪功能。

"三旧"改造项目进展跟踪监管内容（即项目信息卡内容）包括：项目基本信息（改造项目名称、土地位置、土地面积、标图建库号、改造模式、改造类型等，自动获取与改造方案重复字段）、启动改造与完成改造时间、项目改造前基本信息（录入启动改造时间后填写，包括改造前的土地用途、产业类型、建筑面积、年产值、年度税收、就业结构、就业人口、旧村庄改造涉及的村集体收入、改造后目标年产值等，自动获取与改造方案重复字段）、投入资金情况（投资时间、投资额等，分期投入项目可自动增列以填写实际投资情况）、项目改造后基本信息（录入完成改造时间后填写，包括土地用途、建筑面积、实现年产值、年度税收、就业结构、就业人口、村集体收入、节地面积、是否属于淘汰或转移的"两高一资"企业项目、是否属于高新技术产业项目、是否属于现代服务业项目、是否属于投资额超亿元的项目、是否属于文化设施及创意产业等文化建设项目、保护传统特色文化建筑面积、用于城市基础设施面积、用于公共绿地面积、用于城市公益事业面积、复垦为农用地的面积等）。

5）"三旧"改造统计分析。提供"三旧"改造成效统计表的自动、实时生成及其他相关统计分析功能。

4. 项目建设期间的监管

监管规则库的建立，监管规则、警告等级、预警信息的设置，使用这些技术就可以通过自动化的方法发现问题，而不是各个环节都要人工处理。另外，信息化的手段做到省、市、县三级互通互联，提高整体工作效率。主要使用的规则可以有开工预警、进度监管、范围监管、竣工监管、资金监管等。

5. 项目建设完成后的监管

包括改造后的环保效益、对农民收入提高的影响，项目完成后一年内经济效益、社会效益，从业人员结构变化等信息，并形成改造主体报告，县市级以此统计、评价"三旧"改造成效。

（二）"三旧"改造项目监管系统需要用到的数字化技术

1）规则库技术。省、市、县对项目分别设置自己的监管规则、预警条件等。

2）项目跟踪技术。一键调取所有项目相关资料，如审批资料、现场视频、相关规划、土地利用现状、地籍等，方便对比监管。

3）省、市、县互通互联技术。三级数据互通，提高工作效率，如新闻发布到网站、新闻推送等技术。

4）数据统计分析与挖掘技术。统计主要是对各市县"三旧"改造项目进行统计，例如，二产转三产的项目按年统计完成个数、面积、效益数据，"三旧"改造项目进展情况统计、"三旧"改造项目资金到位情况统计，县（区）或市项目完成情况统计、取得效益统计，等等。监管系统统计效益的一个原因是他们需要统计各"三旧"办的绩效，以对"三旧"改造工作进行评价。数据分析挖掘按地类统计"三旧"改造项目对农民的影响，例如，农田减少后年收入是否有提高，提高的年收入主要体现在哪些方面，以后哪些改造项目可以增加，哪些项目可能减少。

第五节　建设用地再开发数字化监管效益分析

随着国民经济快速发展、城镇化进程的加快和人口的持续增长，我国将进入经济高速发展、社会全面进步、人民素质全面提高的新发展阶段，国务院在其发布的《国务院关于促进节约集约用地的通知》（国发[2008]3 号）中提出"充分利用现有建设用地，大力提高建设用地利用效率"的要求。随后，东部沿海省份在响应国家政策号召的情况下，为了应对存量建设用地连年减少、土地效益收益不高及产业升级转型的压力，开始进行建设用地再开发的工作探索，其中以广东省的探索最具代表。广东省在发布《珠江三角洲地区改革发展规划纲要（2008～2020年）》之后，紧接出台《中共广东省委广东省人民政府关于争当实践科学发展观排头兵的决定》《关于推进"三旧"改造促进节约集约用地的若干意见》（粤府[2009]78号）及《广东省建设节约集约用地试点示范省工作方案》，明确"以推进'三旧'改造工作为载体，促进存量建设用地'二次开发'"。同时，佛山市、广州市、东莞市等均出台了相应的实施细则，对今后的建设用地再开发工作提出了具体的要求和安排。国家高层高度重视此项试点工作，给了广东省进行"'三旧'改造"三年先行先试的机会。纵观建设用地再开发的发展趋势，急需大量的先进适用技术、规划设计标准和实用化产品的支撑。按照建设部、国土资源部等相关部委的目标，以及国内在城乡规划、基础设施建设、环境整理等方面的发展需求，仅在产业升级、"三旧"改造、废弃土地开发、污染土地整理等方面的技术和设备需求量将至少增加 20%，这将带动建设用地再开发和建设用地再开发数字化监管研发的技术产品及标准导则等在上述领域的推广应用。此外，通过持续对建设用地再开发的系统性研发，还可以为国土资源管理部门、事业单位与相关企业培养一大批技术人才，有效减少相关行业的重复研究和重复建设，降低成本投入，方便行业部门管理。总之，开展建设用地再开发及建设用地再开发数字化监管的研究成果对推动我国建设用地集约节约利用具有重要价值，能够产生巨大的技术效益、社会效益、经济效益与环境效益，推广应用前景广阔（江齐英等，2014）。

一、经济效益

预计建设用地再开发技术推广应用之后，将会产生可观的直接与间接的经济效益，尤其是为从事土地调查、开发、规划的企业提供实用技术而产生的经济效益。建设用地再开发成果推广及其影响将产生乘数效应，对城乡规划、土地开发利用、城乡一体化建设与整理、废弃地等后备土地资源的开发产生直接而深远的影响。据 2007 年专项调查统计，广东省城乡存量建设用地总量为 5.78 万公顷，低效建设用地总量为 13.3 万公顷，如果通过"'三旧'改造""建设用地再开发"等形式的建设用地再开发，可调整使用低效用地 4 万公顷以上，不仅能够实现促进产业结构优化升级和实现产业聚集和高效用地，缓解发展对用地需求的压力，而且可以通过"城镇建设用地增加与农村集体建设用地减少挂钩"中的建设用地再开发，实现建设用地总量不增加、耕地面积不减少的目标，从而促进土地资源合理配置和用地合理布局。通过对受污染土地、工矿废弃地等开展质量恢复与整理复垦，减少能源消费支出和污染处置的经济成本，预计可修复受污染土地的 10%，增加有效的建设用地供给，每年可产生直接经济效益 2 亿～3 亿元。

二、社会效益

建设用地是社会经济发展的基本载体，对其进行再开发是一项极其复杂的系统工程，其实质是对长期以来的城乡发展模式、建设标准、技术政策和管理方式进行重大的变革，涉及复杂的社会经济、组织管理、政策支持等众多层面。预计建设用地再开发技术推广应用之后，可以产生巨大的社会效益：第一，可以减少省、市、县、乡国土资源管理部门行政成本、提高行政效率；第二，可以显著提升城镇发展的水平，通过建设用地再开发及建设用地再开发数字化监管，可以改善城乡环境，提升城乡功能，增加有效地建设用地供给，为居民创造舒适、优美的生活工作环境，促进人口、资源、环境协调发展，提高城乡可持续发展能力；第三，有利于保护和促进城乡的传统历史文化聚落和优质文明资源；第四，有利于统筹城乡发展，促进城乡协调，加速城镇化和现代化进程，进一步落实科学发展观，建设和谐社会。

三、环境效益

建设用地再开发及建设用地再开发数字化监管符合国家城市功能提升和空间节约利用的发展策略，为区域土地的合理利用（资源节约、环境友好、发展方式转变的土地保障与促进），保障和促进科学发展提供技术支撑。预计建设用地再开发技术推广应用之后，首先，可以提高管理部门开展建设用地再开发的质量和水平，大量减少闲置地、低效土地和受污染的土地，改善环境质量，节约建设用地，有效减少土地污染，有利于创造自然、社会、经济和谐发展的人居环境，提高资源利用率和土地集约节约利用水平，减少土地浪费和耕地破坏，增加有效地建设用地供给；其次，可以为国家和地方政府提供适时准确的数据，有效提高建设用地管理的科学化水平，针对某些不合理的开发、项目提出预警，并进行约束，有利于改善生态环境，显著降低资源消耗和浪费，减少环境污染。因此，建设用地再开发及建设用地再开发数字化监管具有显著的环境效益。

第六节　建设用地再开发数字化监管

系统建设原则

一、坚持"以需求为导向，以应用促发展""建用并举，适时并轨"的建设方针

具体需求由省、市、县各级国土资源管理部门的各业务主管部门负责研究、梳理和提出，信息化建设机构负责技术支持和系统维护。系统边建设，边应用，通过应用拉动需求，进一步扩大建设和应用规模，通过系统应用尽快实现相关业务运行的无纸化、网络化。

二、强化资源整合，加强统筹开发

围绕互联互通和信息共享，与省、市、县各级、各类业务应用系统和数据库进行对接，统筹与已有及在建的各类各级系统、不同来源信息化工程项目之间的关系；系统各层次的网络互连应优先使用现有的网络资源。

三、统一标准，慎重选择开发技术

系统所采用的软件、硬件、人机界面、通信协议和通信接口等应遵循当前最新国际标准、国家标准、工业或行业标准；在技术选择上，优先采用主流成熟技术和开放系统架构，兼顾技术的先进性和实用性，确保系统的兼容性、可集成性和可扩展性。

四、保障安全，开放服务

系统用户面广，运行和产生的数据有涉密信息和敏感信息，需要在严格执行国家颁布的信息网络安全技术标准的前提下，开放接口，满足各类用户管理决策

和研究、分析工作的需要。

第七节　建设用地再开发数字化监管理论

与方法研究前沿

建设用地再开发具有涉及业务部门多、实施过程复杂、监管难度大的特点，过去的理论研究和方法创新主要是基于国土资源部门的国土资源综合监管平台基础上的改善、整合、拓展和利用，"十二五"期间，国土资源部和科技部高度重视建设用地再开发领域的理论研究与技术创新，组织领导了国家"十二五"国家科技支撑计划项目——"村镇建设用地再开发关键技术研究与示范"（2013BAJ13B00），其中专门组织了建设用地再开发数字化监管的课题研究——"村镇建设用地再开发数字化监管技术研究"（2013BAJ13B05），课题专门针对建设用地再开发数字化监管的特殊业务流程和业务需求，研究了基于多模式视频接入的建设用地再开发现场监测技术、建设用地再开发过程感知和违规智能发现技术，实现快速自动的建设用地再开发过程变化检测与智能化违规预警；建立了建设用地再开发业务规则知识库，研制了建设用地再开发业务与监测监管系统集成平台，实现城乡建设用地再开发数据、软件、设备等要素的集成整合；研究建设用地再开发省、市、县三级互通互联与公共服务技术，研制建设用地再开发多级业务流转与信息发布系统；编制了建设用地再开发数字化监管技术规范，为建设用地再开发业务规范化办理与现场、全程、多级的长效监测监管提供技术支撑（李茜，2013）。研究内容有以下几个方面。

一、建设用地再开发现场监测技术的研究

针对城乡建设用地再开发渐变性、周期较长，单纯用巡查、数据上报等常规监控手段很难满足有效实时监管的特点，研究基于多模式及多路无线捆绑安全数据接入视频网关的城乡建设用地再开发监控视频数据采集处理和智能分析技术，开发相应的现场监测软硬件。重点研究了以下几个方面。

1. 城乡建设用地再开发现场多源信息多模式采集与传输技术

研究移动终端与固定终端相结合的视频信息采集技术，集成 GPS 技术、嵌入式技术和高清视频采集技术，以高清摄像头采集视频信息，以 GPS 模块获取空间位置信息，以数字信号处理器（Digital Signal Process，DSP）为控制核心，研制

城乡建设用地再开发现场实时视频监测终端设备，实现城乡建设用地再开发现场多源信息的多模式一体化采集；研究空间位置信息与视频信息的数据融合技术，以及基于 3G（Third Generation of Mobile Telecommunications Technology）技术的稳定视频传输协议，融合 DSP、3G 网络和 GPRS 无线传输技术，研制城乡建设用地再开发现场信息传输无线网关设备，实现建设用地再开发现场信息的实时传输。

2. 城乡建设用地再开发现场视频信息质量诊断与智能分析技术

研究视频信号丢失检测技术、视频信号偏色检测及视频监控场景异常检测技术，开发城乡建设用地再开发现场视频信息质量诊断软件模块，实现建设用地再开发现场视频数据质量自动检测与诊断；研究超范围改造、超类型改造、虚假改造等建设用地再开发过程中违规现象智能分析算法和智能发现技术，以及建设用地再开发施工进度自动检测技术，实现基于视频的城乡建设用地再开发过程智能监管。在此基础上，结合城乡建设用地再开发"一张图"，研制集视频管理、图像分析、违规识别、违规预警、过程监测等功能于一体，现场监测与后台管理无缝对接的城乡建设用地再开发智能监控系统，发挥现场监测信息的在建设用地再开发监测监管业务中的作用。

二、城乡建设用地再开发监测监管系统集成平台的研究

针对城乡建设用地再开发涉及职能部门多、业务流程复杂、过程跟踪困难、监管技术薄弱等问题，研究涵盖城乡建设用地再开发前期调查、规划设计、开发实施、土地供给、供后建设、建后运营等全过程业务，理清城乡建设用地再开发的法规依据、政策约束、管理边界、业务程序，构建城乡建设用地再开发项目实施业务平台。平台面向省、市、县（区）三级城乡建设用地再开发管理部门（吴小芳等，2015）。

针对城乡建设用地再开发，当前各地采用的参考业务流程如下：

1）方案报批：现场数据采集—改造范围确定—改造方案编制—县（区）政府审批—市改造办审批—省级主管部门审批；

2）安置房建设：县（区）发改委项目备案—规划局用地审批—市房管局用地审批—省级管理部门审批监管—市国土局土地权属登记—县（区）政府拆迁公告许可—县（区）规划局建设工程许可—建设局建设工程许可—建设工程实施；

3）土地出让：成立再开发公司—县（区）规划局申请规划条件—县（区）发改委项目备案—市国土局、再开发办公室组织协议出让—市国土局土地有偿使用及建设用地审批—省主管部门审批监管—县（区）政府拆迁公告与许可—市国土局土地权属登记—项目启动。

针对上述业务流程及特点，系统平台提供如下功能：

1）数据采集：收集再开发地区的基础数据、现场数据和社会经济数据，提供数据导入导出、采集设备管理、数据压缩转化、数据检查、数据管理等功能。

2）规划方案审查：将规范方案的相关数据导入系统，系统提供数据可视化展示及地图分析功能，并为各级审批单位提供协同办公功能。

3）再开发项目资料管理：根据自开发项目审批部门众多、相关审批文件种类多样、繁杂的特点，建立专门的再开发项目资料管理功能模块，理清各个职能部门的审批范围、审批程序、签发证书类型及审批部门间的业务关系，从而有效指导再开发项目的报批流程，避免报批环节错漏及相关证书遗漏等问题，并能有效管理多个项目的资料。

4）再开发项目过程管理：管理再开发项目的立项、报批、实施、进度、完工、验收等多个环节，根据具体项目的工作流程，进行项目数据提取、项目数据采集、项目资料查询、项目进度管理、项目验收管理等工作。

5）项目成果后评价：再开发项目完工验收后，在一定时期内（如3年）对项目的开发成果进行再验证，包括用地状况调查、资源环境调查、用地权属调查、项目资料核查、现场调查等工作，并结合另一课题"城乡建设用地再开发调查评价技术研究"的再开发土地评价模型的相关成果，对开发后的土地状况进行评价。

结合旧城镇、旧厂房和旧村庄，尤其是城中村改造经验，研究不同类型城乡建设用地再开发的作业流程、技术要求、约束条件、实施准则，明确具体的城乡建设用地再开发项目实施监管技术流程，在示范区进行试行。

基于城乡建设用地再开发项目实施业务规范、技术规程，研究建立城乡建设用地再开发业务规则知识库，研制城乡建设用地再开发业务规则驱动中间件引擎。综合应用关键因子分析法、相关度分析法、层次分析法等建立全程监管的指标系统，制定再开发全程监管技术规程，研制城乡建设用地再开发全程监管功能模块。

研究再开发业务整合接口、跨业务系统监管信息获取等技术，整合城乡建设用地再开发全过程的数据、软件、设备等要素，构建了基于专有云技术的城乡建设用地再开发业务与监测监管与业务系统集成平台，实现了业务与监管系统一体化，为城乡建设用地再开发的业务办理与全程监管提供技术支撑。

三、城乡建设用地再开发省、市、县（区）三级互通互联与公共服务技术的研究

根据省、市、县（区）不同层级管理对城乡建设用地再开发信息力度的不同需求，研究了在线信息汇集、分发与反馈跟踪技术，开发满足省、市、县（区）多级协同监管的业务信息统计、数据交换与分发反馈功能模块，实现多级平台数

据同步更新与共享。

根据再开发业务分级管理的需要,研究了基于城乡建设用地再开发业务规则知识库的多级协同监管技术,开发了业务多级流转交换功能模块,实现城乡建设用地再开发业务在多行政级别之间的流转与协同一致。

针对城乡建设用地再开发业务信息面向公众发布的需求,研究了再开发信息安全隔离技术,构建了公共信息反馈与流转控制模型,研制了再开发信息公共服务发布功能模块,构建了城乡建设用地再开发多级业务流转与信息发布系统,为城乡建设用地再开发多级业务监管和智能化信息公共发布服务提供了技术支撑。

四、《建设用地再开发数字化监管技术规范》的编制

针对城乡建设用地再开发监测监管工作规范有序开展的需要,以及上述现场监测、全程监管、信息共享与服务研究的技术要求,采用观测对比、试点检验、绩效评价等方法,开展了城乡建设用地再开发数字化监管技术规范的系统研究:围绕城乡建设用地再开发业务监管主体与业务流程,完善体系化流程化工作机制,构建再开发监管平台操作规程,确保建设用地再开发项目的设立、批复、实施、验收等规范有序;制定互通互联与公共服务保障制度体系,确保该项工作按照"总量控制、封闭运行、规范管理、结果可控"的原则实施;建立数字化档案管理体系,确保再开发项目的各种文字、图表、声像等资料得到有效的保护和利用。最终形成协调一致且有机集成的城乡建设用地再开发数字化监管技术规范。

五、建设用地再开发数字化监管技术的示范

针对建设用地再开发数字化监管的业务流程,就上述建设用地再开发数字化监管理论研究和技术创新研究的成果进行示范。

1. 监控数据采集和信息处理技术的示范

针对建设用地再开发渐变性、周期长,单纯用巡查、汇报等常规监控手段很难满足有效实时监管的特点,项目组深入研究了基于 3G 无线通信网络和远程电荷耦合元件(Charge Coupled Devices,CCD)的建设用地再开发监控数据采集和信息处理技术,在示范区的示范建设中重点实施该研究成果,将基于 3G 无线通信网络和远程 CCD 的数据采集和信息处理技术进行示范整合,对技术的适用性、科学性、精确性进行检验。对建设用地再开发监管平台的功能进行实时实地测试,促进数据采集和信息处理技术的改进完善。

2. 数据通信传输技术的应用示范

针对建设用地再开发监管的实时性和可视化的需求,重点研究了现场影像数据压缩、解压、自适应多通道传输技术,解决数据通信的关键技术,并开发了实时视频监控软件。在示范区的示范过程中,通过实地的测试和应用,检测信息传输硬件系统的功能是否足够完善,视频监控软件是否满足土地开发利用实施监管的需要,数据通信等技术是否达到项目研究设计的要求。

3. 土地利用再开发过程感知和违规自动发现技术的应用示范

针对土地利用再开发周期长、监控难的问题,结合"一张图"和以"批、供、用、补、查"为主线的建设用地批后全程监管的要求,研制了基于视频和图像的土地利用再开发过程感知和违规自动发现技术,开发满足土地利用再开发过程实时监控的软件模块。在示范区的应用示范过程中,通过实地的测试和应用,检测土地利用再开发过程感知的效果和违规自动识别技术的功能,及时进行过程感知技术和违规自动识别技术的改进完善,使技术成果具有更强的兼容性、适用性和更好的功效。

4. 建设用地再开发监管数据库软件的应用示范与集成示范

针对建设用地再开发监管的整个业务需求,研究了相应数据库模型,将该软件与数据采集和信息处理技术、数据通信传输技术、基于视频和图像的土地利用再开发过程感知和违规自动发现技术、建设用地再开发利用的过程可视化复现技术进行系统集成,在示范区进行应用检验与示范,实现了建设用地再开发的全方位、全过程的监管。建立信息的反馈调整系统,完善了相关基础性研究成果,推广城乡建设用地再开发技术。

5. 城乡建设用地再开发后评估标准与技术规程研制

针对城乡建设用地再开发中缺乏对实施后效果、预期目标实现程度等进行有效评估的情况,在全面了解城乡建设用地再开发标准实施情况的基础上,系统研究与分析城乡建设用地再开发实施后的目标、执行过程、效益、作用和影响,从目标达成度,执行过程规范性,实施的效益,对城乡经济、社会、环境的影响分析,对于其他地区的适用程度即推广的可行性,等等环节入手,制定后评估标准与技术规程,实现城乡建设用地再开发相关的方针、政策和管理程序的完善和调整,提高决策者的能力和水平。

六、"村镇建设用地再开发数字化监管技术研究"形成的关键技术

通过"十二五"国家科技支撑计划课题——"村镇建设用地再开发数字化监管技术研究"形成的关键技术有以下三点。

1. 基于多模式及多路无线捆绑接入视频网关的城乡建设用地再开发现场监测技术

基于多模式及多路无线捆绑接入视频网关的城乡建设用地再开发现场监测技术,面向城乡建设用地再开发过程现场视频与图像等数据快速采集需要,研究现场视频、图像与图片等数据采集和无线传输技术,并研制相应的设备。城乡建设用地再开发过程变化现场监测的数据,如视频或图像需要有一定的清晰度,而实时数据传输和存储对数据量造成限制,通过研究影像数据压缩、解压、自适应多通道传输等技术加以解决。

2. 城乡建设用地再开发过程变化快速检测与智能化违规发现技术

城乡建设用地再开发过程变化快速检测与智能化违规发现技术利用计算机视觉的方法,在不需要人为干预的情况下,通过对视频中的图像序列进行自动分析,实现改造实施过程中重要时段自动检测及自动全程视频录制,如对"三旧"改造中违规扩建、违规拆建、违规开挖与打桩的自动识别,从而做到既能完成日常管理又能在异常情况发生的时候及时做出反应,实现计算机快速自动的城乡建设用地再开发过程变化检测与智能化违规预警。

3. 基于专有云的跨系统城乡建设用地再开发业务整合技术

在专有云环境下,分析城乡建设用地再开发业务系统间的集成方式,理清城乡建设用地再开发各专项子系统业务节点间的信息流与业务流的接口逻辑,建立适应于不同架构基于面向服务的泛型接口,实现再开发系统的高效集成和业务的平滑流转,为管理和监控提供基础,这也是城乡建设用地再开发数字化监管系统集成中的技术难点和重点。

第八节 建设用地再开发数字化监管

实践工具与手段

建设用地再开发数字化监管就是利用计算机、通信、多媒体、数据库等技术,

通过信息技术跟踪、分析城乡建设用地再开发参与对象及其行为，对城乡建设用地再开发业务全生命周期实施动态监管，确保业务规范有序运行。建设用地再开发工作开展以来，各地针对建设用地再开发的业务特点研究，开发了符合实际需求的建设用地再开发数字化监管工具和手段，其中最为典型也比较成熟的工具和手段有广东省"建设节约集约用地试点示范省、大力推进'三旧'改造"实践中建立的"三旧"改造标图建库动态监管，"三旧"改造地块标图建库动态调整，县（区）、市、省"三旧"改造动态统计，建设用地再开发业务与监测监管系统集成平台；以无锡市为典型的江苏省"低效建设用地再开发"实践与研究中制定的《建设用地再开发数字化监管技术规范》，等等（李华等，2011）。

一、建设用地再开发数字化监管工具之一——改造地块标图建库动态监管

（一）标图建库基本要求

凡各县（区）"三旧"改造专项规划列入"三旧"拟改造范围的地块，应逐块标绘上图，在标绘上图的基础上建立"三旧"改造地块监管数据库。

（二）"三旧"改造地块标绘底图

1）第二次全国土地调查影像图；
2）新一轮土地利用规划修编的土地利用总体规划图；
3）第二次全国土地调查的土地利用现状图。

（三）坐标系统

1980 西安坐标系（3 度分带）。

（四）"三旧"改造地块图斑数据

1）几何特征：面状图层；
2）数据格式：Shapefile 矢量数据；
3）文件命名：XXXXXXSJGZTB（XXXXXX 为县级行政区划代码）；
4）数据单位：每个县级单位提交一个图层文件；
5）属性结构：《"三旧"改造地块图斑属性结构表》；
6）图形要求：不得存在边界自相交、面重叠等拓扑错误。

（五）"三旧"改造地块图斑标示图

1. 标示图种类

1）影像图标示图：在第二次土地调查影像图上标绘"三旧"改造地块图斑，并对图斑界线进行矢量化。

2）规划图标示图：在新一轮修编的土地利用总体规划图上标绘"三旧"改造地块图斑，可在影像图标示图的基础上，通过数据库图件叠加形成。

3）现状图标示图：在第二次土地调查的土地利用现状图上标绘"三旧"改造地块图斑，可在影像图标示图的基础上，通过数据库图件叠加形成。

2. 标示图要求

1）数据格式：jpg 图像。

2）幅画大小：A4 或 A3。

3）图像分辨率：不小于 100 dpi。

4）文件命名：影像图标示图为 XXXXXXXXXXYXT；现状图标示图为 XXXXXXXXXXZT；规划图标示图为 XXXXXXXXXXGHT。其中，XXXXXXXXXX 为图斑编号。

5）图上要素：图名、图斑范围线、图斑编号。

6）数据单位：一张图可标示多个改造地块图斑，以其中一个图斑编号命名。

（六）"三旧"改造地块图斑统计表

1）按照《"三旧"改造地块图斑统计表》的内容进行调查核实和填写。

2）数据格式：Excel 表格。

3）幅面大小：A3。

4）表格样式：《"三旧"改造地块图斑统计表》。

5）文件命名：××县（市、区）"三旧"改造地块图斑统计表。

6）数据单位：以县级行政区域为单位。

（七）"三旧"改造项目地块实地照片

1）数据形式：jpg 图像。

2）文件命名：XXXXXXXXXXZPX（XXXXXXXXXX 为图斑编号，X 为照片序号）。

3）数据单位：每个"三旧"改造地块至少提交 1 张改造前的实地照片，如果超过 10 张可相应增加照片序号的位数。

二、建设用地再开发监管手段之二——标图建库动态调整

体现推动经济增长、提升土地利用效率、促进产业转型升级、建设宜居环境、增加就业岗位等内容的数据，涉及财政、税务、统计、劳动保障、住房建设等部门，由县（区）部门汇总汇报，发改、规划、国土、建设、环保相关部门及时沟通，省、市、县互通互联，建立有关数据动态更新制度。广东省国土资源厅制定了"三旧"改造标图建库数据动态更新制度。

（一）总体要求

按照"实事求是、定期调整、可增可减、动态监管"的原则，各地可根据《关于推进"三旧"改造促进节约集约用地的若干意见》（粤府[2009]78 号）的有关规定，定期将本辖区范围内符合"三旧"改造要求但未标图建库的地块增补入库；对已入库但存在设置范围不准确或相关属性内容填写错误的地块进行修正；对已入库但由于各种原因已明确无法实施改造的地块进行删减。"三旧"改造地块调整由各市组织实地核查并汇总统一上报省厅审核纳入"三旧"改造地块数据库，作为今后开展、享受"三旧"改造政策的重要依据。

（二）入库标准

1）凡列入"三旧"改造地块标图建库的地块必须符合粤府[2009]78 号的要求，这些地块包括：城市市区"退二进三"产业用地；城乡规划确定不再作为工业用途的厂房（厂区）用地；国家产业政策规定的禁止类、淘汰类产业的原厂房用地；不符合安全政策和环保要求的厂房用地；布局散乱、条件落后，规划确定改造的城镇和村庄；列入"万村土地整治"示范工程的村庄等。其他用地不能列入"三旧"改造范围。

2）凡 2007 年 6 月 30 日前不是建设用地或已是建设用地但无上盖物的土地（以宗地为单位）不得列入"三旧"改造范围，是否为建设用地或有上盖物以省第三次卫片执法检查影像图（拍摄日期为 2007 年 10 月至 12 月）为准。2007 年 6 月 30 日以后的土地利用现状图为非建设用地，但实地在 2007 年 6 月 30 日前已为建设用地，如能提供 2007 年 6 月 30 日以前已经是建设用地的遥感影像图为证明材料，可纳入"三旧"改造范围。对于改造地块范围内的土地在 2007 年 6 月 30 日前已有上盖物，后因各种原因拆除复耕复绿，如能提供 2007 年 6 月 30 日以前有上盖物的遥感影像图作为证明材料，原上盖物用地范围可纳入"三旧"改造范围。

3）"三旧"改造地块范围内土地利用现状必须为建设用地，凡不符合《转发省

国土资源厅关于"三旧"改造工作实施意见（试行）的通知》（粤府办[2009]122号）规定的"三地"（边角地、夹心地、插花地）要求的农用地、未利用地不能列入"三旧"改造范围。属于同一宗地，有部分面积现状不属于建设用地的，如能提供土地使用证、建设用地批准书、土地划拨决定书或国土资源管理部门签订的土地出让合同、用地批文（按项目报批）、违法用地处罚决定书（具体宗地范围）作为证明材料，整宗地可纳入"三旧"改造范围。但《集体土地所有证》《同意使用土地通知书》《补办用地手续的函复》《国有土地使用证（地类用途为农用地）》不能作为整宗用地纳入"三旧"改造范围的证明材料；对"房地合一"发证的地区，提供房地产权证作为同一宗地范围的证明材料，应同时提供土地使用证或建设用地批准书；粤府[2009]78号印发之后（即2009年8月28日之后）某一土地受到违法用地处罚的，违法用地处罚书不可作为整宗用地纳入"三旧"改造范围的证明材料。

4）已有用地批文，但在新一轮土地利用总体规划不是建设用地，不属于允许建设区的地块，暂不纳入"三旧"改造范围。

5）已有土地使用证且已实施建设，但部分不符合新一轮土地利用总体规划，可将符合新一轮土地利用总体规划的地块纳入"三旧"改造范围，不符合规划的部分暂不纳入。

6）在土地利用现状图上为村庄，但在土地利用总体规划图上规划为农村道路的地块，由于农村道路属于农用地，不符合"三旧"改造的前提条件，暂不纳入"三旧"改造范围。

三、建设用地再开发监管手段之三——"三旧"改造成果统计

加强"三旧"改造用地摸底调查、做好"三旧"改造成果统计工作，是"三旧"改造监管的基础；"三旧"改造相关统计数据是体现"三旧"改造成效的重要依据，由省、市、县的国土资源管理部门负责收集、汇总、填报。成果以《市"三旧"改造地块情况表》和《市"三旧"改造成果统计表》形式层层上报，包含体现推动经济增长、提升土地利用效率、促进产业转型升级、建设宜居环境、增加就业岗位等内容的数据，涉及财政、税务、统计、劳动保障、住房建设等部门，省、市、县的国土资源管理部门会同当地政府建立建设用地再开发数据提供制度，切实搞好统计工作，确保数据的真实性和全面性是"三旧"改造数字化监管的重要基础手段。从广东省的实践来看，"三旧"改造的成果上报统计包括三大方面。

1. "三旧"改造地块图斑统计

统计主体单位为县级国土资源主管部门或"三旧"改造主管部门，统计内容包括：图斑编号，改造类型，计划改造年份，用地面积，地块中国有土地面积、

集体土地面积，地块中农用地面积、建设用地面积，地块中合法用地面积、待完善手续的用地面积，地块坐落单位名称，地块权属单位名称，地块现有用途，地块规划土地用途，地块拟改造用途，等等。

2. "三旧"改造地块情况统计

统计主体单位为省、市级国土资源主管部门或"三旧"改造主管部门，县（市、区）填写该县（市、区）范围的改造地块情况，统计内容包括：地块序号，地块位置，地块面积，地块中无合法用地手续的面积，地块"三旧"改造类型——旧城镇（其中城中村单列）、旧厂房（其中旧工业区单列）、旧村庄，项目名称，投资企业说明，属于"二产"转"三产"的土地面积，属于二、三产业自身升级和优化的土地面积，用于先进制造业项目的土地面积，用于现代服务业项目的土地面积，用于世界 500 强企业投资项目的土地面积，用于住宅建设的土地面积（其中廉租房和经济适用房的土地面积、中小套型和中低位价商品房的土地面积单列），用于城市基础设施的占地面积（其中公共绿地面积单列），用于城市公益事业的土地面积，地块改造后复垦为农用地的土地面积（其中耕地面积单列），改造前建筑面积，改造后建筑面积，改造前具体用途，改造后具体用途，计划投入资金（其中政府资金单列），实际投入资金（其中政府资金单列），改造进度情况，等等。统计范围一般为已经完成改造、正在实施改造及计划于当年改造的地块，改造地块序号与广东省"三旧"改造的有关调查表格及"三旧"用地标图建库的编号保持一致。"三旧"类型是指旧城镇、旧厂房或旧村庄，旧城镇、旧村庄范围内的旧厂房不纳入旧城镇、旧村庄，城市规划区范围内的城中村纳入旧城镇改造。投资企业说明是描述企业的行业地位，如电子行业 100 强、民营企业 100 强等，先进制造业、现代服务业的定义以《中共广东省委广东省人民政府关于加快建设现代产业体系的决定》（粤发[2008]7 号）为依据，改造前后的具体用途参考《国民经济行业分类》，如属工业用地的，按食品、纺织、家电等小类进行填报；如属于城镇基础设施的，按绿地、公园、学校、污水处理厂等小类进行填报；如属住宅的，按商品住宅、经济适用房、限价房、廉租房等小类进行填报。城市基础设施是指供水、供热设施、燃气供应设施、公共交通设施、环境卫生设施、道路广场、绿地等。城市公益事业是指文化、体育、教育、医疗、卫生、社会福利设施等。改造资金是指用于该地块改造而投入的全部资金，包括收购资金、拆迁安置费用、新建费用等。改造进度情况分"已完成改造""正在实施改造""开展前期工作"三种类型填写。

3. "三旧"改造地块成果统计

统计主体单位为省、市级国土资源主管部门或"三旧"改造主管部门，县（市、区）填写该县（市、区）范围的改造成果情况，地级以上市负责汇总及分列所辖县（市、区）情况，统计内容包括：项目个数，涉及土地面积，改造投入的资金（其中政府资金单列），收回国有建设用地面积，征收的土地面积（其中完善历史用地征收手续的面积单列），经批准改变用途的面积，供地的面积（其中协议出让土地面积单列），属于世界 500 强企业投资项目的数量和土地面积，属于"二产"转"三产"的数量和土地面积，属于二、三产业自身升级和优化的数量和土地面积，属于先进制造业项目的数量和土地面积，属于现代服务业项目的数量和土地面积，用于住宅建设的土地面积（其中廉租房和经济适用房的土地面积、中小套型和中低位价商品房的土地面积单列），用于城市基础设施的占地面积（其中公共绿地面积单列），用于城市公益事业的土地面积，地块改造后复垦为农用地的土地面积（其中耕地面积单列），节约出来的土地面积，改造前的建筑面积，改造后的建筑面积，改造后增加的就业岗位（其中新增专业技术人员岗位单列），改造前的村集体收入，改造后的村集体收入，改造前的产值，改造后的产值，改造后增加的政府财政收入（其中土地出让收入和预计增加的年度税收单列），等等。统计中项目个数为已经正式签约的项目；改造投入资金为用于该地块改造而实际投入的全部资金，包括收购资金、拆迁安置费用、新建费用等；供地面积是指出让、划拨、返拨的国有建设用地面积；先进制造业、现代服务业的定义以《中共广东省委广东省人民政府关于加快建设现代产业体系的决定》（粤发[2008]7 号）为准；城市基础设施是指供水、供热设施、燃气供应设施、公共交通设施、环境卫生设施、道路广场、绿地等；城市公益事业是指文化、体育、教育、医疗、卫生、社会福利设施等；节约出来的土地面积=垦复为农用地的面积+改造为公共绿地的面积+[（改造后的建筑面积－改造前的建筑面积）／改造后的建筑面积]×改造土地总面积；专业技术人员是指具有专业技术职称或取得专业技术资格证书的人员。

四、建设用地再开发监管手段之四——建设用地再开发业务与监测监管系统集成平台构建

（一）技术路线

城乡建设用地再开发业务与监测监管系统集成平台研究按照"研究筹备—技术攻关—系统研发—示范应用—反馈完善—成果整理"的主线开展。具体技术路线如图 4-1 所示。

1. 研究筹备

准备人员、制度、平台方面的筹备工作，进行资料收集与整理，与相关部门

对接，开展实地调研和需求分析。完成实施方案、技术示范方案、需求规格说明书、总体设计方案、详细设计方案。

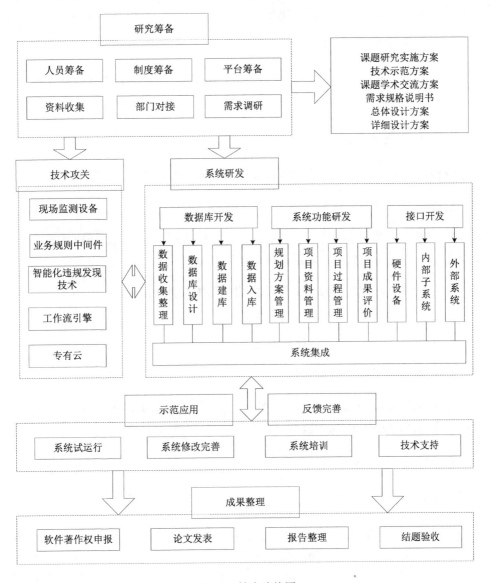

图 4-1 技术路线图

2. 关键技术攻关

对关键技术进行攻关，内容包括业务规则中间件研发、智能化违规发现技术研究、工作流引擎开发、专有云搭建等，完成单体关键技术的攻关。

3. 系统研发

系统研发包括数据库开发、系统功能开发、数据接口开发等，并将各子系统、各单体关键技术攻关成果进行系统集成。

4. 应用示范与反馈完善

将开发成果进行集成，在示范区进行应用示范，并及时修改完善应用示范中反馈的各种问题。

（二）关键问题

建设用地再开发业务与监测监管系统集成平台构建涉及如下关键问题。

1. 统一数据库研究

包括海量数据快速访问、空间数据与属性数据一体化管理、历史数据回溯、空间数据引擎 SDE、分布式多源异构数据集成等。

2. 可视化、可定制的多级流转交换控制工作流引擎研究

包括支持快速定制的工作流引擎设计、采用富客户端 Silverlight 技术实现可视化流程设计、节点权限的快速定制技术等。

3. 灵活方便的图文结合研究

包括从图到文（从业务表单到地图）、从文到图（从地图到业务表单）的快速、灵活、多方式的数据交互、跳转与联动等。

（三）建设用地再开发业务与监测监管系统集成平台构建方案

1. 总体目标

在横向上以建设用地"批、供、用、补、查"为主线，在纵向上以全国、省、地市、区县、镇街、村、项目为主线，宏观上与已有的监管系统和"一张图"对接，微观上重点对再开发建设项目全生命周期，尤其对建设进度、建设质量、建设资金进行数字化、流程化、协同化、精细化监管，实现再开发建设的公开、公正、透明、阳光和高效，促进城乡建设用地再开发建设健康、规范、有序、稳步发展。

2. 应用对象

应用对象包括：省、地市、区县、镇街、村等各级政府、主管部门（"三旧"

改造办等）、职能部门（国土、规划、住建、发改委、财政等）。

3. 监管业务类型

珠江三角洲、长江三角洲沿海发达地区建设用地再开发典型业务，包括广东省的"三旧"（旧城镇、旧厂房、旧村庄）改造、江苏省的"万顷良田"、浙江省和江苏省的低效建设用地再开发等业务类型。各类业务又细分为不同小类业务及模式，例如，旧村庄改造可细分为全面改造、综合整治，旧城镇改造可细分为成片重建改造、零散改造、历史文化保护性整治、旧城镇更新改造项目公共服务设施建设。不同类、小类业务类型的业务流程和节点均不相同。

4. 监管环节

监管环节主要有两大方面，一方面是建设用地"批、供、用、补、查"宏观监管，已有相关系统如国土资源监管平台、"金土工程系统"；另一方面是建设用地再开发建设项目建前、建中、建后的全过程监管，具体包括建设前的调查摸底、列表造册、规划选址、年度计划、拆迁方案监管，建设中的交地、开工、建设、竣工各阶段的进度、质量、资金监管，建设后的范围、效果、规划与现状对比、计划与实施对比、年度对比等建后综合对比评价监管。平台的构建就是为了实现建设用地再开发全过程、全业务类型的数字化管理、流程化管理、协同化管理、精细化管理、智能化管理。

（四）建设用地再开发业务与监测监管系统集成平台构建总体设计

1. 运行模式

运行模式为 B/S 模式，由公网/专网（政务外网、政务内网）运行。

2. 技术选型

数据库：ArcSDE（空间数据引擎）、Oracle 或 SQLServer；
GIS 平台：ArcGIS Server；
框架和语言：IIS、.NET Framework、C#、Javascript、silverlight 或 Flex（富客户端）；
其他（第三方）：工作流引擎、定制平台。

3. 业务流程设计

建设用地再开发作为建设用地的一种业务，宏观上必须按建设用地"批、供、用、补、查"业务流程进行并接受其相关监管；微观上，作为建设用地的一种特殊业务，具有其自身的特定业务流程和监管关键点。城乡建设用地再开发相关业务流程总体上可分为如下几类。

建设用地"批、供、用、补、查"业务流程："批""供""用""补"各阶段及全过程的"查"均有其业务流程，如图4-2所示。

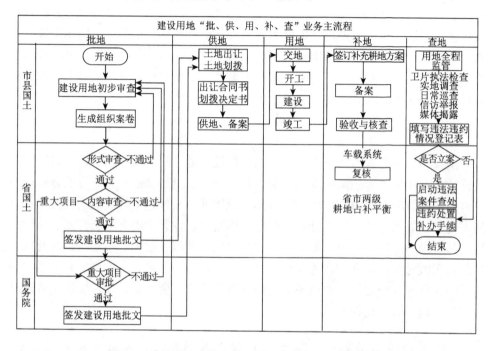

图4-2　建设用地"批、供、用、补、查"业务主流程

建设用地再开发业务（项目）流程：以项目为主线，流程涵盖建设前的调查摸底、列表造册、规划选址、年度计划制定、拆迁方案制定，建设中的交地、开工、建设、竣工验收，建设后的建后效果综合评估。同时由于建设用地再开发的类型和模式多样，不同类型和模式均具有不同的业务流程，如图4-3所示。

建设用地再开发相关审批业务流程（图4-4）：不同业务类型在不同阶段需要办理不同的审批业务。以广东省的"三旧"改造为例，包括旧村庄集体用地转为国有用地审批流程、完善历史用地手续（补办征收手续）审批流程、"三地"（边角地、夹心地、插花地）处理审批流程、用地周转指标审批流程、分散土地归宗审批流程等。

4. 功能设计

系统在功能结构上可分为项目管理子系统、GIS 管理子系统、监管预警子系统、后台管理子系统等功能模块，具体如图4-5所示。

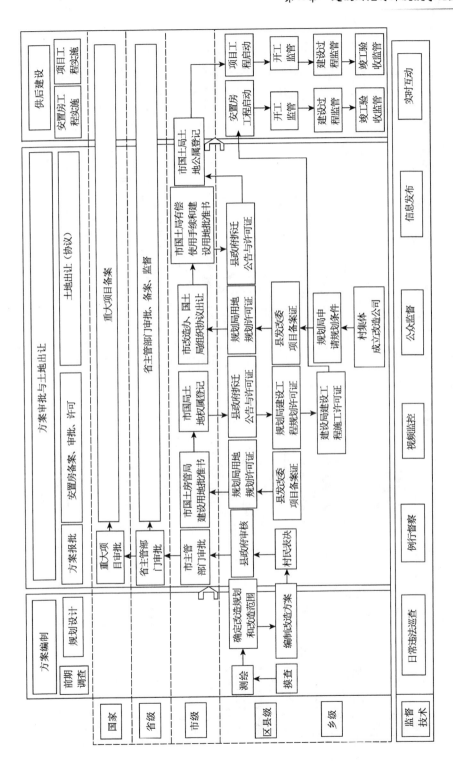

图 4-3 建设用地再开发项目业务主流程图

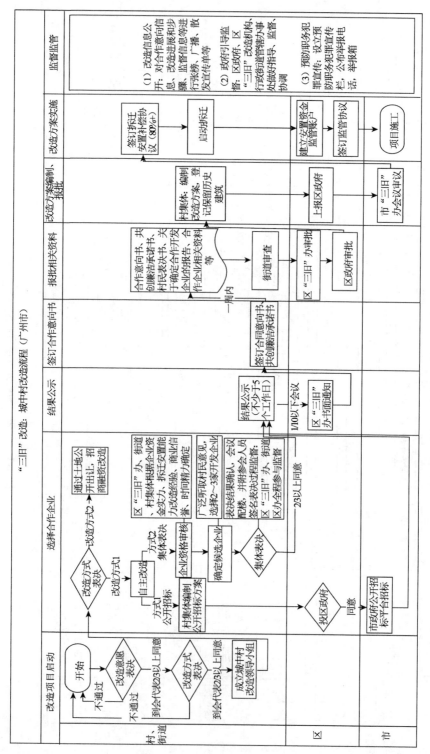

图4-4 建设用地再开发审批流程图

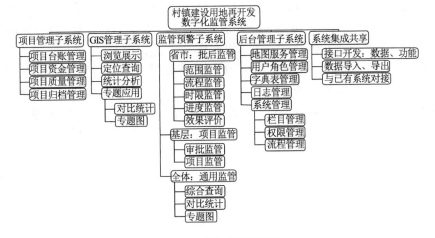

图 4-5　系统功能结构图

（1）项目管理子系统

项目立项、报批、实施、进度、完工、验收等建设前、建设中、建设后全生命周期的监管，以流程和节点的形式展现项目的进程，实现项目台账管理、项目资金管理、项目质量管理、项目附件管理、项目归档管理、项目分类查询、项目统计分析等。其中，项目台账管理是主线和核心，主要对流程中各节点的相关表单信息、节点审批关键信息、审批结果与附件、节点进度时限等进行管理；项目质量管理主要对项目质量关键点进行管理；项目附件管理主要对项目各节点审批结果附件和相关关键附件材料进行管理；项目归档管理主要实现项目流程结束后的自动归档，形成数字化档案。

（2）GIS 管理子系统

功能包括建设用地再开发相关空间数据、属性数据、业务数据的"一张图"浏览展示、定位查询、统计分析、专题应用。其中，浏览展示的数据包括基础地理底图、遥感影像图、土地利用现状图、土地利用规划图、"三旧"改造标图建库专题图、"三旧"改造项目范围图，以及项目相关关联属性数据和业务数据；专题应用主要包括规划与现状对比、年度计划与实施对比、年度对比等各种对比统计，以及项目分布专题图、项目进度专题图、年度对比专题图等各种专题图。

（3）监管预警子系统

功能包括省市级的批后监管、基层的项目监管、通用监管。其中，省市级的批后监管属于宏观层面的监管，内容涵盖范围监管（利用空间叠加，监控已批用地与"三旧"改造标图建库范围是否一致，自动预警）、流程监管（通过预设规则，监控批后规范用地流程和行为，自动预警）、时限监管（通过预设时限要求，监控批后供地、用地、改造时限，自动预警）、进度监管（通过最新遥感数据，监测已批用地是否已实施改造）、项目成果评价（再开发项目完工验收后，在一定时期内对项目的开发成果进行再验证，包括用地状况调查、资源环境调查、用地权属调查、项目资料核查、现场调查和开发后的土地状况进行后评价等功能）；基层的项目监管属于微观层面的监管，内容涵盖业务审批中时限性（是否超时）、完整性（资料是否完整）、合法性（审批条件是否满足）监管，和项目中的进度、质量、资金、合法性等监管；通用监管包括已批用地信息查询、批后监管综合统计、各种对比统计、各种专题图等。

（4）后台管理子系统

功能包括地图服务管理、用户角色管理、字典表管理、日志管理、系统管理等。其中系统管理包括栏目管理、权限管理、流程管理等。

（5）系统接口

主要通过数据接口和功能接口开发、数据批量导入导出支持、系统集成等不同方式，实现本系统与项目其他课题成果、现有相关系统的集成共享。现有相关系统包括国土"一张图"、"批、供、用、补、查"批后监管系统、"三旧"改造标图建库、土地巡查、视频监控、智能终端等。

五、建设用地再开发监管手段之五——建设用地再开发数字化监管技术规范

针对建设用地再开发涉及职能部门多、业务流程复杂、过程跟踪困难、监管技术薄弱等问题，通过试点单位相关部门业务调研、资料收集分析、应用示范等，对建设用地再开发的业务流程、操作规程、监管平台互联互通与公共服务保障体系、数字化档案管理等进行研究与规范，形成协调一致且有机集成的建设用地再开发数字化监管技术规范。

（一）建设用地再开发数字化监管技术规范研究内容

1. 城乡建设用地再开发业务流程研究

对建设用地再开发前期调查、规划设计、项目实施、土地供应、开发利用、运营管理等环节进行业务梳理，理清建设用地再开发的法规依据、政策约束、管理边界、业务程序，建立一整套建设用地再开发的业务流程体系。

2. 建设用地再开发监管平台操作规程研究

在业务流程梳理的基础上，依据国家和地方相关法律法规，制定建设用地再开发监管平台操作规程，确保再开发项目的设立、批复、实施、验收、后评价等规范有序。

3. 建设用地再开发监管平台互联互通与公共服务保障体系研究

从基础设施保障、公共信息服务保障、业务系统互联互通保障、平台运维保障、监管技术队伍保障等方面制定建设用地再开发监管平台互通互联与公共服务保障制度体系，确保建设用地再开发按照"总量控制、封闭运行、规范管理、结果可控"的原则实施。

4. 建设用地再开发数字化档案管理研究

利用数字化手段，以建设用地再开发涉及的各类档案信息资源为处理核心，对数字档案信息资源进行收集、管理，通过高速宽带通信网络设施相连接和提供利用，实现档案高效存储管理和资源共享。

（二）建设用地再开发数字化监管技术规范研究技术路线

建设用地再开发数字化监管技术规范分为业务调研与技术规范架构设计、业务梳理与技术规范初稿编写、应用示范与技术规范论证完善三大步骤，即以业务调研为基础，通过分析业务调研资料，查阅相关文献，编制技术规范总体架构说明书；落实各章节编写内容和要求，进行任务分解，完成初稿编写并进行内部讨论；通过应用示范，对技术规范进行检验，并通过专家论证和应用示范经验总结，充实、完善技术规范初稿，形成技术规范。具体技术路线见图 4-6。

建设用地再开发数字化监管技术规范研究主要技术方法是：通过实地调研、案例分析、比较分析等方法，理顺再开发业务组成及相互关系，对再开发业务流程进行规范化定义，为合理制定再开发监管技术规范打下基础；通过资料分析、专家咨询等方法，对业务调研获取的相关业务资料进行整理分析，结合专家咨询，对再开发监管主体及职责、监管各环节的具体操作规程等进一步明确；通过实地调研，全面掌握现有与再开发监管平台相关的基础设施及业务系统建设、应用情况，基于计算机网络通信技术、WEB 技术、数据库技术、GIS 技术等，研究再开发平台互联互通和公共服务保障体系；通过实地调研，梳理再开发项目档案管理内容，明确管理要求，利用数据库、多媒体、计算机硬件及安全等技术，制定再开发数字化档案管理技术规范及配套管理制度。

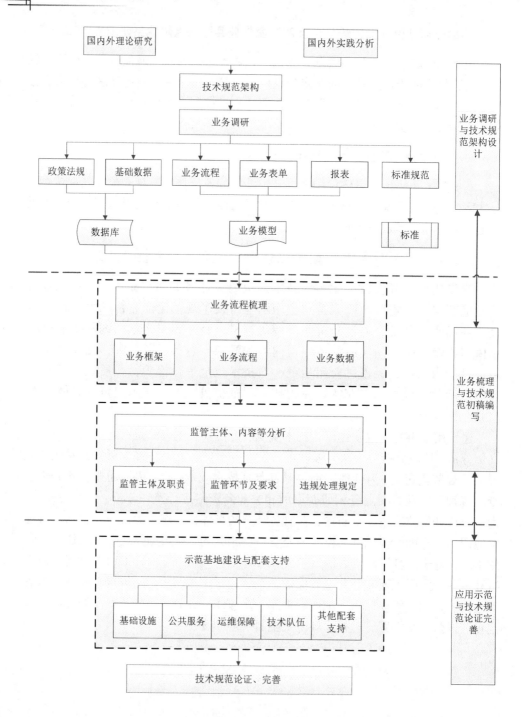

图 4-6 技术路线图

（三）建设用地再开发数字化监管技术规范需要研究解决的关键问题

建设用地再开发数字化监管技术规范编制涉及建设用地再开发业务建模、平台操作规程、数字化档案管理技术、技术规范编制程序与内容提纲等关键问题。

1. 建设用地再开发业务建模

对建设用地再开发中各个业务环节进行梳理，理清建设用地再开发中的相关法规和业务流程，对业务流程和业务组织建模，以软件模型方式描述建设用地再开发业务中所涉及的对象和要素，以及它们的属性、行为和关系，改进业务流程，建立一整套建设用地再开发业务流程体系。

2. 建设用地再开发平台操作规程

明确建设用地再开发监管主体及职责分工，根据建设用地再开发的业务特点，设计优化平台的操作流程，明确各监管主体在监管平台中的具体工作任务及要求，等等。

3. 数字化档案管理技术

利用数据库技术、数据压缩技术、高速扫描技术等技术手段，将与建设用地相关纸质文件、声像文件和已归档保存的电子档案等档案信息资源，系统组织成具有有序结构的档案信息库，并通过高速宽带连接和提供服务，实现高效档案信息管理及资源共享。

4. 技术规范内容提纲

在业务调研和相关技术研究的基础上，通过资料整理分析、文献查阅、专家咨询等，拟定建设用地再开发技术规范编写提纲。

（四）建设用地再开发数字化监管技术规范关键问题的解决

1. 建设用地再开发业务建模

通过相关部门业务调研、资料收集分析等，从业务框架、业务流程、业务数据三方面进行业务梳理，构建建设用地再开发业务模型。

（1）业务框架

分析建设用地再开发总体业务构成，进行业务分类编码，明确各项业务与国土资源管理其他相关业务的横向关系，以及各项业务内部的纵向关系和各级管理部门之间的业务联系。每个业务事项需具体列出事项名称、办理部门、法律依据、授权条款、报送材料清单及样例、办理流程描述及流程图、审查内容、决定内容、主要环节、现场办理环节等内容。

（2）业务流程

在理清业务框架的基础上，进一步深入刻画每一个业务流程和业务事项，构建与数字化监管相适应的规范化业务流程。重点对各项业务流程中每个环节涉及的相关要素进行描述，主要包括办事依据、前置条件、办事条件、办事结果、承办处室及岗位、工作表单、办理方式、办事时限、报送或送达（公示）方式、主要成本、收费标准、日处理量、本环节责任人、办事相对人、回避人、协同部门、关联事项、主管部门、监督部门、支撑数据和工具等。

（3）业务数据

业务数据包括业务流程中所参考、依据、产生和处理的各类数据信息，也包括业务部门报送给上级部门、平送给同级部门、调用相关部门的各类数据信息。业务数据的梳理和描述，主要针对建设用地再开发业务流程中各项业务数据分类、数据来源、数据格式、数据内容、安全管理要求、空间属性、时间属性、权益属性和行政效力等进行整理分析。通过对业务流程中业务数据的梳理，找到各部门所需的重要数据，找出跨部门的数据共享需求，发现部门间发生共享数据交换的环节及业务事项，梳理出数据交换流程。

2. 建设用地再开发平台操作规程

具体包括以下几个方面。

（1）监管主体及职责分工

明确建设用地再开发监管主体及职责分工，主要包括省、市、县、乡镇等各级国土资源管理部门的相关职能部门。在此基础上，采集监管系统平台应用示范所涉及的相关机构和用户信息。

（2）操作流程及关键环节

根据建设用地再开发的业务特点，设计平台的操作流程；对各业务关键环节，研究具体的监管内容和方法。

（3）监管工作任务及要求

明确各监管主体在监管平台中的工作任务，包括数据采集、录入、上报、审核、分析、公告、公示、通报等，对各项工作任务的具体内容及操作方法、成果要求、时限等进行详细说明。

（4）违规处理

建设用地再开发涉及的项目立项、土地供应、土地流转、开发利用等流程中产生的违法违规问题，建立"预警—督办—通报"的处理机制，确保再开发项目运作规范有序。

3. 数字化档案管理

（1）数字化档案管理目标

建设用地再开发形成的各类文本、表格、图片、图形、音频、视频等为处理对象，依据各部门业务的流转规律，实现对各环节产生的文件的数字化和全程管理，通过统一的档案管理平台，确保电子档案的真实性、完整性及长期可用性。

（2）数字化档案管理内容

根据业务流程梳理情况，以建设用地再开发项目为主线，对项目各阶段所形成的具有保存价值的文件资料进行整理分析，形成数字化档案的具体内容。

（3）数据采集加工技术方法和要求

研究各类档案数据获取、加工、存储的技术手段和方法，并提出各环节处理所采用的技术工具或软件，处理的技术指标和要求。其中纸质数据采集加工包括资料整理、扫描、图像处理、文件存储等环节；电子数据采集加工包括文件格式转换、压缩、文件存储等环节。

（4）数据质量控制

建设用地再开发相关资料录入受到作业人员自身操作水平、作业习惯与经验的影响，人工操作自由度较大，都可能出现质量问题。针对这种情况，需要建立一套较合理的质量检查和控制机制，主要包括：①完整性检查。建立与业务流程各环节相关联的文件资料数据字典，包括文件类型、格式、数量、命名等，在监管平台运行过程中，及时检查提交的纸质资料和电子文件是否完备，有无缺漏，纸质资料检查由人工完成，电子文件采用自动和人机交互方式。②准确性检查。检查纸质资料和电子文件的内容是否正确、是否与项目相符，格式和命名等是否符合标准，检查方式与同上。③一致性检查。采用人机交互方式完成，主要是将纸质资料与电子文件进行一一比对，检查两者是否相同。④电子文件一致性检查。利用软件定期自动检查档案库中相关电子文件是否和项目档案目录中罗列的电子文件名称一致，从而避免项目电子文件的缺漏或错放。⑤数据库检查。对于采用数据库方式存储的档案信息，通过定义数据库质量检查标准（包括结构完整性、值域符合性、逻辑一致性、非空性、唯一性、坐标准确性等），利用软件自动进行数据库检查。

（5）数据存储管理规范

包括各类数字化档案存储模式的选择（采用数据库系统还是文件系统）、文件目录结构规划、存储格式的选择（文本格式、表格格式、图片格式、图形数据格式、视频格式等，一般要求系统依赖度低、通用性、标准化、支持格式转换与迁移、广泛的支持性等）、存储媒体的选择（根据各类数字媒体的寿命、媒体的存储密度、媒体的存取速度、媒体的成本、适用的存取方式、管理方便性等进行选择）、技术方法的选择（包括数据更新方法、数据迁移方法、数据备份方法等）。

（6）档案利用管理规范

明确电子档案的利用方式、拷贝要求、联网要求、操作权限控制要求、日常维护要求等，建立电子档案管理登记制度，定期对档案接收、保管、利用、销毁情况进行统计。

（7）安全保障体系

数字化档案的安全主要从物理安全、档案信息安全和管理安全方面统筹考虑。从硬件方面看，保障计算机和网络安全的技术多种多样，其主要目的都是为了实现访问控制和使用控制。当前最常用的技术手段是防火墙技术。防火墙是设置在不同网络或网络安全域之间的一系列部件的组合，通过在内网和外网之间建立网关，执行指定的安全控制策略，从而把内网与外网分开，达到保护内网免受外部非法用户侵入的目的。除此以外，还可通过防火墙与防病毒产品联动、防火墙与认证系统联动、防火墙与入侵检测系统联动、防火墙与日志分析系统联动等，控制数据流，提高计算机的安全。对于档案信息的安全，主要以 PKI 技术为基础，围绕数字证书应用，为数字化档案的各种业务应用提供信息的真实性、完整性、机密性和不可否认性保证，并在业务系统中建立有效的信任管理机制、授权控制机制和严密的责任机制。即使采用最先进的安全技术和安全软件，没有完善的实施计划和管理制度，数字档案的安全仍是一句空话。因此必须制定相应的管理制度或采取相应的规范来确保数字档案的安全。管理制度主要包括确定各类档案安全等级、制定操作规程、根据职责分离和多人负责的原则，制定岗位责任、系统维护的要求、应急措施、灾难备份、系统升级、密码管理等。

4. 技术规范内容提纲

根据建设用地再开发数字化监管技术规范的研究，其内容提纲包括：前言、引言、适用范围、规范性引用文件、术语和定义、监管平台总体要求、监管平台操作规程、监管平台运行支撑、数字化档案管理要求、监管平台运行维护要求等八大部分，其中监管平台总体要求部分包括：建设原则、体系结构、运行模式、基本功能要求、性能要求、与外部系统的关系等内容部分；监管平台操作规程部分包括：监管主体与职责、监管环节与内容、监管平台功能与操作要求、违规处理要求等内容部分；监管平台运行支撑部分包括：一般规定、网络环境、硬件环境、软件环境、系统互联互通、信息公共服务、安全保障体系等内容；数字化档案管理要求包括：基本要求、数据采集、数据检查、数据存储管理、档案利用管理等内容；监管平台运行维护要求部分包括：一般规定、系统日常运行管理、物理环境与设施设备管理、突发事件应急管理、技术队伍管理等部分内容。

第 二 篇

建设用地再开发数字化监管技术

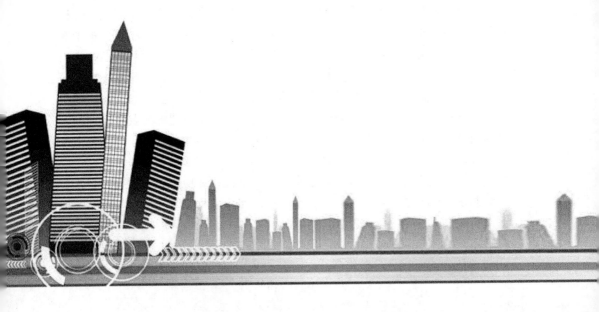

建设用地再开发数字化监管技术主要涵盖土地资源调查与评价及土地实地监管与信息集成分发应用技术两个方面。

土地资源调查与评价。土地资源调查是获取土地基础信息的重要手段，是土地管理的基础性工作，主要包括：土地利用调查、城镇（村镇）土地调查测量、其他领域的调查。土地资源调查的研究主要集中在土地利用调查方面。国外的土地利用调查研究起步较早，始于利用航空摄影测量技术进行土地利用现状调查，随着"3S"技术的发展，土地利用/覆盖变化（LUCC）研究开始在全世界兴起。我国土地调查技术方法的研究在国外技术的基础上，伴随着国土资源清查、第一次土地详查、土地利用更新调查和第二次全国土地调查等土地调查工作的开展而不断推进。

国外早期的土地评价研究主要是由土地征税而发展起来的，以后逐步发展成为土地利用、土地规划服务。我国在土地评价方面也做了大量的工作和研究，21世纪以来，我国大规模开展了农用地分等定级与估价、耕地质量评价、城镇土地估价等工作，也进行了很多土地调查评价方面的研究，土地评价技术与方法得到快速发展。但我国土地评价技术方法主要应用于农用地调查评价，在建设用地调查评价方面还比较薄弱，因此，为适应建设用地再开发的要求，迫切需要研究建设用地综合调查评价相关的技术和评价方法。

土地实地监管与信息集成分发应用技术研究。技术的发展，特别是网络信息技术在土地开发信息管理领域中的应用，大大加快了土地整理和监管信息化建设。在国外政府信息系统大部分是基于 GIS 来建设的，其土地整理相关业务也同样是大量采用了 GIS 技术来实现信息共享与管理。国外的各种系统和信息技术应用都与当地的土地管理政策和信息管理政策紧密相关。

随着多年的积累和发展，我国的土地资源管理信息化建设水平不断提高。相关的技术研究主要是针对土地资源管理某一领域的局部应用研究，主要侧重于变更调查和信息采集方面，但是缺少针对土地资源管理领域某一方面系统性的应用研究，在土地开发监管方面的研究也比较少，特别是利用实时视频与现场数据获取设备实现建设用地再开发实地监管方面的应用还是一片空白。针对上述问题，近年来，国土资源信息化技术得到快速发展，成为国家信息化的重要组成部分。

在国内外技术研究的基础之上，建设用地再开发数字化监管技术得到了飞速的发展，其未来的发展趋势主要表现在：①是土地调查技术发展的综合化、集成化、精细化。②是建设用地再开发监管实时化、全程化和应用系统集成化。

针对建设用地再开发具有涉及业务部门多、实施过程复杂、监管难度大的特点，建设用地再开发数字化监管技术有了新的发展，出现了新的技术热点，主要包括以下几种。

1）建设用地再开发监测数据采集与更新技术。主要包括基于遥感的监测数据采集技术，基于巡查终端的监测采集技术，基于现场视频的监测数据采集及监管数据的智能更新。

2）建设用地再开发监管数据库建设与管理技术。建设用地再开发监管数据库是对建设用地监管相关技术的集成，是软硬件管理的整合，它融合建设用地再开发规划、现场监测、业务办理与过程监管为一体，为公众提供信息共享，为建设用地再开发主体提供项目申请、办理业务、查看进度等功能，为规划制定部门提供专项规划管理、业务部门提供项目办理功能，同时为监管部门提供监管项目提取、监管项目管理、异常预警及跟踪、成效统计等功能。从技术上讲需要地理信息技术、工作流技术提供基本的地图服务和业务流转服务，需要视频分析技术对现场进行监测、预警，需要规则库技术管理各级部门设置的监管规则，同时需要数据挖掘与智能分析技术完成建设用地再开发评价、成效评估等功能。

3）建设用地再开发监管数据分析与辅助决策技术。建设用地再开发中存在海量的空间数据、文本数据和视频数据等，海量的数据充满无限的价值，如何发掘其中的有效信息至关重要，成为新的技术热点。在大数据的基础上，发展出了数据挖掘、监管数据的异常发现、监管信息的关联分析、监管信息的智能评价、违法处理的智能决策等相关技术。

4）建设用地再开发数据共享服务技术。由于地理信息的异构性，使地理信息的共享成为一个庞大而耗时的数据工程，需要全方位考虑、分阶段实现。建设用地再开发数据共享服务技术主要包括基于面向服务的体系架构（Service Oriented Architecture，SOA）的数据共享服务、基于规则库的业务控制驱动、业务信息的抽取与加载、数据共享发布的安全。

第五章　建设用地再开发监测数据
采集与更新技术

　　信息获取是建设用地再开发监管的初始环节，也是基本环节，建设用地综合监管不仅依赖于已有的大量静态数据，更需要利用空间信息获取技术获得建设用地再开发动态信息，它直接关系到应用的质量和效果。信息的快速获取处理成为建设用地信息化建设的关键性内容之一，在目前地方大力开展建设用地再开发的情况下，迫切需要解决空间信息监测数据获取的技术方法，尤其是其准确、方便、快捷、价廉等问题，以提升应用价值，满足应用和社会需求。传统方式下对国土资源空间信息的获取，主要是通过实地调查的方法，对实体要素进行现场勘测，确定其空间位置、大小、结构、属性和时相等信息特点。传统的监测方式已经难以满足现代建设用地全方位立体化监控动态变化的要求。近年来，随着对实地观测数据获取技术、卫星信息传输技术、卫星导航定位技术等不断进步和成熟，空间信息获取技术取得了突飞猛进地发展，技术手段越来越丰富，技术性能越来越高，建设与维护使用成本越来越低。特别是随着我国北斗卫星导航技术、高分辨率遥感技术等应用门槛降低、应用模式的丰富，使之可灵活应用于各级国土部门进行国土资源动态监测，为建设用地再开发平台监测层的构造提供了高性价比的高技术手段（王金虎等，2015）。

　　针对建设用地再开发涉及业务部门多、实施过程复杂、监管难度大，数据源多的特点，研究基于遥感的监测数据采集技术、基于巡查终端的监测采集技术、多模式视频接入的建设用地再开发现场监测技术，从而实现建设用地再开发现场多源信息的多模式一体化采集。

第一节　基于遥感的监测数据采集

一、遥感的基本概念

　　遥感（Remote Sensing, RS）：从远处探测、感知物体或事物的技术。即不直接接触物体本身，从远处通过各种传感器探测和接收来自目标物体的信息，经过信息的传输及其处理分析，从而识别物体的属性及其分布等特征的综合技术（许耀亮，1992）。遥感监测就是利用多时相遥感图像数据，采用多种图像处理和模式识别方法提取变化信息，并定量分析和确定地表变化的特征和过程。

二、遥感信息采集的原理与数据的获取

遥感卫星能不间断地从空中真实记录地表信息，通过影像处理技术分析不同时期的遥感数据，采用多源遥感数据相结合，人机交互与计算机自动处理技术，并根据业务需求从中提取土地利用变化信息，并通过与其他基础图件及专题数据进行综合分析和利用，实现快速反映土地利用现状和动态掌握土地利用变化（徐天等，2015），如图 5-1 所示。

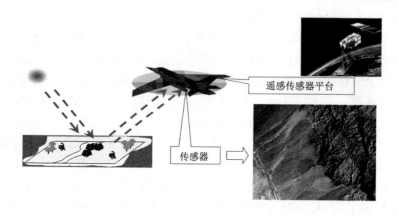

图 5-1　遥感信息采集原理示意图

三、遥感信息采集数据的特点

遥感作为一种空间数据采集手段，具有以下特点。

1. 大面积的同步观测

探测范围广，能够提供综合的、宏观的视角，覆盖范围大、信息丰富。影像包含各种地表景观信息，有可见的，也有潜在的。如一帧地球同步气象卫星可覆盖 1/3 的地球表面，实现更宏观的同步观测。

2. 时效性高

遥感探测，尤其是空间遥感监测，可以在短时间内对同一地区进行重复探测，发现地球上许多事物的动态变化。

3. 数据的综合性和可比性

遥感获得的地物电磁波特性数据可以综合地反映出许多地球表面信息，由于遥感的探测波段、成像方式、成像时间、数据记录等均可按要求设计，而且新的传感器和信息记录方式都可以兼容，又极大程度地排除人为干扰，所以具有综合性和可比性。

4. 获取成本低

遥感与传统的测量方法相比可大大节省人力、物力、财力和时间，具有较高的经济和社会效益。

5. 局限性

首先，遥感技术广泛利用的是光学遥感尤其是可见光、高光谱遥感，雷达（Radio Detection and Ranging，Radar）和激光雷达（Light Detection and Ranging，LiDAR）的数据资源还需进一步开发。其次，遥感技术的应用也受数据源和各种分辨率的选择及成本的限制。

四、遥感监测建设用地的数据类型及技术方法

近年来，随着全球变化研究的深入开展，建设用地利用变化研究越来越受重视。应用遥感数据进行动态监测目前主要在两种区域尺度的范围内开展，即全球和洲际尺度、区域级尺度。在全球和洲际尺度进行的监测主要使用气象卫星 NOAA/AVHRR（National Oceanic and Atmospheric Admini-stration/Advanced Very High Resolution Radiometer）数据进行，区域级尺度的研究所选用的遥感信息源以 TM/MSS（Landsat Thematic Mapper/Multispectral Scanner Subsystem）为主。随着遥感技术的发展，以及高分辨率卫星图像的出现，越来越多种类的遥感数据被用来作为建设用地遥感监测的数据源，如低空遥感影像、SPOT 影像、资源卫星影像、雷达（Synthetic Aperture Radar，SAR）影像等，充分利用各种数据源进行动态监测研究已成为动态监测的一种发展趋势。

采用遥感技术进行建设用地监测是一种行之有效的方法，建设用地的遥感动态监测主要涉及遥感图像的预处理和建设用地信息提取。

（一）遥感图像的预处理方法

遥感图像的预处理是为了更好地提取目标地物的信息，处理效果的好坏直接决定了动态监测的精度，主要方法有以下几种。

1）波段最佳组合：通过分析遥感数据的光谱信息结构，比较各波段信息量，

计算各波段信息的相关性,利用 Sheffield 提出的雪氏熵值法,进行最佳波段的选择,是一种全面的、简便的、效果好的方法。

2)图像增强处理:遥感图像增强处理主要是改进图像显示,将原来不清晰的图像变得清晰或把人们感兴趣的某些特征强调出来,提高图像的视觉效果和可解译性。增强方法有多种,如直方图调整、直方图线性扩展、滤波及主成分分析等。

3)图像的几何校正:遥感图像的几何校正是指消除遥感图像的几何畸变和位置误差的过程;是对图像中每一个像素逐个的精确定位,改正图像产生的线性和非线性误差。

另外,几何校正要注意重采样方法选择。重采样实质上是根据原始空间与标准空间的对应关系,在原始空间中取一点或若干点,按一定的算法计算标准空间中对应点的数值,比较准确地再现原始图像空间中反映的地物光谱特性。常用的重采样方法有最邻近法、双线性差值法和三次卷积法,在这三种方法中,以三次卷积法效果最佳。

4)图像的配准:图像配准是指不同时间、不同传感器或不同条件下获取的同义场景的两幅或多幅图像进行匹配、校正的处理过程。不同遥感数据源的图像之间的配准,目的是为了清除数据间的系统误差,多时相遥感图像间的空间配准是动态变化监测所必需的。

5)图像融合:遥感图像数据融合是一个对多遥感器的图像数据和其他信息的处理过程,它着重于把在空间或时间上冗余或互补的多源数据,按一定的规则(或算法)进行运算处理,获得比任何单一数据更精确、更丰富的信息,生成一幅具有新的空间、波谱、时间特征的合成图像。例如,多光谱图像提供丰富的地物光谱信息,全色图像具有很高的空间分辨率,将这两类图像进行融合,可产生彩色高分辨率多光谱图像。由于高分辨率卫星图像的出现,多分辨率图像的融合已成为重要研究领域。融合方法有多种,如强度色调饱和(Intensity-hue-saturation,IHS)变换法、主分量变换法和小波变换法等。

(二)建设用地信息提取方法

1)变化信息直接提取法:指对两个时相的遥感图像进行点对点的直接运算,经变化特征的发现、分类处理,获取土地利用变化信息。主要有图像插值法、图像比值法、植被指数法、多时相复合分类法等。

2)计算机动态信息提取/自动分类方法:该方法是在对比多时相的遥感图像前,先进行各时相遥感图像的单独分类。它的优点是能获取各个像元的土地利用转变类型,不仅能获取变化的数量和特点,还能获取变化的类型,并有利于减少不同时相图像的大气和传感器差异产生的误差。但是这一方法由于受到单独分类所带来的误差影响，可能会夸大变化的程度。

3）目视解译法：又称目视判读，它指专业人员通过直接观察或借助辅助判读仪器在遥感图像上获取特定目标地物信息的过程。目视解译主要分为 5 个步骤：目视解译准备工作阶段、明确解译任务与要求、收集与分析有关资料、选择合适波段与恰当时相的遥感影像、室内详细判读、野外验证与补判。

上述三种提取变化信息的方法中，都涉及分类方法。遥感分类精度的提高一直是遥感技术方法研究的重要领域。计算机自动分类的量测精度高，不同类别土地利用的边界划分比较客观、精确，其缺点是比较死板；目视解译的缺点是不同类别土地利用边界的划分不够精确，易受人为的主观判断差异影响，但人用目视解释比较灵活方便；两种方法各有优缺点，结合使用，会得到好的结果。

另外，在构建反映研究区建设用地变化信息特征集的基础上，首先，将数据挖掘技术应用到变化监测中，得到变化信息提取的最佳特征波段组合，并生成知识规则，通过决策树分类得到建设用地扩展变化信息一级初分类结果。然后，利用前一期的建设用地信息，分别对一级变化初分类结果进行叠加分析，得到建设用地变化信息的一级和二级分类结果。最后，使用相同的变化监测方法，对一年间建设用地变化特征集进行分类，从而验证该方法的适应性（许耀亮，1992）。

第二节　基于巡查终端的监测数据采集

在线巡查技术是指巡查人员携带具有 GPS/北斗定位功能的 GIS 采集器（移动设备），在发现违法线索的时候能够快速精准地采集地块坐标，通过无线网络（GPRS/3G/4G）实时上传服务器，后台服务器再利用 GIS 叠加分析功能进行各种数据的分析，返回到移动端，巡查人员再根据分析结果开展后续相关工作。基于在线巡查技术构建的在线巡查系统主要包括监管子系统、后台服务子系统和外业巡查子系统（郑敏辉等，2015）。系统架构如图 5-2 所示。

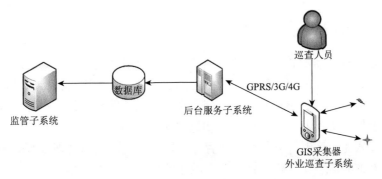

图 5-2　巡查终端系统架构

基于巡查终端的监测数据采集的一般过程如图 5-3 所示。

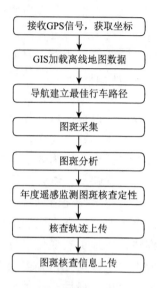

图 5-3　巡查终端的监测数据采集流程图

在线巡查系统主要关键技术如下。

1. 瓦片金字塔技术

由于影像数据占用空间很大，海量存储和调用往往成为影响系统响应速度和性能的瓶颈，建设用地监测在线巡查系统采用瓦片金字塔技术。瓦片金字塔是一种多分辨率数据模型，其核心思想是分层和分块，将原始数据按照不同分辨率重采样生成新的图层，同一图层按指定的格网大小进行均匀剖分，剖分后获得的正方形栅格图片称为瓦片。瓦片影像金字塔地图就是将原始的影像数据建立影像金字塔，然后将每个级别影像金字塔按照固定的大小生成瓦片地图的过程(江鹞等，2010)。

2. 基于 SOA 的 GIS 服务实现

SOA是一种全新的软件工程架构理念。与传统组件技术不同的是，SOA 强调一种松耦合、粗粒度的服务架构，服务之间通过简单、精确定义接口进行通信，不涉及底层编程接口和通信模型。松耦合系统有两个明显的优点：①具备较好的灵活性，能够适应不断变化的环境；②组成整个应用程序的每个服务的内部结构和实现逐步发生改变时，它能够继续存在。因此，这种松耦合把现有的和新建系统组合成新的系统，从而使不同平台上的东西协同起来能够相互交互。

3. GPS 数据采集处理、定位技术

移动终端内置GPS模块，利用串口通信协议读取GPS数据，采样周期为1 s，按照GPS数据格式进行解析，获取日期、时间、经度、纬度、速度等有用信息。由于GPS信号可能被干扰，个别数据出现野点，引起最终定位数据的较大偏差。系统按照格拉布斯准则剔除明显偏离的数据，经坐标转换后显示在GIS地图上。在复杂环境下，GPS信号会多次折射、反射，造成漂移，降低定位精度，无法满足取证初步测量要求，利用差分技术能够消除大部分信号漂移，选用性能较好的移动终端对减少漂移也有一定作用（Reshmidevi et al., 2009）。

4. 基于移动终端的地理信息服务技术

随着移动空间信息服务、位置服务和3G/4G移动信息等技术的迅速发展，基于开放标WMS/WFS（Web Map Service/Web Feature Service）模式的网格地图服务，构建Web GIS与移动GIS应用相结合的网格化在线监管服务成为国土资源执法管理的重要发展趋势。在无线网络环境下，通过在线地理信息服务，为在线/离线数据提供实时交互一体化的移动地图及实时下载矢量地形图或影像数据功能，并能动态地分析出实现疑似违法用地的报批情况、规划情况、地类情况等信息，从而为在线执法巡查提供技术支撑，如图5-4所示。

图 5-4　移动终端巡查工作流程

第三节　基于现场视频的监测数据采集

建设用地再开发现场视频监测是指利用视频监控、分析技术对建设用地再开

发项目现场进行监控网络布控，对土地闲置、违规加建、抢建等行为进行 24 小时不间断监管，通过视频智能分析及时发现违规行为，并进行智能预警和报警联动，降低违法行为带来的危害与损失。监测主要对象为建设用地再开发中的区、镇（街道）中心区（除旧城区保护范围外的）内国有土地的旧片区、旧房屋及重点改造城区需要"退二进三"的效益低下的厂房、仓库及危旧居民用房等。监测过程包括在"测量、规划方案"时，现场实时监测设备立即介入实时监控，防止偷建、抢建等违法行为发生，以及便于各种违法行为的取证工作；在"拆迁、建房、交付"时，现场实时监测设备对现场施工的流程、进场建筑材料的质量记录及监测房屋结构变动等进行监控。实时视频监测终端具备视频图像资料的存储触发机制，可根据不同情况和时期，进行条件选择智能存储。建立实时视频监测终端图像信息链接，根据地理位置定位，应可实现视频监测终端与现有国土部门巡查系统的无缝结合，达到相互有益补充。现场实时视频监测终端硬件由高清摄像头、图像处理模块与 GPS 模块组成。采用固定终端与移动终端相结合的多模式视频监测方式，固定终端实现大面积场景信息获取，移动终端主要负责特定区域和盲区的图像采集，以作为固定终端信息获取的补充；图像存储触发机制由现场架设的行为监测传感器实现存储触发，也可由图像处理系统进行行为识别实现存储触发。

目前国土资源管理部门对每宗建设用地的监管主要采用现场察看、拍照留证的方式，纳入监管的建设用地数量多，分布范围广，按照每月一次以上的巡查频率会造成人员、车辆等资源的大量浪费（徐德军，2013；喻成林等，2013）。这种监管方式缺乏动态监管的有效途径和技术手段，信息获取速度慢、共享程度低，不能及时有效地进行监管。随着科技的高速发展，互联网在各种方面的应用已经无法替代；因此，伴随视频压缩处理技术、网络通信技术的快速发展，数字化的视频监测系统应用得到广泛普及。

视频监控技术发展到现在，大概经历了模拟视频监控、网络视频监控和移动视频采集监控三个阶段：模拟视频监控即闭路电视监控，以模拟设备为主，适应小范围监控；网络视频监控是采用嵌入式服务技术实现远程网络视频的监控，视频服务器采用嵌入式操作系统，通过视觉传感器采集视频信息；移动视频采集监控通过视频采集终端对现场视频信息进行采集。移动视频采集监控技术在前两种视频采集监控模式基础上，朝着数字化、智能化、网络化和高清化方向发展。近年来，在安徽省、四川省、江西省和天津市等一些国土资源部门实行视频监控系统（周维，2012），效果显著，通过现代科技手段和创新管理方式，实现对基本农田保护区、国家重点矿区、国土资源领域违法行为易发区24小时不间断监管。所以，数字化大型视频监控系统的广泛应用是一个大趋势，必将推动各级部门的广泛应用。

针对建设用地再开发具有渐变性、周期较长，单纯用巡查、数据上报等常规监控手段很难满足有效实时监管的特点，研究移动终端与固定终端相结合的视频信息采集技术，集成GPS技术、嵌入式技术和高清视频采集技术，以高清摄像头采集视频信息、以GPS模块获取空间位置信息、以DSP处理器为控制核心，研制建设用地再开发现场实时视频监测终端设备，实现建设用地再开发现场多源信息的多模式一体化采集。

视频采集程序基于 Microsoft Direct Show 架构，实时显示视频图像，智能化地采集保存视频信号，视频信号的采集由运动检测结果和辐射检测结果自动触发（Peer et al., 2013）。

现场视频采集其原理是利用视频采集设备采集建设用地再开发视频图像信息，经过视频压缩、流媒体视频处理技术将视频数据压缩为 IP 数据包，在 3G 视频服务器上进行拨号上网，通过 3G 无线网络和互联网与建设用地再开发监测中心计算机的视频服务器进行链接，在客户端登录视频管理服务器，经向前端 3G 视频服务器发送视频请求，客户端可以接收到前端视频服务器发送的视频流信息（刘翠，2013），实现现场实时视频传输。

第四节　监管数据的智能更新

一、监管数据"一张图"模式

随着信息技术在土地监管中的广泛运用，监管成果的标准化和数字化程度越来越高，为实现监测数据动态更新管理奠定了坚实的基础。在土地监管中，目前国内普遍采用"一张图"的管理模式。土地监管"一张图"是指依托统一信息平台，以监管数据为核心内容，通过将监管数据整合、拼接、转化为土地监测管理的直接依据，形成标准统一、无缝衔接的"一张图"管理共享平台。技术上主要利用GIS 技术对监管数据进行数字化处理，将全部监管数据纳入"一张图"系统。从作用上看，通过"一张图"管理，可有效收集和整理监管数据更新的信息，始终保持监管数据的一致性、及时性和完整性。采用"一张图"管理，有利于解决三方面的问题：一是有利于解决多源数据整合的问题；二是有利于解决监管多标准的问题；三是有利于解决监管数据动态更新的问题。按数据库建设情况，监管数据"一张图"的建设阶段可划分为基础建设阶段、集中更新阶段和动态更新阶段。对监管数据覆盖率较低的地区，应当重点加强基础标准、平台和制度的建设，特别要重视监管数据成果的规范化和数据的标准化。对监管数据基本实现"全覆盖"的地区，应当重点加强监管数据成果的整合、归档和集中更新工作，加快监管数据"一张图"管理平台的建设。对监管数据覆盖率高、成果质量较好的地区，应重点加强监管数据动态更新体系的建设。

（一）系统概述

"一张图"是遥感、土地利用现状、基本农田、遥感监测及基础地理等多源信息的集合，与国土资源的计划、审批、供应、补充、开发、执法等行政监管系统叠加，共同构建统一的综合监管平台，实现资源开发利用的"天上看、网上管、地上查"，实现资源动态监管的目标。

（二）"一张图"总体构架

监管数据"一张图"实际上就是对各类监管数据进行综合整理，利用一个统一的数据标准将各类建设用地监管专题数据集成整合到一个统一的平台中。在统一的平台上实现各类专题数据的分层叠加存储、显示、查询与浏览、分析与挖掘等操作。对外提供访问接口和服务，为电子政务平台中各项国土资源行政审批系统，以及国土资源综合信息监管平台如建设用地再开发监测等各有关应用系统提供辅助决策和分析工具。全方位服务于国土资源各项管理工作并对管理工作进行全程监管。同时，对"一张图"核心数据不断地进行数据汇交和数据更新，保证数据资源的现势性，全面提高数据中心基础设施建设。

（三）应用特点

国土资源管理中的大部分图件都是属于机密信息，在"一张图"管理系统的应用中，需要根据用户的职权来赋予其相应的地图浏览和编辑权限，不同的业务办理人员，以及各级管理人员在对地图浏览时根据所属行政区、业务处理范围来控制对地图的浏览。在图形数据的编辑上，系统结合用户职权与具体业务进行管理，只有在某一具体的业务办理过程中，拥有权限的用户才可以对图形数据进行编辑和维护。

总体上，根据图 5-5 总体框架的层次划分，整个综合监管平台（应用系统和数据部分）采用基于企业级架构的多层体系结构，自下而上由数据层、应用支撑层、业务层（也称运行逻辑层）和应用层（也称用户交互界面层）组成（朱剑，2011）。

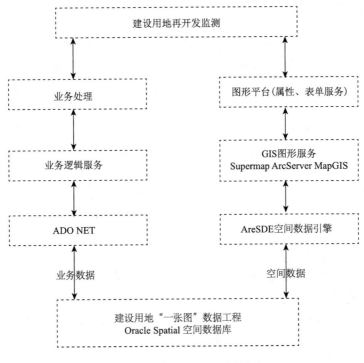

图 5-5 建设用地"一张图"总体框架

（四）基于"一张图"的数据更新模块

为保证监管数据"一张图"的现势性、连续性、可对比性，通过规范建设用地"一张图"监管数据更新技术要求，建立数据更新管理办法，明确建设用地"一张图"监管数据库中数据的更新内容、方式和技术要求，在技术和网络安全允许的条件下，以自动更新和实时更新的方式实现数据的更新。同时，按照"谁生产，谁负责"的原则，明确建设用地"一张图"监管数据更新责任单位、更新内容、更新周期和更新方式，建立全国建设用地监测信息中心与数据更新单位之间的数据更新与同步机制。包含以下几类数据类型的更新：实现对空间数据、非空间数据的更新；实现异构数据的同构，包括不同格式的空间数据提取、坐标转换、空间模型转换、属性关联、拓扑检查等；对已有数据或更新数据进行质量检查与错误纠正，如拓扑关系维护、数据完整性维护等；支持多种尺度的数据更新，如根据需要，进行"一张图"数据库整体更新、部分替换式更新、增量更新。更新时，自动完成数据检查与教研；数据更新频率可自定义，如实时、定时（按天、按周或按月）等；自动生成数据更新报告，可以对数据更新历史进行浏览与查询；管理和维护空间、非空间的历史数据（柯红军等，2014）。

二、监管数据的空间化处理

建设用地再开发监测数据是复杂的海量数据集，基于各类监测信息的建设用地再开发空间数据库具有海量、多源、多尺度、多类别和多时相的特征。监管数据的多源性一方面表现为数据获取手段的多样性，另一方面对于不同的数据采集方法和管理系统，数据也具有不同的存储、交换格式。所选择的数据源资料，无论是何种形式和介质，都可能存在着误差，也可能存在数据格式不一致、比例尺和地图投影不统一、不同来源的地图数据之间的不匹配、长度单位不一致等问题，因此，必须通过数据预处理，使采集的数据符合规范化标准，才能获得满足相应要求的数据文件。数据处理工作的内容一般包括图面预处理、曲线光滑和化简、坐标转换、图形编辑、图形的剪裁与合并、拓扑关系的生成、栅格矢量格式的相互转换等（黄加纳等，2001）。如何对采集到的监测数据进行整合、空间化处理对建立完整的建设用地再开发监测数据集是至关重要的。空间数据处理包含两方面的意义：一是将原始采集的数据或者不符合 GIS 质量要求的数据进行处理，以符合 GIS 的数据质量要求；二是对已存储于 GIS 中的数据经过处理以派生出其他信息，例如，进一步的空间关系的信息，或者将一种类型的数据转化为另一种类型。

再开发监测的各种数据在入库前必须进行规范化、标准化、统一化的空间处理，使监测数据具有定位、定性、时间和空间关系等特性，才能落在国土资源利用的地图上。不同类型的监测数据，入库的准备工作也有所不同，空间化处理的方法也有所差异。

（一）图形坐标变换

在地图录入完毕后，经常需要进行投影变换，得到经纬度参照系下的地图。对各种投影进行坐标变换的原因主要是输入时地图是一种投影，而输出的地图产物是另外一种投影。空间数据坐标变换类型主要有以下三种。

1. 几何变换

主要解决数字化原图变形等原因引起的误差，并进行几何配准。

2. 坐标系转换

主要解决 GIS 中设备坐标同用户坐标的不一致，以及设备坐标之间的不一致问题。

3. 投影变换

主要解决地理坐标到平面坐标之间的转换问题，包括以下三种方式。

（1）正解变换

直接由一种投影的数字化坐标 x、y 变换到另一种投影的直角坐标 X、Y。

（2）反解变换

即由一种投影的坐标反解出地理坐标（x、y→B、L），然后再将地理坐标代入另一种投影的坐标公式中（B、L→X、Y），从而实现由一种投影的坐标到另一种投影坐标的变换（x、y→X、Y）。

（3）数值变换

根据两种投影在变换区内的若干同名数字化点，采用插值法、有限差分法、最小二乘法、有限元法、待定系数法等方法，从而实现由一种投影的坐标到另一种投影坐标的变换。

（二）多源空间数据的融合

不同来源的各种空间数据在数据的使用过程中，由于数据来源、结构和格式的不同，需要采用一定的技术方法，才能将他们合并在一起使用，这就产生了数据的融合问题。

1. 遥感图像与 GIS 数据融合

经过正射纠正后的遥感影像与数字地图信息融合，可产生影像地图。具有如下特点：①这种影像地图具有一定的数学基础，有丰富的光谱信息与几何信息；②有行政界线和属性信息；③提高了用户的可视化效果，并使用户能够便捷地获得各种统计信息，如某个行政单元的土地利用类型、数量等。

2. 遥感数据与 DEM 的融合

具有如下特点：①有助于实施遥感影像的几何校正与配准，消除遥感图像中因地形起伏所造成的像元位移，提高遥感图像的定位精度；②DEM 可参与遥感图像的分类，改善分类精度；③提高 GIS 空间分析能力。

3. 多卫星、多时相遥感数据融合

将不同时期的遥感图像配准叠合，可以从遥感图像中快速发现已发生变化的区域，进而实现 GIS 数据库的自动/半自动快速更新。

（1）图形拼接

在对底图进行数字化以后，由于图幅比较大或者使用小型数字化仪时，难以将研究区域的底图以整幅的形式完成，这时需要将整个图幅划分成几部分分别输入。在所有部分都输入完毕并进行拼接时，常常会有边界不一致的情况，需要

进行边缘匹配处理。除了图幅尺寸的原因,在 GIS 应用中,由于经常要输入标准分幅的地形图,也需要在输入后进行拼接处理。这时,一般需要先进行投影变换,通常的做法是从地形图使用的高斯-克吕格投影转换到经纬度坐标系中,然后再进行拼接。

(2)图幅拼接

使用交互编辑的方法,使两相邻图斑的属性相同,取得逻辑一致性。①识别和检索相邻图幅。当进行横向图幅拼接时,总是将十位数编号相同的图幅数据收集在一起;进行纵向图幅拼接时,是将个位数编号相同的图幅数据收集在一起。图幅数据的边缘匹配处理主要是针对跨越相邻图幅的线段或弧。为了减少数据容量,提高处理速度,一般只提取图幅边界 2 cm 范围内的数据作为匹配和处理的目标。同时要求图幅内空间实体的坐标数据已经进行过投影转换。②相邻图幅边界点坐标数据的匹配。相邻图幅边界点坐标数据的匹配采用追踪拼接法(图 5-6)。只要符合下列条件,两条线段或弧段即可匹配衔接:相邻图幅边界两条线段或弧段的左右码各自相同或相反;相邻图幅同名边界点坐标在某一允许值范围内(如±0.5 mm)。匹配衔接时是以一条弧或线段作为处理的单元。当边界点位于两个结点之间时,须分别取出相关的两个结点,然后按照结点之间线段方向一致性的原则进行数据的记录和存储。③相同属性多边形公共边界的删除。当图幅内图形数据完成拼接后,相邻图斑会有相同属性。此时,应将相同属性的两个或多个相邻图斑组合成一个图斑,即消除公共边界,并对共同属性进行合并。

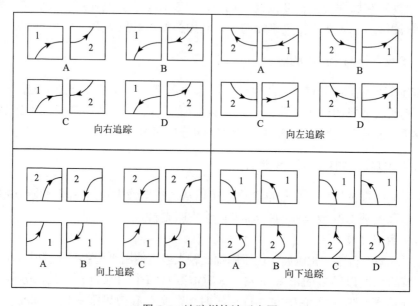

图 5-6　追踪拼接法示意图

（3）拓扑关系的自动生成

①拓扑关系建立前的图形数据修改。某些图形数据可能出现数字化错误，原因有遗漏某些实体、某些实体重复录入、定位不准确等。②建立拓扑关系，包括多边形拓扑关系的建立和网络拓扑关系的建立。

在输入道路、水系、管网、通信线路等信息时，为了进行流量及连通性分析，需要确定线实体之间的连接关系。网络拓扑关系的建立包括确定节点与连接线之间的关系，这个工作可以由计算机自动完成。

三、监管数据的图幅更新

基于图幅的数据更新模式，即在具体实现分幅更新的数据更新模式时，为了避免直接操作现状数据库，需要借助临时数据库存放更新过程中的临时数据。由于数据的更新会改变数据库的完整性、一致性和现势性，且更新过程一般是不可逆的，一旦更新过程的某个环节出现问题将有可能导致更新不全或者更新失败，从而破坏了现势库的现势性。因此，比较合理的解决方法是先将更新后的数据保存到临时库中，并对比更新前后的数据，如发现更新前后数据有问题可以及时通过人工干预的方式，对更新后有问题的数据进行编辑，在确保更新数据无误后再将其更新到现势库中。因此，图幅接边是在临时库中完成的，更新入库仅仅是删除更新范围内的旧要素，填充更新范围内的新要素的过程，而无需再进行图幅的接边处理。这样才能更好地保证数据更新的正确性和现势库的完整性、一致性和现势性（黄振华，2008）。

图幅更新是以图幅为单位或者按自定义的范围进行更新，一般是将更新范围内的旧数据挖空后再填充新数据的过程，只是针对变化的范围而进行局部的更新，其运行效率比较高且更符合实际的需要（梁史进等，2014），是较为常用的数据更新方法。地形图数据一般数据量比较大，且其每次的重测和更新一般都是在局部范围内进行的，因此，采用基于图幅更新的方式来更新地形图数据具有很强的优势。

一般来说，地形图数据都是以图幅为单位的，根据图幅的范围进行重新测绘或补测，其更新范围为一个图幅或者多个图幅，但在实际中也存在重测范围小于或大于一个图幅的情况，即其更新范围并不满足标准的图幅范围，此时若以图幅的范围进行更新容易造成更新数据的冗余，对于这种情况则应该采用自定义范围进行更新以减少更新数据的冗余，同时也相应减少了历史数据的冗余。

我国国家基本比例尺地形图的图幅号命名都是遵循一定规范的，具体的规定详见祝国瑞编著的《地图学》等相关教材。但是我国城市地形数据则按照行业规定采用两级分幅方式，一级索引按照图幅所在的坐标，二级索引按照自然序数索引。如图5-7所示。

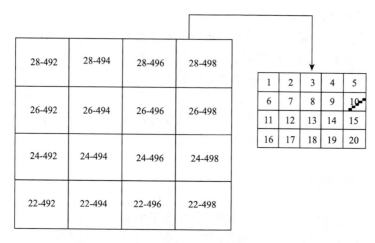

图 5-7　地形图编号

　　地形图编号对于更新一幅地形图（如图 5-7 中的 28-498-10）内容而言，其处理过程如下：①从数据库（如果有版本管理的数据库还需要正确选择版本）中导出本幅地形图数据；②以本幅图为工作蓝图，通过野外测量或者室内作业的方式对本幅图的数据进行修侧，并在 CAD（Comupter Aided Design）数据采集平台上最终成图，添加相关的属性；③通过入库更新程序，先删除图幅范围内的所有数据，再导入到现在的工作数据库中；④为了数据的一致性和完整性，需要进行图幅接边；⑤图幅的管理通常需要借助元数据，在元数据中记录图幅更新的状态，方便今后的检索和查询，因此，在更新完数据后对元数据也要维护更新。详细的图幅更新流程如图 5-8 所示。

　　基于图幅更新的整个过程大致可以通过提取数据到临时库、挖空旧数据、填充新数据、图幅接边处理和更新入库 5 个步骤完成。

四、监管数据的要素更新

　　基于图幅的数据更新存在一个数据替换的过程，替换的范围是一个完整的图幅，对一些跨越图幅边界的要素必须做打断处理，更新后必须重新进行接边与融合。基于任意范围的更新也是如此，因此有必要研究基于要素的更新。获取图层变化信息的范围后，该范围内有些要素发生了变化，有些没有变化，这时只对发生变化的要素进行更新，没有变化的要素则维持原状。基于要素的更新有一定难度，需要有相应的方法识别出哪些要素发生了变化，以及变化前后新旧要素的对应关系（陈年松，2009）。

　　其基本流程和基于图幅的地形图数据更新方法较为相似，如下所述。

　　1）从现在工作的数据库中（如果有版本管理的数据库还需要正确选择版本）

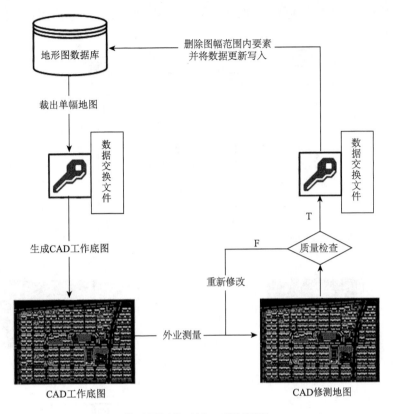

图 5-8　基于图幅的更新（后附彩图）

导出需要更新区域的数据，作为今后更新作业的参照图。

2）以本幅图（可能包括几幅图）为工作蓝图，通过野外测量或者室内作业的方式对本幅图的数据进行修侧，并在 CAD 数据采集平台上最终成图，添加相关的属性。

3）通过变化检测的程序，发现变化的要素，分别在更新库和现在库中标识增加和删除的要素信息，即形成 Add 和 Del 的表数据。

4）通过数据更新程序，删除现在数据库中的需要更新的要素；并将更新库中的要素信息写入现在库，更新数据内容。

5）为了数据的一致性和完整性，需要进行图幅接边。

6）图幅的管理通常需要借助元数据，在元数据中记录图幅更新的状态，方便今后的检索和查询，因此，在更新完数据后对元数据也要维护更新。详细流程如 5-9 图所示。

图 5-9 基于图幅的地形图数据更新定义了更新的范围，而基于要素级别的地形图数据更新则定义了更新要素。从联合应用角度可以重新设计一种基于图幅的

要素级的地形图数据更新方式，它是对上述两种方式的综合应用，具体流程如图5-10 所示。

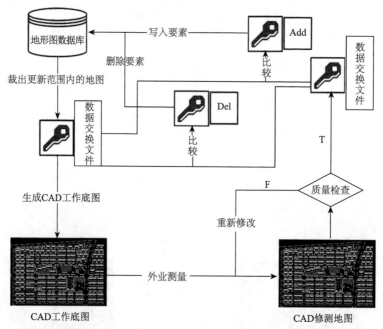

图 5-9　要素级数据更新流程图（后附彩图）

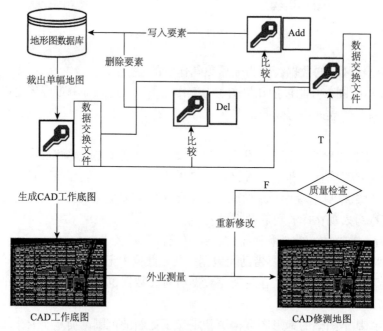

图 5-10　基于图幅要素级更新流程（后附彩图）

第六章　建设用地再开发监管数据库
建设与管理技术

第一节　建设用地再开发监管数据库建设概述

数据库（Database）是根据数据结构来组织、存储和管理数据的仓库，它产生于距今60多年前，随着信息技术和市场的发展，特别是20世纪90年代以后，数据管理不再仅仅是存储和管理数据，而转变成用户所需要的各种数据管理的方式。数据库有很多种类型，从最简单的存储各种数据的表格到能够进行海量数据存储的大型数据库系统都在各个方面得到了广泛的应用。在信息化社会，充分有效地管理和利用各类信息资源，是进行科学研究和决策管理的前提条件。数据库技术是管理信息系统、办公自动化系统、决策筹划支持体系等各种信息系统的核心部分，是进行科学研究和决策管理的重要技术手段。

为确保耕地总量动态平衡，实现土地开发整理产业化，并及时有效地对供地及存量用地的盘活情况进行监控、统计，建立了建设用地数字化动态监管系统。利用系统功能和有效的行政手段，实现土地供应的实时在线监管，加强了土地开发整理项目的规范化管理。系统从微观上实现对建设用地报件项目落地情况、建设情况，以及土地开发复垦整理项目的实施情况进行有效监控；宏观上对各地供地率、批而未供数据及存量土地信息，以及土地开发复垦整理项目批复与验收信息进行实时汇总、分析，从而进一步提高建设用地审批、土地开发整理与供地监控管理水平和监督效率，提供简便有效的管理平台（卞广骥，2013）。

建设用地再开发主要是根据区域发展规划、土地利用规划和村镇发展规划，对村镇建设用地的规模、布局、结构和强度进行调整，对建设用地进行综合整治。目前，我国建设用地再开发的主要类型是"旧城镇、旧厂房、旧村庄改造""城镇改造""城中村改造""城市更新"等。村镇建设用地再开发主要是提升村镇土地利用效益，促进村镇经济增长方式转变，推动产业升级与结构调整，统筹城乡发展。目前，村镇建设用地再开发工作存在项目类型多、内容杂、规模参差不齐、业务环节复杂，涉及部门众多、业务协同困难，利益关系复杂、规划方案落实难、工程进度质量难以控制等许多问题，严重阻碍了村镇建设用地再开发工作健康、规范、有序、稳步开展，迫切需要现代化的监测监管手段及空间决策支持以提升管理水平（吴小芳，2015）。

建设用地再开发监管数据库主要是为建设用地再开发提供建设用地空间数据的存储和管理方法。建设用地空间数据的存储和管理方法通常有两种方式（图6-1）：空间数据文件存储管理和空间数据库存储管理（田树华，2011）。

图 6-1　基础数据处理流程

空间数据文件存储和管理是指空间数据以操作系统的文件形式保存在计算机中。其中具有代表性的有：MapInfo 使用的.WOR 和.TAB 文件，ArcInfo 使用的 Coverage 和 Shape 文件等。另外，为避免数据的冗余和不一致性等问题，空间数据应该采用统一的结构进行表达，而且空间数据文件之间应该建立联系，相同数据一般只存储一次。

空间数据库系统由三部分组成，包括数据库存储系统、数据库管理系统和数据库应用系统。其中，空间数据库存储系统指的是在计算机存储介质上存储的与应用有关的地理空间数据的总和，通常是以一系列特定结构的文件形式存储在硬盘、光盘等物理存储介质中。空间数据库管理系统则是指能够对介质上存储的地理空间数据进行语义和逻辑上的定义，提供必需的空间数据查询检索和存取功能，以及能够对空间数据进行有效的维护和更新的一套软件系统，如图 6-2 所示。空间数据库的数据库应用系统由空间分析模型和应用模型组成，通过它不但可以全面地管理空间数据，还可以运用空间数据进行分析和决策。

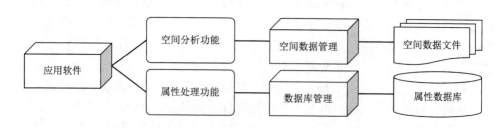

图 6-2　空间数据库系统处理流程

第二节　建设用地再开发监管数据库建设流程

建设用地监管信息系统数据库存储的数据内容既涉及建设用地的属性数据也涉及建设项目用地的空间数据。传统土地管理应用系统或者由于管理原因，或者由于技术原因，大多侧重于属性数据的管理，缺少建设项目用地的空间信息。再加上建设用地监管系统数据库信息量非常大，如果缺少建设用地项目准确的空间数据，会对实现建设用地全程监管带来很大困难（胡子昂等，2015）。

一、数据库设计原则

数据库在设计时除了应遵守面向应用需求、经济实用等原则，同时也应该遵守以下原则（王志杰，2014）。

1. 标准化原则

数据库设计严格按照遵守国家有关标准和行业标准。使用自定义标准的，必须提供详细说明书。

2. 安全性原则

有效地保护数据库，充分考虑系统数据冗余和容错能力，以及数据备份，保证系统的可靠性。系统在保证数据冗余的前提下，应充分考虑处理速度，而且数据冗余采用的是高级派生性冗余，而非低级重复性冗余。

3. 速度优先原则

设计数据库时优先考虑数据处理速度，在吞吐大量数据时，保证数据响应时间。

4. 历史数据保留原则

记录数据变化的历史轨迹，方便管理人员的数据管理。

二、数据内容分析

依据建设用地管理业务实际，数据大体上可分以下几类：基础地理数据、管理审批数据、土地审批依据数据、规划审批依据数据、土地执法数据，以及卫星遥感影像数据（黄杏元，2001）。

1. 基础地理数据

基础地理数据包括行政区划数据（区、乡、村三级行政区划）、分幅结合表图、最新地形图等。

2. 管理审批数据

土地管理数据包括年度方案编制、建设用地上报、建设用地报批、土地征收、土地供应、征收拆迁、收回收购、储备计划、供应计划、土地资产经营、建设工程规划许可、建设工程规划验收合格、农村土地整治等各类管理审批数据。

3. 土地审批依据数据

土地审批依据数据主要包括年度土地利用现状、土地利用总体规划、基准地价、统一年产值标准，以及综合区片地价数据。

4. 规划审批意见数据

规划审批依据数据包括规划道路、统一规划管理用图、工业园区控制性详细规划导则、城中村综合改造规划，以及设计条件、储备要点、选址定点、选址意见书、用地许可证、市政红线等。

5. 土地执法数据

土地执法数据包括各年度土地卫片执法检查及其日常土地执法巡查数据。

6. 卫星遥感影像

卫星遥感影像主要包括各年度卫星遥感影像数据。

三、空间数据库设计

本系统是基于国土资源"一张图"系统平台，而空间数据是存储于数据库中，因而采用空间数据库引擎调用空间数据。空间数据是建设用地监管"以图管地"思想的基础，没有项目空间数据，就难以在地图上准确直观地表示（刘晓童等，2013）。

在此仅列出土地征收空间数据的数据表结构，如表 6-1 所示。

表 6-1　土地征收空间数据表

字段名称	字段类型	字段长度	字段说明
年份	字符串	4	征地项目年份

续表

字段名称	字段类型	字段长度	字段说明
项目名称	字符串	50	项目名称
项目主管	字符串	50	项目主管
建设用地批准书	字符串	50	建设用地批准书
土地坐落	字符串	80	土地坐落
土地用途	字符串	200	按标准八大类的土地用途
土地面积	双精度数值		土地面积
备注	字符串	50	备注

四、属性数据库设计

属性数据是对建设用地空间实体信息的补充，是系统中各个功能模块进行分析、查询和统计的数据来源，因此属性数据库是系统运行不可缺少的重要部分。在此仅列出土地征收属性数据表结构，如表 6-2 所示。

表 6-2　土地征收属性数据表

字段名称	字段类型	字段长度	字段说明
XH	长整型		属性标识码
图形 OID	长整型		图形标识码
项目主管	字符串	50	项目主管
批次名称	字符串	200	批次名称
用地批文	字符串	50	用地批文
批复日期	日期型		批复日期
批复面积	双精度数值		批复面积
征地年份	字符串	4	征地年份
建设用地标准书	字符串	50	建设用地标准书
建设用地标准书日期	日期型		建设用地标准书日期
项目名称	字符串	200	项目名称
用地区域	字符串	50	用地区域
用地位置	字符串	200	用地位置
征地单位名称	字符串	200	征地单位名称
被征地单位名称	字符串	200	被征地单位名称
标准规划用途	字符串	50	标准规划用途
实际规划用途	字符串	200	实际规划用途

字段名称	字段类型	字段长度	字段说明
地籍测量号	字符串	200	地籍测量号
宗地号	字符串	200	宗地号
项目包主	字符串	100	项目包主
工业园区	字符串	50	工业园区
总用地	双精度数值		总用地
代征地	双精度数值		代征地
征地总费用	双精度数值		征地总费用
土地补偿费	双精度数值		土地补偿费
安置补偿费	双精度数值		安置补偿费
青苗补偿费	双精度数值		青苗补偿费
地上附着物补偿费	双精度数值		地上附着物补偿费
其他费用	双精度数值		其他费用
其他补偿费	双精度数值		其他补偿费
农业安置人口	整数数值		安置劳动人口
社保安置人口	整数数值		安置劳动力人口
农转非人口数	整数数值		农转非人口数
其他安置人口	整数数值		其他安置人口
货币安置人口	整数数值		货币安置人口
留地其他安置人口	整数数值		留地其他安置人口
水利建设基金	双精度数值		水利建设基金
新菜地开发建设基金	双精度数值		新菜地开发建设基金
耕地占用税	双精度数值		耕地占用税
征地管理费	双精度数值		征地管理费
拆迁住宅数	整数数值		拆迁住宅数
拆迁非住宅数	整数数值		拆迁非住宅数
拆迁住宅面积	双精度数值		拆迁住宅面积
拆迁非住宅面积	双精度数值		拆迁非住宅面积
视同征地项目	逻辑型		是否是视同征地项目
备注	备注		备注

五、数据处理与建库

监管系统的核心就是建设用地项目数据，项目数据不仅是监管工作的对象，也是监管结果赖以生成的数据源。建设用地项目数据包括"批、征、供、用"各管理环节数据，建库工作以此类数据的处理与入库为主，具体流程如图 6-3 所示。

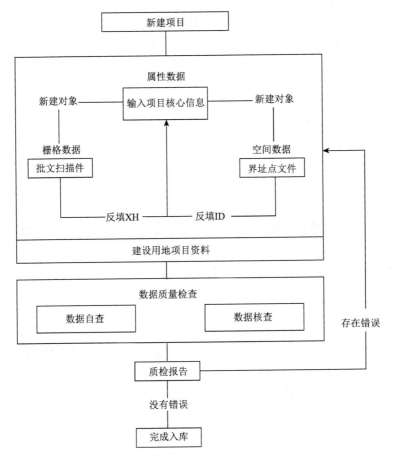

图 6-3　建设用地项目数据建库流程图

下面以建设用地批复数据建库为例介绍建库流程。

1. 增加批复项目

利用系统"用地批复数据管理"工具，再选择"新建"按钮，输入批复核心信息，包括批次名称、项目名称、用地批文、批复日期、土地坐落、规划用途、总用地、农用地、耕地、建设用地及未利用地等，点击"保存"按钮完成批复项目新增入库。

2. 批复项目空间信息入库

以项目主管和用地批文为关联字段，按国土资源部或地方规定坐标格式，加载界址点坐标文件路径到界面指定位置并选择坐标格式类型，然后选择"保存图形"按钮，将项目核心信息中的批次名称、项目名称、项目主管、用地批文、土地坐落、规划用途同步到对应项目空间数据中，完成项目空间信息入库操作。

3. 数据质量检查

数据质量检查是检查必填数据是否完整、图形面积与总用地是否匹配、用地结构逻辑关系是否正确、用地批文扫描件是否上传等。通过质量检查可及时发现数据质量问题并修改数据错误。

第三节　建设用地再开发监管数据库建设内容和结构

一、建设用地再开发监管数据库建设内容

建设用地再开发监管数据库建设按照相关数据库标准的要求，建立集空间信息和属性信息为一体的成果数据库。建设用地再开发监管数据库内容主要包括：基础地理信息数据、土地利用数据、土地权属数据、土地登记数据、栅格数据、表格、文本等其他数据，具体内容如下。

1）基础地理信息数据：包括测量控制点、行政区、行政区界线、等高线、高程注记点、房屋等；

2）土地利用数据：包括地类图斑、线状地物、零星地物（可选）、地类界线等；

3）土地权属数据：包括宗地、界址线、界址点等；

4）土地登记数据：土地登记过程中形成的注册登记数据；

5）栅格数据：包括文档对象模型（Document Object Model，DOM）、数字高程模型（Digital Elevation Model，DEM）、数字栅格地图（Digital Raster Graphic，DRG）和其他栅格数据；

6）元数据：包括矢量数据元数据、DOM元数据、DEM元数据等；

7）其他专题数据：包括基本农田数据、开发园区数据等。

建设用地再开发监管主要是指对实行再开发的建设用地地块进行监督管理，包括建设用地再开发规划管理、现场监测、业务管理、过程监管和信息服务五大部分（图6-4）。其中，规划管理是指对建设用地再开发的地块基本信息、年度改造实施计划和中长期远景目标等信息的管理。现场监测则是指

对现场进行监测，依据收集得到的现场视频、图像、航拍数据等信息对违规现场的变化进行识别，及时发现问题，监管建设用地再开发过程。业务管理则是指对建设用地再开发专项规划和年度实施计划组织项目申报工作的管理，包括项目申报、材料审核、省市级批复和相关信息发布等业务过程的管理。过程监管则是指监管平台的运行，对项目审报、建设、建后全过程进行监管。信息服务是指在建设用地再开发全过程中，向各业务部门提供业务学习、信息交流、新闻发布、法律法规查询等信息服务（郑沃林等，2014；白亚男等，2008；王磊等，2015；陈全平，2010）。因此，在建立数据库内容时需兼顾监管全流程的数据需求。

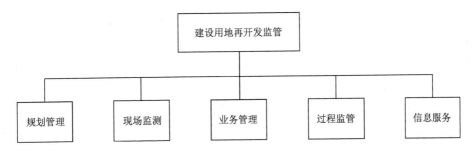

图 6-4　建设用地再开发数据库建设所涵盖的监管内容

二、建设用地再开发监管数据库建设结构

通过对网络应用系统开发模式的分析，按照系统的具体要求，结合目前的主流技术方向，建设用地再开发监管数据库是基于 C/S 和 B/S 相结合的模式进行开发，采用 SOA 架构。选配高性能计算机作为数据库服务器，以业务数据库和空间信息数据库为核心，实现对建设用地动态管理。

（一）逻辑结构

系统在逻辑中分三层构件，即用户界面层、应用程序层和数据服务层三个层次组成。结构设计如图 6-5 所示。

用户界面层允许用户通过用户界面进行操作，输入访问请示，并得到客户端软件的反馈。应用程序层为响应客户端用户的访问请求提供数据处理的应用工具，并将服务器处理的结果返回给客户端，为客户端提供服务。数据服务层用来存储和提供系统所需处理的数据，它包括空间数据、属性数据库和相关的文档数据库。

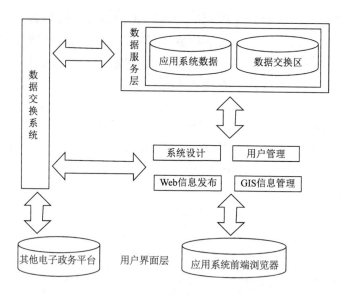

图 6-5　系统的逻辑结构

1. 用户界面层的设计

用户界面层也体现为客户端层，这层的设计原则是以用户为中心，主要是专注用户的交互功能，建立具有统一界面风格的、基于标准窗口系统的图形用户界面，最大限度降低用户服务层的数据处理工作。本系统的用户界面层采用的是 B/S 方式的设计模式，整个系统采用通用的浏览器在用户界面层，通过使用建设用地动态管理系统用户来办理业务和进行图形控制，而不需要安装任何图形操作软件。同时，具有界面设计合理，窗口显示内容协调一致，高效利用屏幕，以及功能菜单具有层次感等特点。为给用户提供反馈，还建立了有效的错误处理机制。

2. 应用程序层的设计

应用程序层是建设用地动态管理系统实现的关键层，它主要包括业务流程管理功能、用户管理功能、GIS 图形管理功能和 Web 信息发布功能的设计。

1）业务流程管理功能从以下四个方面完成设计：业务逻辑控制、业务流程设计、业务组件编码和业务组件。

业务逻辑控制——主要是完成每个业务流程内容的设计。在系统建设中，先对该系统涉及的建设用地动态管理相关业务进行分析，如土地市场中土地交易业务、土地利用中供地审批业务等，然后理清这些业务间的流程关系，结合具体的工作实际，建立相应的业务流程，最后将各个业务流程中的每个活动进行细化，并实现其功能和操作。

业务流程设计——主要是完成流程过程的设计。在业务流程中会涉及大量的图件、表格等，它就是对这些材料进行管理，确定每个业务的具体顺序，明确该业务所做的工作内容，从而模拟实际工作建立业务流程。

业务组件编码——主要是完成业务流程中代码的设计。它给业务流程中每一业务、每一工作活动、每一操作编一个代码。这样系统就可以方便简单地管理所有流程，更易实现系统工作。

业务组件实现——主要是完成业务逻辑或操作的封装。它将每个业务流程的逻辑或操作封装在一起，做成组件或插件方便重复调用。

2）用户管理功能主要是先分析用户在每个业务流程中的角色，然后进行相应管理逻辑规则的设计，以管理保存在数据库中的用户信息。

3）GIS 图形管理功能即对空间数据的操作管理，主要是在建设用地动态管理系统中建立一个统一的 GIS 的空间数据和属性数据。如用地的图形查询、地类的图层管理及数据输出等。

4）信息发布功能主要是将建设用地动态管理过程中需要发布的信息从系统数据库中提取出来，进行数据转换，从而进行信息发布。

3. 数据服务层的设计

数据服务层主要是统一管理各个数据库中的数据。建设用地管理的每个业务流程都建立了一个对应的数据库，为对数据库进行维护还建立了一个相应的工具。因业务流程活动多、涉及的数据既有空间图形数据又有属性数据，所以在该层的设计中要对以上数据完全掌握。另外，因数据存在交换和共享的情况，所以在设计中要考虑数据间的关系，尽量不让数据冗余。

空间图层数据有基础图件和各个业务专题层，在建设用地管理中每一宗项目用地的宗地图都是独立的，可以存放在某个业务中的专题图层中，它与其他业务图层不存在冲突，但各个业务层间还可以共用如土地规划底图等基础图件。对于数据层中的属性数据，主要是指业务流程中每个业务所涉及的表单等数据，由于它们的格式不一定一样，这就要求在数据服务层的设计中将其进行统一，设计成公共表，方便数据之间的交换和共享。

（二）功能模块结构

根据业务管理及其应用工作要求，系统设计以下 8 个功能模块。

1）权限管理模块。实现对系统使用角色和用户进行严格的权限控制，各权限用户各负其责，使用不同的功能完成建设项目核心信息录入、计算分析、查询统计与报表输出等。

2）空间数据管理模块。集成土地管理审批、土地报批依据、土地管理基础、规划管理依据，以及土地执法遥感监测数据（动工情况）和基础地理等审查相关数据，实现建设用地报批项目空间数据的管理、查询、统计汇总及新增建设用地图斑统计分析、各类用地现状分析和规划符合性分析。

3）建设用地批复管理模块。实现建设用地批复核心备案信息管理，提供批复项目空间图形数据与批复扫描件数据入库功能。

4）土地征收管理模块。实现土地征收核心备案信息管理，提供征收项目空间图形数据与征收扫描件数据入库及"征地率"计算与"批而未征"预警功能。

5）土地供应管理模块。实现土地供应核心备案信息管理，提供供应项目空间图形数据与供应扫描件数据入库及"供地率"计算与"批而未供"预警功能。

6）土地利用管理模块。实现土地利用核心备案信息管理，提供"利用率"计算与闲置土地预警功能。

7）查询统计分析模块。实现建设用地"批、征、供、用"分区域、分用途、分年份等多条件的汇总统计等。

8）报表输出模块。实现一定时间段内建设用地批复项目的征、供、利用率分析与计算及汇总统计，提供汇总数据表格输出功能。

第七章　建设用地再开发监管数据分析与辅助决策技术

第一节　数据分析与辅助决策技术概述

一、数据挖掘概述

（一）数据挖掘概念

数据收集和数据存储技术的快速进步使得各组织结构可以积累海量数据。然而，提取有用信息已经成为巨大的挑战。由于数据量太大，难以使用传统的数据分析工具和技术处理它们。有时即使数据集相对较小，但由于数据本身具有一些非传统特点，也不能使用传统的方法处理。在另外一些情况下，面临的问题不能用已有的数据分析技术来解决，因此需要开发新的方法。

数据挖掘，又称为数据库中的知识发现，是一种从大量数据中提取有效的、新颖的、潜在有用的、最终可以被理解的模式的非凡过程，它将传统的数据分析方法与处理大量数据的复杂算法相结合，融合数据库系统、人工智能、统计学、机器学习、信息科学等领域，为探查和分析新的数据类型，以及用新方法分析旧有数据类型提供了令人振奋的机会（钟晓等，2001）。目前数据挖掘技术已经在各行业的决策支持活动中扮演着越来越重要的角色。

（二）数据挖掘过程

数据挖掘是将未加工的数据转换为有用信息的整个过程，如图7-1所示。一般来说，数据挖掘需要经历以下过程：确定挖掘对象、数据选择、数据预处理、数据挖掘和信息解释。下面详细介绍各个数据挖掘的步骤。

1. 确定挖掘对象

定义清晰的挖掘对象，认清数据挖掘的目标是数据挖掘的第一步。数据挖掘的最后结果往往是不可预测的，但是要解决的问题应该是有预见性的、有目标的。在数据挖掘的第一步中，有时还需要用户提供一些先验知识。这些先验知识或是用户的业务领域知识或是以前数据挖掘所得到的初步成果。这就意味着数据挖掘是一个过程，在挖掘过程中可能会提出新的问题，可能会尝试用其他的方法来检验数据，并在数据的子集上展开研究。

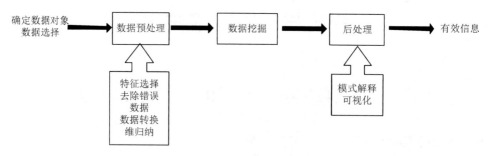

图 7-1　数据挖掘过程

2. 数据选择

数据是挖掘知识最原始的资料。根据用户要求，从数据库中提取与数据挖掘相关的数据，才能挖掘到有用的知识。

3. 数据预处理

选择数据以后，就需要对数据进行预处理。数据预处理包括：去除错误数据和数据转换。错误数据，在统计学中称为异常值，应该在此阶段发现并且删除。否则，它们将产生错误的挖掘结果。同时，需要将数据转换成合适的形式。例如，在某些情况下，将数据转换成向量形式。另外，为了寻找更多重要的特征和减少数据挖掘步骤的负担，可以将数据从一个高维空间转换到一个低维空间。

4. 数据挖掘

根据数据和数据库中知识发现任务的要求，选择合适的数据开采算法（包括选取合适的模型和参数），在数据库中寻找感兴趣的模型，并用一定的方法表达成某种易于理解的形式。

5. 后处理

对数据进行挖掘后，需要对挖掘结果进行后处理。后处理主要包括模式解释和可视化。模式解释：首先，通过数据挖掘技术发现的知识需要专家对其进行解释，帮助解决实际问题；其次，根据可用性、正确性、可理解性等评价指标对解释的结果进行评估，必要时需要返回前面处理中的步骤以反复提取。只有经过这一步骤的过滤，数据挖掘的结果才能够被应用于实践。可视化：可视化技术主要是通过图形化的方式显示数据和数据挖掘的结果，从而帮助用户更好的发现隐藏在数据之后的知识。数据和信息的可视化显示对用户来说非常重要，因为它能够增强可理解性和可用性。

（三）数据挖掘任务

数据挖掘任务主要分为两大类。一是预测任务，任务目标是根据其他属性的值预测特定属性的值。被预测的属性一般称为目标变量或因变量，而用来做预测的属性称为说明变量或自变量。二是描述任务，任务目标是导出概括数据中潜在联系的模式（相关、趋势、聚类、轨迹和异常）。本质上，描述性数据挖掘任务通常是探查性的，并且常常需要后处理技术验证和解释结果（吴辉，2009）。常见的数据挖掘任务有概念描述、关联分析、聚类分析、分类与预测、时序模式和偏差分析等。

1）概念描述：本质上就是对某类对象的内涵特征进行概括。用一个概念代表包含大量数据的数据集合总体情况的整体信息，即该类的内涵描述，并用这种描述构造模型。

2）关联分析：从广义上讲，关联分析是数据挖掘的本质。既然数据挖掘的目的是发现潜藏在数据背后的知识，那么这种知识一定是反映不同对象之间的关联。关联知识反映一个事件和其他事件之间的依赖或关联。数据库中的数据一般都存在着关联关系，这种关联是复杂的，有时是隐含的。关联分析的目的就是要找出数据库中隐藏的关联信息。关联分析发现关联规则，这些规则展示属性—值频繁的在给定数据集中一起出现的条件。这种关联关系有简单关联、时序关联、因果关联、数量关联等。

关联规则挖掘是关联知识发现的最常用方法，其中最为著名的是 Agrawal 等提出的 Apriori 及其改进算法（陈文伟等，2002）。一般用支持度和可信度两个阈值度量关联规则的相关性，并且不断引入兴趣度、相关性等参数，使得所挖掘的规则更符合需求。

3）聚类分析：一般把学习算法分成有监督学习和无监督学习两种方式，主要区别是有无类信息作为指导。聚类分析是典型的无导师学习算法，主要是不考虑已知的类标记，按照相似性将数据对象归纳成若干类别，同一类中的数据彼此相似，不同类中的数据相异。聚类分析可以建立宏观的概念，发现数据的分布模式，以及可能的数据属性之间的相互关系。目前常见的聚类算法有基于划分的算法（王骏等，2012）、基于层次的算法（孙吉贵等，2008）、基于密度和网格的算法（Pavan et al.，2007）等。

4）分类和预测：分类是数据挖掘中的一个重要的目标和任务。分类就是找出、描述并区分数据类或概念的模型，以便能够使用模型预测类标记未知的对象类。分类的目的是学会一个分类函数或构造一个分类模型（也常被称作分类器）。要构造这样一个分类器，需要有一个训练样本数据作为输入。分类器的作用就是能够根据数据的属性将数据分派到不同的组中。这样就可以利用该分类器来分析已有数据，并预测新数据将属于哪一个组，即数据对象的类标记。分类描述一般用规则或者决策树模式等表示，目前比较常见的分类算法有 K 最近邻算法（K-Nearest Neighbor Algorithm）（桑应宾，2009）、决策树算法（李玲俐，2011）、支持向量机算法（Support Vector Machine，SVM）（彭璐，2007）和贝叶斯分类算法（姜卯生，2004）等。预测是利用历史数据找出变化规律，建立模型，并由此模型对未来数据的种类及特征进行预测。预测关心的是精度和不确定性，通常采用预测方差来度量。预测的主要方法有统计学中的回归分析等。

5）时序模式：时序模式是指通过时间序列搜索出的重复发生概率较高的模式。与回归一样，它也是用已知的数据预测未来的值，但这些数据的区别是变量所处时间的不同。

6）偏差分析：在偏差中包括很多有用的知识，数据库中的数据存在很多异常情况，发现数据库中数据存在的异常情况是非常重要的。偏差检验的基本方法就是寻找观察结果与参照之间的差别。

二、专家系统概述

（一）专家系统概念

专家系统定义为：使用人类专家推理的计算机模型处理现实世界中需要专家作出解释的复杂问题，并得出与专家相同的结论。简言之，专家系统可视作"知识库"和"推理机"的结合（张煜东等，2010）。

专家系统是一个具有大量专业知识，并能运用这些知识解决特定领域中实际问题的计算机程序系统。它应用人工智能的理论与技术，根据一个或多个人类专家提供的特殊领域知识进行逻辑推理，模拟人类专家思维的过程解决那些需要由专家来解决的问题。它可以处理符号知识，利用启发式知识阳氏搜索复杂性，提供良好的解释和吸收新知识的能力。与一般的情报检索及数据库不同，专家系统不仅具有咨询的功能，更重要的是由于使用了人工智能中的符号表示、符号推理和启发式搜索等一系列技术手段，使系统能根据实际需要自行处理有关知识，具有逻辑推理功能（夏敏，2000）。

（二）专家系统的主要任务和特点

建造专家系统的主要任务是知识的形式化和知识库的实现，这是一个重要而困难的问题。许多专家系统所需的成百条规则和大量事实往往是靠访问有关领域专家获取的。把专家的知识表示成知识和规则是枯燥而费时的过程。目前，专家系统的知识表示主要有规则形式、谓词逻辑、语义网络、框架、过程性知识等几种形式。

一个完整的专家系统（丁洁等，2015）要具备以下三方面的特点。

1）启发性。专业知识多是启发性知识。人类专家在实践中积累起来的大多数知识经验，往往仅在一定的背景下得到验证，没有严谨的理论依据，但对于解决实际问题却又是简洁有效的，专家系统要使用这类知识就必须采用启发式的方法。

2）透明性。能够对自身的知识及解决分析问题的推理过程进行解释。即具有解释功能，避免出现那些由于不知道其工作过程而对失误处理的危害无从控制的现象。使系统可以回答用户提出的各种问题，告诉用户系统是如何解决这类或那类问题的，在这个过程中运用了哪些知识，这些知识的内容、来源及其合理性，等等。如果专家系统像黑箱结构一样，给出结论而不做任何解释，势必会影响用户对这些结论的信任程度，尤其是系统给出的结论与用户的看法相矛盾时。同时较好的透明性也有助于知识的检验和修改。

3）灵活性。资源领域内的专家们随着生态环境的演变，经济结构的调整，往往需要精炼和充实已有的知识以便处理新的问题。因此专家系统必须具有很强的灵活性。从实践中也可以发现，建造一个高水平的专家系统往往需要根据具体实例对系统的各项功能进行反复的测试和修改。同时，灵活性是提高专家系统的通用化，使其可以推广到其他应用领域的必要条件。

三、知识推理概述

知识是人类在实践中对客观世界的认知和经验所积累的总和，是客观事物信息的反映。知识推理（Knowledge Reasoning）就是根据所获得的信息通过分析、推理得出决策规则，知识推理就是问题求解的过程，是智能决策系统的核心部分。在人工智能领域，知识获取、知识表达是问题求解知识系统的前提条件，知识推理为问题求解的主要手段。常用的一些知识推理方法主要包括正向推理、逆向推理、双向推理、非精确推理、基于语义的推理、基于案例的推理、逻辑推理和智能推理等。

第二节　监管数据的异常发现

建设用地再开发过程变化快速检测与智能化违规发现技术是利用计算机视觉的方法，结合应用了图像识别和人工智能技术，通过对视频中的图像序列进行自动分析，实现对改造实施过程中重要时间段的自动检测及全程视频的自动录制，对建设用地再开发过程中违规情况的自动识别，从而做到既能完成日常管理又能及时对异常情况做出反应，实现建设用地再开发过程变化的快速自动检测与智能化违规预警。建设用地再开发中存在海量的空间数据、文本数据和视频数据等，在这些数据中往往会存在很多异常的信息，即建设用地再开发数据中有部分数据与其余数据相比明显不一致的称为异常值，又称为离群值（于博，2010）。随着对异常挖掘研究的深入，目前对应于不同的应用领域出现了许多异常数据挖掘算法，一般可以概括为以下三种，如图 7-2 所示。

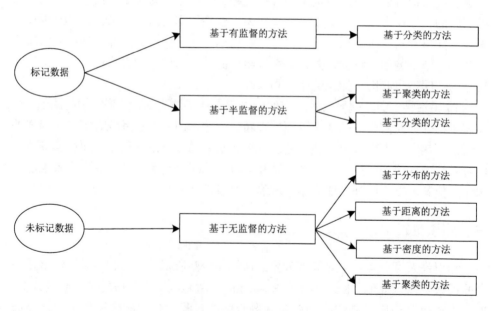

图 7-2　异常信息发现方法

1. 基于监督的异常数据发现

基于监督的异常数据发现实质上是一种分类方法，它需要事先将含有标签的数据进行训练，建立区分正常或异常的模型，然后根据模型在检测阶段区分测试集数据是正常还是异常。这种方法通常适用于静态数据集或数据行为变化很小的动态数据集，如果数据变化很大，原先建立的分类模型就不能反应数据集的数据正常或异常的行为特性，因此，往往要重新选择训练集来建立分类模型，这样代价是很大的。

基于监督的异常数据挖掘相对于半监督和无监督的方式其检测率较高，但也存在各方面的缺陷：异常数据的检测率与训练阶段训练集的选择有很大的关系，训练集的建立往往会依赖于领域专家的分析和构造，花费的代价较高；该方法对训练集中训练的已标记类别的异常有很好的检测率，但对未标记的异常往往检测率较低；该方法适用于正常和异常数据量比较平均的情况，不能有效地解决异常数据量很少的数据集的分类问题。

2. 基于半监督的异常数据发现

通常情况下异常数据在数据集中占用的比例很少，使用监督的方法建立分类模型往往在实际应用中是很不现实的，基于半监督的异常数据挖掘方法就是在这种情况下提出来的，它通常是用大量的正常标签数据进行建模，建立正常数据对象的分类模型，然后在检测阶段将分类边界的数据标记为异常数据；近年来又出现了另一种半监督的异常数据挖掘模型，它是通过对少量的标记数据进行监督学习，然后在监督学习的基础上对大量的无标记数据进行指导学习，这种方法结合了监督学习和无监督学习的优点，具有很好的实用价值。

3. 基于无监督的异常数据发现

基于无监督的异常数据发现通常建立在一个假设上，即数据集中正常数据的样本数远远大于异常数据的样本数，该方法无需任何先验知识也无需事先对标记数据进行处理，当某种数据与大多数样本数据差异性较大时，则这个数据是异常数据的可能性极大。从 20 世纪 80 年代开始，基于无监督的异常数据发现在统计学领域得到了广泛的研究，随着研究的深入及不同应用领域的需求，无监督的异常数据发现逐渐深入到模式识别、人工智能和机器学习的研究领域，学者们提出了许多无监督的异常数据挖掘技术（王海起等，2005）。

针对建设用地再开发数据的海量性、多维性、多源性和异常数据难以发现等特点，李德仁等（2002）深入研究基于无监督的建设用地监管数据异常信息发现的方法，目前常用的方法主要有：基于距离的方法、基于密度的方法和基于聚类的方法。

1）基于距离的方法。其实质是将异常数据对象看作是在阈值 d 内其邻居比较稀疏的对象。基于距离的异常数据挖掘方法又可以分为三种，即基于索引（Index-based）的方法、基于循环嵌套的方法（Nested-loop）、基于单元（Cell-based）的方法。其中，基于单元的方法是建设用地再开发监管数据异常发现常用的方法，是将数据空间划分为多维单元，每个数据对象与具体的单元紧密相关，通过查找某个数据对象所在的单元及相邻单元的数据对象来确定该对象是否异常数据对象。

2）基于密度的方法。基于密度的异常信息发现是通过计算数据之间的距离，以及与给定范围内数据的个数相结合来得到"密度"的概念，然后将数据对象的异常程度与它周围的数据的密度相关联。

3）基于聚类的方法。聚类方法和传统的异常数据挖掘在本质上有很大的不同。基于聚类的异常信息发现首先是对数据集进行聚类操作，然后再针对聚类簇进行异常数据的判断，是一个有效的异常数据挖掘方法，适用于建设用地数据中大规模和低维的异常信息发现。

第三节　监管信息的关联分析

建设用地监管数据具有几何和属性特征，记录了建设用地的位置、形状、大小、空间分布特征、相关关系及质量数量等信息，具有海量性、多维性、多尺度、柔性边界和复杂的相关性等特点（李雪伍等，2007）。海量性和多维性要求挖掘方法具有高效、弹性和智能性；多尺度和柔性边界又要求挖掘方法具有在不同抽象层次挖掘和处理、表达不确定性信息的能力；复杂的相关性则要求空间关联规则挖掘方法在简化空间计算的同时，尽可能真实地反映关联规则知识。因此，传统的关联规则挖掘方法难以针对建设用地的监管数据的特点进行分析，需要进一步的空间关联规则模式分析。

空间关联规则是传统关联规则在空间数据挖掘领域的延伸，是空间数据挖掘的重要组成部分同时也是基本任务之一，其目的在于发现空间实体间的相互作用、空间依存、因果或共生的模式。针对建设用地监管数据的特点，目前建设用地监管数据空间规则挖掘方法（赵需生等，1998）主要有以下三种。

1. 基于聚类的图层覆盖法

该方法的基本思想是将建设用地的空间或非空间属性作为一个图层，对每个图层上的监管数据点进行聚类，然后对聚类产生的空间紧凑区进行关联规则挖掘。该方法缺点是：①关联规则的挖掘结果依赖于图层数据点的聚类结果，很大程度上受到聚类方法的影响，具有不确定性；②无法处理在空间上具有均匀分布特点的属性。

2. 基于空间事务的挖掘方法

在建设用地监管数据库中利用空间叠加、缓冲区分析等方法发现目标挖掘对象和其他挖掘对象之间组成的空间谓词，将空间谓词按照挖掘目标组成空间事务数据库，进行单层布尔型关联规则挖掘。为提高计算效率，可以将空间谓词组织成为一个粒度由粗到细的多层次结构，在挖掘时自顶向下逐步细化，直到不能再发现新的关联规则为止。

3. 无空间事务挖掘法

空间关联规则挖掘过程中最为耗时的是频繁项集的计算，无空间事务挖掘法试图直接进行空间关联规则的挖掘。通过用户指定的邻域，遍历所有可能的邻域窗口，进而通过邻域窗口代替空间事务，然后进行空间关联规则的挖掘。此方法关键在于邻域窗口构建与处理。

目前，基于空间事务的挖掘方法是建设用地监管数据空间规则挖掘中应用最广泛，技术最成熟，挖掘结果也是最好的。下面给出基于空间事务挖掘方法的基本框架（图7-3）和具体步骤。

①了解建设用地再开发的相关背景和专业知识，对挖掘目标和预期结果有初步的了解。②根据建设用地监管信息，明确所涉及的数据，包括改造范围、土地利用现状、改造成本、改造模式、改造方案、规划方案、历史文化保护、市政及服务设施等，进行数据试验，从各种数据源抽取挖掘所需数据。③提取建设用地地块的空间、属性数据和其他数据，并对数据进行整理、概化、泛化，缺失数据的插值等必要的预处理。④根据领域专家或相应的算法对建设用地的空间、属性和其他数据生成空间和属性层次概念树，进行空间谓词计算和属性计算，生成不同层次的空间事务集。⑤结合建设用地空间事务集的概念树和相应的最小支持度生成各层次上的频繁项集。⑥利用关联规则生成算法，在频繁集上获取关联规则。⑦通过邻域专家和先验知识库，对发现的空间关联规则对建设用地监管数据的挖掘结果进行解释和评价。⑧应用发现的关联规则知识。发现的知识可以应用于建设用地再开发的相关领域，例如"旧城镇、旧厂房、旧村庄改造""城镇改造""城中村改造""城市更新"、城镇建设用地综合整治、农村建设用地综合整治、城乡结合部建设用地整治等，也可拓展应用到其他领域。整个空间事务挖掘过程是一个不断反复的过程，直到挖掘出适用于建设用地再

开发的有效结果整个过程才结束。

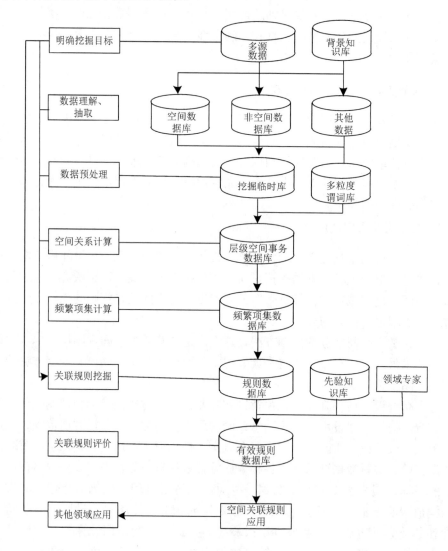

图7-3 基于空间事务的建设用地建设数据挖掘方法基本框架

第四节 监管信息的智能评价

一、基于神经网络的评价

人工神经网络，是人脑的一种仿生模型，是由大量的简单处理单元（或称为神经元）广泛连接而形成的复杂网络系统，按照某种拓扑结构连接而成。由于这种方法在处理问题时不需要了解输入输出之间的相互关系，自学习功能能够"记忆"样本所含的信息，网络根据训练样本的数据自动寻找相互关系，给所研究的系统以具体的数学表达，从而使系统的定量、预测及优化成为可能，大大减少处理问题的工作量，因而适用于数据量庞大的建设用地监管信息的智能评价。

在神经网络模型中，最具代表意义和广泛应用的就是反向传播（Back Propagation，BP）神经网络。BP 神经网络模型是由输入层、输出层和若干个隐含层组成的前向连接模型，同层各神经元互不连接。相邻层的神经元通过权连接。多层反向传播算法（即 BP 算法）是其常用的算法（阎平凡等，1999；刘普寅等，2002），如图 7-4 所示。

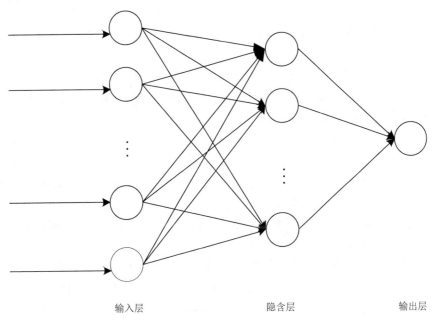

输入层　　　　　　　　　　隐含层　　　　　　　　输出层

图 7-4　多层前馈的 BP 神经网络

典型的 BP 神经网络是由输入层、隐含层和输出层三部分组成，各层之间实现权连接，其强度由对应的权值来确定。从输入层开始逐层连接，到输出层连接结束，同层节点间无连接。隐含层的激励函数一般为非线性函数，输出层的激励函数可以是线性的，也可以是非线性的。网络的工作过程通常有两个阶段组成：一个阶段是学习期，在这一阶段，各节点的输出保持不变，网络的学习是从输出层开始，反向逐层逐个节点计算各连接权值的修改值，以修改各连接权值，直到输入层为止；另一个阶段是工作期，在这一阶段，网络各节点的连接权值不变，网络的计算从输入层开始，逐层逐个节点计算各个节点的输出，直到输出层的各节点计算完毕。

BP 神经网络具有神经网络所共有的功能，可以逼近任意复杂的非线性系统、学习方法简单、运行速度快、能恢复受损信息，而且在结构、组成和功能上也有独特之处，将其应用于建设用地监管信息评价领域具有一定的可行性，具体体现在：①BP 神经网络可以实现输入和输出间的任意非线性映射，易处理隐含在建设用地监管数据中的映射逼近问题，并具有强大的并行处理机制，高度自学习、自适应能力，内含大量可调的参数，给建模和分析带来极大的方便，从而可使建设用地监管信息的评价具有较强的灵活性；②进行建设用地监管信息的评价时，有些社会人文因素具有模糊性，人工神经网络的后天学习能力能够使评价因子随环境的变化而不断学习，可从大量未知模式的复杂数据中发现规律，同时 BP 人工神经网络可以再现专家的经验、知识和直觉思维，能较好地保证评价结果的客观性。

下面具体描述建设用地监管信息评价 BP 神经网络模型的设计。

输入层的确定。输入层的神经元可以根据需要求解的问题和数据表示方式确定。建设用地监管信息的智能评价是根据建设用地监管信息中的自然、社会、经济因素对建设用地的适宜性、生产潜力、节约集约度等特性进行评价，并划分建设用地的等级。在传统的评价方法中，必须确定建设用地评价的指标体系。由于人工神经网络具有自学习性，进行建设用地监管信息评价时不需要预先确定指标权重体系，建设用地影响因子对建设用地不同特性的影响规律可由神经网络模型通过对样本的学习取得。因此，可以把建设用地评价的影响因子作为神经网络输入层的神经元。

输出层的确定。建设用地评价的结果是建设用地某种特性的程度或等级，故网络的输出应能反应这一结果。输出层神经元个数依模型的设计思想的不同而不同。一般来说，可以用一个在一定范围内如一连续变化的实数代表该特性程度的量化，故输出层可用一个神经元来表示。

隐含层的确定。隐含层神经元只具有计算意义，其数目没有严格的规定。一个公认的指导原则是在没有其他经验知识时，符合给定样本的、最简单的、规模最小的网络就是最好的选择，这相当于是样本点的偏差在允许范围条件下用最平滑的函数去逼近未知的非线性映射。隐含层神经元数目增加，优化曲面的维数增加，使得网络能鉴别各种样本，但计算和存储量增加，同时有可能出现过拟合。此时，随着训练次数的增加，虽然网络在训练集上的误差继续下降，但在其他样本上的误差反而可能上升，推广能力下降。

基于 BP 神经网络建设用地监管信息评价的主要过程是在资料收集整理的

基础上，首先建立评价体系、选取评价因子及确定评价单元，并将评价因子输入，其次训练神经网络评价模型和利用神经网络进行评价，最后生成各评价单元评价结果图。具体流程图如图 7-5 所示。

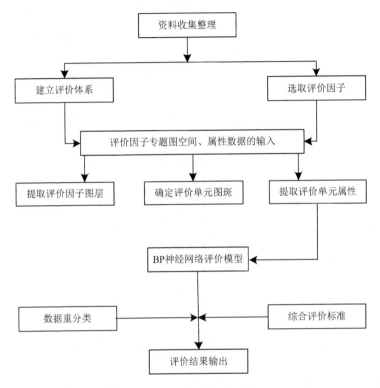

图 7-5　基于 BP 神经网络的建设用地监管信息评价过程

二、基于模糊预测的评价

基于模糊预测的综合评价是解决多因素、多指标综合问题的一种行之有效的决策方法。针对建设用地再开发评价中多因素、多指标、多目标等特性，应用模糊关系合成的特性，根据给出的评价准则和实测值，用多个指标对建设用地中某一评价特性的隶属等级状况进行综合性评判，既对被评价的建设用地的变化区间做出划分，又对建设用地属于各个等级的程度做出分析，使得对建设用地的描述更加深入客观，分析结果更加准确（胡月明等，2001）。

基于模糊预测的综合评价具体操作流程如图 7-6 所示。

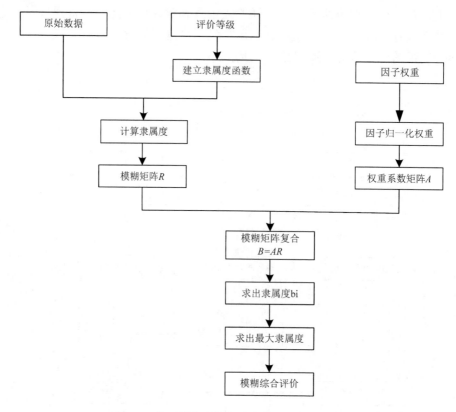

图 7-6 基于模糊预测的综合评价操作流程图

模糊综合评判一般方法可归纳为以下几个步骤。

1）建立建设用地评判因素集 $U = \{u_1, u_2, \cdots, u_n\}$。因素就是建设用地的各种属性或性能，也称为参数指标或质量指标，它们能综合地反映出建设用地的质量，因而可由这些因素来评价建设用地。

2）建立建设用地的评判集 $V = \{v_1, v_2, \cdots, v_n\}$，即建设用地评价的等级。

3）建立单因素评判，即建立一个从 U 到 $F(V)$ 的模糊影射。

$$u_i \rightarrow f(u_i) = \frac{r_{i1}}{v_1} + \frac{r_{i2}}{v_2} + \cdots + \frac{r_{im}}{v_m}$$

式中：$0 < r_{ij} < 1$；$1 < i < n$；$1 < j < m$。

由 f 可以诱导出模糊关系，得到模糊矩阵：

$$R = \begin{bmatrix} r_{11} & r_{11} & \cdots & r_{1m} \\ r_{21} & r_{21} & \cdots & r_{2m} \\ \vdots & \vdots & & \vdots \\ r_{n1} & r_{n1} & \cdots & r_{nm} \end{bmatrix}$$

R 为单因素评价矩阵，于是（U，V，R）构成了一个综合评价模型。

4）隶属函数的确定。根据某一参评指标的实际分值 x_i，确定其隶属度 u_{ij}（$0 \leqslant u_{ij} \leqslant 1$，$i = 1, 2, \cdots, n; j = 1, 2, \cdots, m$）。$u_{ij}$ 越大，表明该指标属于某一等级程度越大。若 $u_{ij} = 0$，则不属于该等级；$u_{ij} = 1$，则完全属于该等级。计算隶属度 u_{ij} 的方法很多，其中线性函数最简单。

5）确定权重集。每个选定的指标因目的不同，反映问题的程度不同，使得它们之间的重要性存在差异。在进行评估之前，应先确定指标权重向量。常用的方法是专家打分法和层次分析法。

6）综合评价。由于 U 对中各因素有不同的侧重，需要对每个因素赋予不同的权重，权重值可表示为一个模糊集 $A = (a_1, a_2, \cdots, a_n)$ 且规定

$$\sum_{i=1}^{n} a_i = 1$$

在 R 与 A 求出之后，则综合评判模型为 $B = AR$。即 $B = (b_1, b_2, \cdots, b_m)$，它是 V 上的一个模糊子集，其中

$$b_j = V(a_i \wedge r_{ij}) \quad (j = 1, 2, \cdots, m)$$

如果评判结果

$$\sum_{j=1}^{m} b_j \neq 1$$

就对其结构进行归一化处理。

第五节　违法处理的智能决策

信息融合实质就是充分利用多个传感器或多特征属性的感知数据，以一定的规则合理的使用和支配这些感知数据，综合多方位的不完整的局部环境

信息，消除信息间可能存在的矛盾，得到对感知对象的描述或解释，又叫多源信息融合或多传感器信息融合。可见，多源信息融合过程本质上仍然是一个信息处理的过程，只是其处理的多源信息是多级别的、多方面的、多层次的（刘涛，2013）。

一、违法事实信息融合

针对建设用地违法事实来源广泛，包括实地调查数据、卫片执法数据和无人机执法数据等，深刻进行了违法事实信息融合的研究，研究相关违法事实信息融合的关键技术主要包括：数据转换、数据相关、融合算法等。

（一）数据转换

多元信息融合使用不同类型的传感器对目标进行多方面的检测，因此，获得的数据类型多种多样，对监测数据进行融合计算前，需要先把这些数据转换在同一类型，且使不同来源的检测数据具有相同格式及描述，然后对这些数据进行相关处理操作。需要融合的数据可能不在同一层次，因此，层次间的转换必不可少，同一层次中对检测目标的描述可能会存在差异也需要数据转换。

（二）数据相关

由于传感器受工作环境及传感器自身误差的影响，其监测的数据会存在由不准确、不完整信息的干扰引起的二义性问题。数据相关主要是解决相关二义性问题、解决传感器监测数据对环境或监测目标做出不一致甚至冲突的描述或解释的情况，从而保持数据一致性，保证融合结果能够更加真实地反映客观事实。

（三）信息融合算法的选择

由于多源信息融合至今还没有形成统一的基本理论框架体系，融合研究大多是针对某一特定领域的具体问题进行的。因此，需要在解决具体问题时，充分分析问题的特点，针对融合的目标数据特性进行选择融合算法。如何根据问题的特点，结合已有的融合算法确立融合方案和融合模型是有效地进行信息融合的基本问题。

二、违法空间信息融合

违法空间信息的数据往往来自于多个部门，这些部门根据各自的需求来收集、保存、更新和维护属于自己范围内的数据，这样就造成了违法空间信息的分布性、异构性和多源性（欧阳磊，2014）。针对违法空间信息的特性，深刻研究了基于时空的违法空间信息融合的方法，组织、关联和耦合基于位置和时间的多源空间数据，具体违法空间信息融合方法流程如图7-7所示。

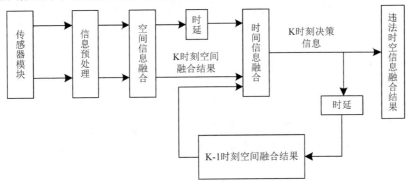

图 7-7　违法空间信息融合流程图

首先，信息分析人员在获取、处理和分析用于辅助用户做出决策的信息时必须从多源、多种数据格式和分布式的数据库中搜集数据，有必要在以空间格式（如矢量和图像格式）和文本格式表达的信息片断之间建立一种耦合的机制，也就是建立空间信息与非空间信息之间的联系。利用地理编码可以在地理空间参考范围中确定数据资源的位置，这样通过地理编码数据库就可以建立空间信息与非空间信息之间的联系（江洲等，2004）。

其次，在同一时间对不同空间位置的各数据源的数据进行空间融合，空间融合是对各数据源信息进行初步的分类，得到各个不同时间的目标数据，然后对不同时间的目标数据和决策信息按时间顺序进行时间融合。

三、基于专家系统的违法处理辅助决策

违法处理辅助决策，以决策主题为重心，以专家系统技术、数据挖掘技术、信息智能处理技术和自然语言处理技术为基础。首先，对原始数据进行必要的加工、处理和分析；其次，从对违法建设用地的处理决策有丰富经验的专家处获取解决违法建设用地处理问题的专门知识，并对相关的专家知识进行规制提取，构建违法建设用地相关知识库、政策分析模型库等；最后，运用提取的规则进行推理、咨询，为违法处理提供全方位、多层次的决策支持和知识服务，为国土部门

及相关政府部门提供决策依据,起到帮助、协助和辅助决策者的目的(杨毅,2005)。具体功能包括以下三方面。

(一)快速统计报表功能

这是一个对于辅助决策有用的常规功能,主要是显示一段时间间隔内的违法建设用地信息,如某一地区,违法建设用地在时间上的变化规律,可以是按周统计,也可以是按月统计,当然也可根据需要自定义统计间隔,并输出统计报表或变化曲线,可以研究违法用地的时间变化规律。

(二)违法情况管理功能

这主要是利用空间显示的视觉效果与传统的功能相结合,例如,显示出各个违法情况发生的地理位置,同时点击后显示派出所的基本情况,也可统计该区域的违法用地权属情况,违法事实等相关信息,为执法人员的决策和处理提供依据。

(三)违法警备功能

这个功能是辅助决策系统的高级功能,通过数据挖掘技术与专家决策系统对违法数据及决策分析系统的使用进行智能分析。例如,通过建立查询日志,系统对数据查询情况自动记录并进行数据挖掘,当某一区域出现多次违法事实或满足一定条件时,说明该区域是违法用地事实发生的高发区,系统能够将这一结果表示出来,通过地图提醒或报表显示,执法人员可根据决策分析的结果对该区域进行调查。系统还可以通过对描述性数据进行数据挖掘分析,如通过对违法用地事实的举报内容或者历史违法事实的挖掘,一旦发现符合某种违法模式就能够自动警告或显示分析结果,发挥系统的智能辅助决策功能。

第八章 建设用地再开发数据共享服务技术

第一节 基于 SOA 的数据共享服务

SOA 是一个组件模型，它将应用程序的不同功能单元（称为服务）通过这些服务之间定义良好的接口和契约联系起来。SOA 既不是一种语言，也不是一种具体的技术，更不是一种产品，而是一种方法，不仅是设计方法，还是涉及服务的整个生命周期——服务的设计、部署、维护和最后停止使用的方法，它尝试给出在特定环境下指导人们采用一种新的软件系统架构模型。SOA 技术具有简单性、开放性、灵活性、透明性、动态性、低代价和高效率等特性，它是解决信息孤岛和遗留程序最好的选择（凌晓东，2007）。

SOA 具有 IT 体系结构风格，包含运行环境、编程模型、架构风格和相关方法论等在内的一整套新的分布式软件系统构造方法和环境，涵盖服务的整个生命周期：建模—开发—整合—部署—运行—管理。SOA 支持将业务转换为一组相互链接的服务或可重复业务任务，可以对这些服务进行重新组合，以完成特定的业务任务，从而让用户的业务快速适应不断变化的客观条件和需求。

共享服务（Shared Services）是在具有多个运营单元中组织管理功能的一种方式，它指应用部门将原来分散在不同业务单元进行的事务性或者需要充分发挥专业技能的活动，从原来的业务单元中分离出来，由专门成立的独立实体提供统一的服务。

由于地理信息的异构性，使地理信息的共享成为一个庞大而耗时的数据工程，需要全方位考虑、分阶段实现。其中，数据网格是数据共享与互操作的基础和保障，互操作规范是数据共享和互操作的核心和关键，MSDT、ESML 等其他共享和互操作技术是数据共享和互操作的必要补充。

数量惊人、种类繁多的地理信息资源散布于各地，使我们置身于一个浩大的数据海洋中。数据网格提供了一系列服务，包括传输协议、服务协议、站点服务、数据库服务、密钥验证、授权、资源定位与分配及远程数据访问等，保证数据的快速定位和安全访问。数据资源被放在虚拟组织的各个结点，使它们也像一般商品一样在网格上流通，并不断得到创新。

OpenGIS 独立于具体的分布平台、操作系统及程序设计语言，为软件开发者提供了一个统一的设计和开发软件工具的框架，使用户能在分布计算平台的网络环境下获取地理数据，并且由于采用了开放式信息技术来设计可互操作的地学空间信息处理和服务工具，使得用户和不同的应用在网络中能灵活地进行互操作。互操作规程用数据、系统和机构之间具有互操作的地学空间信息处理代替了传统的孤立的地理信息技术，减少数据共享过程中数据语义的丢失。互操作规范模式代表了地理信息共享的发展方向，只有各数据生产者都遵从这种标准和规范，才能真正实现数据语义级的共享和互操作（龚健雅等，2006）。

传统模式下，空间数据按不同方式被收集、数据化并存储，过程相对独立且每类数据均由相应的业务系统或办公系统所管理、维护，这些系统由于数据结构、概念模型、软硬件环境等方面的差异性，其兼容性较差，数据共享、集成困难。信息技术的改进及用户日益要求克服数据获取的瓶颈和费用问题，导致用户对数据共享和互操作的需求不断增长。空间数据的共享与普通非空间数据的共享有其自身的复杂性，研究和应用空间数据共享服务是国土资源综合监管平台的切实需求和最终目标，为达到这一目的，须解决空间数据本身的语义表达及其信息共享，实现其空间数据的语义共享又必须解决数据共享和空间概念一致性和空间概念描述方式一致性问题。对于目前 GIS 数据共享的需要，开放地理空间信息共享协会（Open Geospatial Consortium，OGC）制定了数据共享和互操作规范。GIS 的互操作是指将具有不同数据结构和数据格式的软件系统集成在一起共同工作，实现广域网环境下的各类 GIS 系统和各种地理空间数据的数据共享和应用共享。OGC 互操作规范定义了一系列的服务（如 WMS、WFS、WCS 等）来进行数据的共享和数据的互操作。国土资源综合监管平台的空间数据共享服务可基于此服务模式构建。

一、基于 OGC 标准的空间数据服务

国土资源综合监管平台空间数据共享服务平台可完全采用基于 OGC 标准的技术体系，提供 OGC Web Service 的标准服务，如：国土资源综合监管平台空间数据共享服务平台可完全采用基于 OGC 标准的技术体系，提供 OGC Web Service 的标准服务，如 WMS/sWMS（Web Map Service/Web Map Secured Service）、WFS/sWFS（Web Feature Service/Web Feature Secured Service）、WCS/sWCS（Web Coverage Service/Web Coverage Secured Service）、WFS-T（Web Feature Transactional Service）、WFS-G（Web Feature Gazetteer Service）、WCTS/WPS（Web Coordinate Transformation Service/Web Processing Service）、CSW（Catalogue Service for the Web）（钱惠斌，2006）。

二、灵活的 SOA 服务构架

基于 OGC 标准的空间数据服务都可使用管道（Pipe）的概念，完全用 SOA 的方式构建应用。各个管道被组织成一个线性结构，每个管道一个接一个的依次执行；每个管道可以获取请求并对其进行相应的修改，可以根据不同的应用进行不同的组合；每个管道也可以很方便的启用和停用。

三、扩展的应用服务

可采用更为独立的 Facade 技术对标准服务进行扩展。通过 Façade 技术，不同的管道实现专有的功能。基于这个概念，系统获得一个易于配置、功能强大、灵活和可扩展的扩展包来适应具体的需求。

当前，网络信息共享平台体系大多采用一种分布式的体系结构，通过多个节点整合集成数据资源，并提供信息服务，从而解决网络拥挤、服务堵塞等问题。分布式的信息共享平台体系主要有三种典型的模式：一是以 Z39.50（American National Standard Information Retrieval Application Service Definition and Protocol Specifications for Open System Inter-connection）协议为代表的联邦模式，采用分布检索方式；二是以网络爬虫为代表的集中模式；三是以 OAI（Open Archives Initiative）为代表的采集模式，采用集中检索方式（孙健等，2004）。

联邦模式要求每个仓储都支持统一的搜索语言，或者在本地语言和协议语言间相互转换。另外支持联邦模式的 Z39.50 协议是一个重量级的协议，标准的实施需要软件开发者了解数据结构、网络通信、编码解码等多方面的知识，使用起来比较麻烦。同时，需要对查询做出快速的实时响应，是一种比较昂贵和复杂的操作模式。

集中模式需要大量的网络资源，会增加服务器负担；更新负荷大，数据同步困难。对于数据库数据，爬虫程序无法获取其内部的资源，除非资源拥有者愿意将自己的资源交出来。因此，收集模式不适合应用于数据共享上。

采集模式不直接收集原始资源，只是将关于这些资源的元数据从各个仓储中收集来提供检索服务，原始资料还需要到其所在的仓储中去提取，共享的是元数据而不是文献本身。该方法既不影响本地仓储的软件结构，而且不要求各仓储完全开放自己的本地资源，已经越来越多地被应用到联合检索中，是一种较经济的互操作模式。

然而，无论是联邦模式采用的 Z39.50 协议，还是采集模式采用的 OAI，重点在于数据的互操作。因此，在这些协议之上开发的共享平台，可以很好地实现数据的共享，但对于超过数据互操作之上的功能互操作，如异构数据集浏览等，都无能为力。因此，必须寻求一种新的分布式互操作机制。网络服务（Web Services）是一种新型的网络应用程序，能够实现分布式异构网络环境下的互操作。一旦网络服务配置好后，其他应用程序和网络服务就可以直接发现和调用该服务。与传统的分布式对象技术 CORBA、COM/DCOM、Java RMI、EJB 相比，Web Services 具有更好的跨平台、跨体系、跨语言的能力，已经成为目前最流行的分布式互操作技术。

从数据使用者的角度分析，其希望通过一个网站就能够查询获取自己所需要的全部数据资源。这就要求多个分布在不同位置的数据共享网站相互之间能够进行互操作，为用户提供统一的数据共享服务。分布式数据共享平台互操作的需求，具体表现在以下几个方面。

1）用户单点登录、统一认证的需求。在共享平台任何一个网站注册的用户，应该能在其他网站进行单点登录，获取统一的权限认证。

2）分布式元数据同步的需求。通过功能互操作，可以同步将存储在各节点的元数据收割在一起，为用户提供全局元数据检索功能。

3）分散、异构数据资源的统一访问。通过功能互操作，可以屏蔽数据资源底层结构的差异和贮存位置的不同，为用户提供统一、透明的数据资源在线浏览和访问下载。

4）软件重用和异构系统整合的需求。将数据共享软件功能模块进行网络的封装，并在网络上发布。这些发布的数据共享分布式组件可以被已有的网站系统直接调用，无须重新开发，就可以将已有的异构系统改造成分布式数据共享平台的一个节点。

截至目前 SOA 没有一个明确的官方定义，从不同的视角来看 SOA 有不同的理解：从程序员的角度，SOA 是一种全新的开发技术、新的组件模型；从系统架构师的角度，SOA 是一种新的设计模式、方法学；从业务分析人员的角度，SOA 是基于标准的业务应用服务；从概念的角度，SOA 是一种构造分布式系统的方法，它将业务应用功能以服务的形式提供给最终用户或其他服务（万哲，2008）。SOA 带来的好处显而易见，但是并非所有场合都适用 SOA。通常来讲，它适用于比较复杂的 IT 架构：经常需要与外部复杂的 IT 环境交互，并且需要快速应对频繁发生的业务变化。根据以上提到的 SOA 各特点，可以将典型 SOA 架构的基本要求归纳如下：①SOA 在相对较粗的粒度上对应用服务或业务模块进行封装与重用；②服务间保持松耦合，基于开放的标准，服务的接口描述与具体实现无关；③灵活的架构：服务的实现细节，服务的位置乃至服务请求的底层协议都应该透明。

总的说来，SOA 是面向服务的体系结构，是一类分布式系统的体系结构。这类系统是将异构平台上应用程序的不同功能部件（称为服务），通过这些服务之间定义良好的接口和规范，按松耦合方式整合在一起，即将多个现有的应用软件通过网络将其整合成一个新系统（王翔，2013）。

基于 SOA 信息共享服务平台架构包括四个层次：数据服务层、应用系统层、服务提供层、用户表示层。

1. 数据服务层

数据服务层主要包括提供服务的各个应用系统数据源。数据互操作性体现在与任何平台、编程语言相关的私有数据格式都可以映射为标准的、文本格式的 XML 表示，从而超越平台、语言相关的具体实现。因此，该层在 WSDL 接口与实体数据库间引进 XML-SQL 引擎作为数据服务代理。WSDL 接口描述了服务名称、服务地点和如何与服务通信等内容，可以实现广泛的数据存储访问。XML-SQL 引擎提供了一个开放的、标准的数据存储方法，它既可以把 XML 的请求转换成 SQL 命令操纵数据库，也可以用现有数据生成 XML 文档供业务系统使用。数据服务层通过数据集成消除数据孤岛，实现分布数据源的统一管理。

2. 应用系统层

为使企业各个业务系统能以一种松耦合的方式进行集成，需要将业务系统封装成 Web 服务。采用 Web 服务技术将系统封装成 Web 服务，将业务系统原来以各种 API 形式暴露的接口用 WSDL 重新描述，用统一的方式暴露接口，并使用 HTTP+SOAP 的消息传输方式作为与外界交互的桥梁。这样，服务的内部实现细节被封装在通过 SOAP/WSDL 传递的信息流之中，从而使原有的业务系统以一种松耦合的方式集成。

3. 服务提供层

服务提供层是数据共享与交换平台的核心部分，是业务系统单个功能和任务的抽象与封装。它摆脱了下层业务系统细粒度服务的限制，实现诸多全新的功能和业务逻辑。其功能的实现主要依赖适配器和企业服务总线。

4. 用户表示层

用户表示层主要提供友好的用户界面，它将底层提供的单一应用服务、复合业务服务和整合数据服务通过统一的门户显示到最终用户前，包括提供门户、单点登录、界面定制、身份认证等功能。

第二节　基于规则库的业务控制驱动

概括地说，与业务相关的操作规范、管理章程、规章制度、行业标准等，都可以称为业务规则（Business Rule，BR）。业务规则工作组在 GUID 工程中对业务规则的定义为："业务规则是描述和约束业务的语句,用来刻画业务的结构或者控制和影响业务的行为。"从业务角度来看,业务规则是一种策略的表述,用于描述和控制组织的架构、运作和战略;从技术角度来看,业务规则是一种需要用程序语言或脚本实现的业务逻辑。

一、规则库概述

规则库是一个概念性的要素,代表着业务规则及其相关数据保存之处。规则库独立在系统程序之外,用于存储规则和规则元数据及与规则有关的属性。它提供一组工具,可用于存储、分类、查询、版本控制、权限控制、测试、提交等,规则的状态和有效性可以跟踪。就目前实现技术来说,可以将规则存放在数据库中,或者将规则以文件组织形式实现规则库。

规则库主要提供以下功能:①存储、组织和管理业务规则所需的工具;②包含各种业务规则管理功能的服务,这些功能包括版本控制、历史记录、权限管理、锁和查询机制;③具有在文件结构或关系数据库中的持久性,文件持久性格式符合可扩展标记语言的元数据交换标准;④有一套应用广泛的、可用于创建和操纵规则库对象及访问规则库的服务。

二、业务规则语言概述

当书写业务规则的时候,用户必须选择预先定义的业务规则语言或者使用用户自己开发的自然语言、语法形式的业务规则语言。业务规则一定是针对某种业务的,不同的业务有自己特有的业务模型——业务对象模型(BOM)。BOM为业务规则语言提供了绝大多数的词汇,多由业务系统分析员设计,由开发人员具体实现。从面向对象的编程角度来看,BOM就是一个简化的类图,类图中有类名、类的属性、类的方法等。这些要素都将是业务规则语言中的基本词汇。BOM的来源可以是Java对象模型、C++对象模型、XML Schema、Web服务定义等。

业务规则语言是针对BOM中包含的业务模型对象编写的。它是为业务分析人员或策略管理者设计的,因此使用的是业务词汇而非技术词汇。通过规则语言就能够对反映业务领域的业务规则进行定制而不是底层Java或XML实施。

规则语言主要提供了以下几方面内容。

1. 业务执行语言

一种通用的业务规则语言,可提供自然语言、语法,旨在满足编写业务规则时最常见的需求。

2. 技术规则语言

是规则引擎执行语言的语法驱动形式，主要供开发人员使用。

3. 决策表

由行和列组成，用于按表格形式展示业务决策可能遇到的所有情形，其中指定了在每种情况下要采取的措施。

4. 规则执行语言

是一种可由规则引擎直接执行的语言，主要供开发人员使用。

5. 业务规则语言定义框架

业务规则语言定义框架（Business Rules Language Define Framework，BRLDF）提供自定义业务规则语言的功能，可以在 XML 文件中定义规则语言，它位于标记模型（Token Model）的顶层，可用于高级定制。

三、规则引擎概述

规则引擎是规则库的核心部分，负责执行业务规则。能够对规则集进行解释，实现对规则的动态修改，主要包括规则执行和执行对象模型。

1. 规则执行

规则执行保证执行规则时具备相应的上下文、规则集并可以进行规则调试。

2. 执行对象模型

执行对象模型（XOM）是规则引擎的一部分，它指定应针对哪些执行对象运行规则。这些执行对象通常是由定义它们的数据路径定义的，如果定义的是 Java 对象，则此类数据为 Jar 文件；如果是 XML 数据所生成的对象，则为 UML 架构。使用 XOM，规则引擎能够以相同的方式处理不同来源的数据对象。在将业务规则转换为可执行的业务规则时，BOM 类也会转换为 XOM 类。

规则引擎主要具有以下功能。①能够将关键的业务规则与其他源代码分开保存。它使用户能够迅速实施业务逻辑的更改而不必重新编写应用程序。②规则引擎使用 XOM 定义应用程序执行规则的类。这些类可以有不同的数据来源，这些数据可以在 XOM 中像 Java 的类一样进行查看和处理。例如，XOM 使用了功能强大的 XML 绑定系统，使规则引擎能够直接对 XML 数据或 Web Service 所提供的数据进行操作。③通过嵌入方式，可以在任何 Java 应用程序中执行业务规则，并支持多种部署方案，从而优化了系统性能和可扩展性。④可以执行业务规则应用程序中所集成的规则集。

要在应用程序中部署业务规则，必须先从规则库中提取规则，将其转换为规则执行语言，然后以数据源的形式（文件、数据库或实体 Bean 数据库）提供给应用程序，即从数据源中检索规则并将其传递给嵌入到业务规则应用程序中的规则引擎。

四、规则集部署过程

规则集部署过程包括三个阶段：提取阶段，从规则库中选取需要部署的业务规则；发布阶段，发布所生成的规则执行语言（通常是通过文件、常规数据库或实体 Bean 数据库之类的外部数据源进行发布），并将其提供给嵌入到应用程序中的业务规则引擎；执行阶段，从数据源加载规则执行语言规则集，对规则引擎进行初始化，并执行业务规则。

可以采用以下两种方式部署业务规则。

1. 规则集部署

规则集部署是指启动一个或多个规则引擎，同时加载业务规则库中相应的规则。这是传统的部署 ILOG JRules 应用程序的方法。它要求开发人员编写自己的部署代码，需要先提取规则集，将其转换为执行规则，然后予以发布并在规则引擎中执行。

2. 规则服务部署

在规则服务部署（Rule Service Deployment）中提取过程从项目（Project）开始，最后是将相关模型存储在定义规则服务的"业务接口"的规则库中。发布是依靠设定规则服务发布平台的部署目标来完成的。随后，用户调用生成的代码和要执行的规则集。所谓执行是指用户利用可执行组件在准备就绪的代码框架（Shell）中运行他们的业务逻辑，在执行时需要调用 Ant 部署和运行业务规则的应用程序（杨静，2007）。

第三节　业务信息的抽取与加载

由于大量业务数据常以非结构化的电子文档形式保存，对这些相互独立、分散的数据进行统一处理以满足企业高层决策和分析需要，是建设用地信息化建设面临的重要挑战，所以对电子文档进行数据抽取与加载是很有必要的。信息抽取技术已经研究多年，而且随着需求的增加，近年来涌现出了多种信息抽取工具，采用的技术也各不相同，且涉及多个研究领域，如数据库、人工智能、信息检索等。

信息抽取（Information Extraction，IE）是把文本里包含的信息进行结构化处理，变成表格一样的组织形式。输入信息抽取系统的是原始文本，输出的是固定格式的信息点。把信息点从各种各样的文档中抽取出来，然后以统一的形式集成在一起，这就是信息抽取的主要任务（张涛等，2010）。

早前，自由文本信息抽取技术主要有三类：基于自然语言处理（Neuro-Linguistic Programming，NLP）的方式、基于规则的方式和基于统计学习的方式。

基于 NLP 的方式是早期的信息抽取方法，一般效率较低，现已较少使用。基于规则的方式和基于统计学习的方式都需要在前期进行大量的手工标注训练文本，然后对训练文本进行学习。但是训练文本不可能覆盖整个领域内出现的所有语言习惯。同时，这些方法虽然能识别出实体，但是缺乏特定的领域知识来获取抽取实体间的关系，而没有关系的实体，抽取出来是没有意义的。

本体（Ontology）是知识工程和人工智能研究的一个重要问题，Ontology 的目标是捕获相关领域的知识，提供对该领域知识的共同理解，确定该领域内共同认可的词汇，并从不同层次的形式化模式上给出这些词汇（术语）和词汇之间相互关系的明确定义。如果能在信息抽取任务中引入相应的领域知识——领域 Ontology 来指导抽取过程，将能有效地提高信息抽取的性能。

基于 Ontology 的信息抽取技术，首先根据 Ontology 描述的概念、关系、层次结构、概念关系间的约束等生成抽取规则，其次根据抽取规则对输入的文档进行抽取（蒲筱哥，2007）。一个信息抽取系统的基本流程如图 8-1 所示。

信息抽取的主要功能是从文本中抽取出特定的实施信息（Factual Information）。比如，从建设用地再开发中抽取出城镇用地数量、分布、使用情况、经济效益、社会效益、生态效益等。通常，被抽取出来的信息化以结构化的形式描述，可以直接存入数据库中，提供用户查询及进一步分析利用。

信息抽取系统通常是面向特定应用领域或场景的。这种领域受限性决定了信息抽取系统中用到的主要知识是浅层知识，这种知识的抽象层次不高，通常只适用于特定应用领域，很难在其他领域复用。如果要把一个信息抽取系统移植到新的领域或场景，开发者必须要为系统重新编制大量的领域知识。一般说来，手工编制领域知识往往是枯燥的、费事的、易错的、费用较高的，并且只有有专业知识（应用领域知识、知识描述语言知识，熟悉系统的设计和实现）的人员才能胜任这种工作。

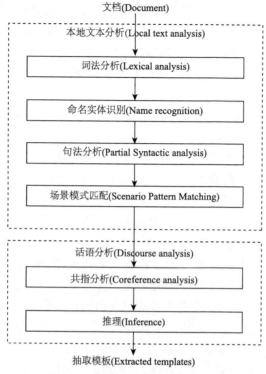

图 8-1　信息抽取系统的基本流程

　　通常采用两种策略获取领域知识：手工+辅助工具（图形用户接口）；自动/半自动+人工校对。前者相对简单一些，人工工作仍然是主体，是为移植者提供了一些图形化的辅助工具，以方便和加快领域知识的获取过程。后者采用有指导的、无指导的或间接指导的机器学习技术从文本语料中自动或半自动获取领域知识，人工干预程度较低。实际上，这两种策略不是完全对立的，只是自动化程度高低不同而已。某种意义上讲，第一种策略仍然是一种人工编制知识库的过程，知识瓶颈问题只是得到某种程度的缓解。第二种策略才是解决信息抽取系统知识获取瓶颈问题的真正出路。近几年有不少研究者采用自扩展（Bootstrapping）技术从未经标注的语料中学习抽取模式。

　　目前，影响信息抽取技术广泛应用的两个最主要的因素是：系统性能和系统可移植能力。未来的信息抽取系统将是动态（Dynamic）的、开放域（Open Domain）的。

第四节　数据共享发布的安全

　　地学数据作为国计民生的重要支撑越来越受到重视，国家和地方有关部门相继建设了一批地学数据库，随着访问范围的不断扩大，数据安全问题就显得尤为突出。地学数据共享的概念在国内外的内涵差别导致国内外研究有着不同的侧重点。国外研究主要侧重于异构数据的有效融合，国内研究则侧重数据的获取、分享和使用。随着网络技术的不断进步，网络共享数据已经成为国内地学数据共享的普遍形式。目前国内关于地学共享中的安全问题不够重视，在这方面的研究也相对滞后，已建设的数据共享系统中承受安全攻击的能力普遍较低；国家地学数据从一定程度上讲存在着安全隐患。

在数据被集中共享后，由于各子系统间的数据和信息是异构的，需要考虑如何安全管理这些异构数据，使之在不同的子系统间实现共享。由于数据含义的复杂性及业务应用的专业性，应用之外的人员很难了解业务数据的含义、安全重要性和必需的保密范围，因此，仅仅依靠单一的信息共享策略对各种应用提交的共享数据进行合理授权和管理既不现实也不可行。应该针对数据共享平台建立一个合理有效的数据安全保证管理机制，既能满足数据共享需求，又能体现应用数据的专业性安全管理要求，有效保证数据的合理访问授权。

在考虑数据的安全管理问题时，应从以下几方面展开，即共享平台数据安全保证模型包括以下几个内容：共享数据的所有权；共享数据的管理层次和角色；数据共享平台数据安全保护策略执行机制。

首先，建立数据共享平台的目的是为了促进不同应用间的数据共享和任务协作。在形式上数据共享平台中的共享数据在所有权上有两种可能归属关系，一是这些共享数据归属共享平台所有，二是继续属于原有的应用。不同的所有权方式决定了共享数据具有不同的安全责任和授权方式。

其次，数据共享平台的共享数据来源于专业应用，这些元数据的语义理解、数字含义及安全属性只有原始应用，以及希望共享这些数据的应用了解。对于数据共享平台，这些数据可能并无实际意义。由于这一原因，共享数据由谁负责管理，如何管理更为有效是数据共享平台必须要面对的安全问题。

再次，数据共享平台是一个特殊的应用系统，其数据安全保证可能需要多方共同参与。采取何种安全策略执行机制，既能在减缓和克服共享数据原始应用所有者对共享数据安全性担心的同时，又能有效促进数据共享的性能和效果。

在数据共享平台的建设中，应结合上述三方面，建立有效的共享数据安全管理模型。

地学数据共享平台主要是综合运用 GIS、软件工程、网络安全、数据库、程序设计等技术，建设一个 B/S 和 C/S 模式有效耦合，并与 Web Service 平台紧密协作的一整套平台。

地学数据共享安全的解决方案是基于 Web Service 和.Net 提出的。数据共享安全系统主要由五大部分组成：B/S 元数据查询服务网站、元数据及数据下载管理、服务器数据加密及密钥管理、数据传输及校验和解密及可视化客户端。

B/S 元数据查询服务网站主要提供了按关键字、空间位置等多种方式的元数据检索，通过元数据检索获知系统已收录数据信息；元数据及数据下载管理负责将用户检索后提供的元数据信息参数传递给 Web Service 中的数据提取服务，并由该程序生成临时原始数据文件；服务器数据加密及密钥管理调用加密服务将生成的临时数据文件加密，并将加密密钥写入数据库中，调用数字签名 DSA 算法，完成数字签名后，把采用的非对称加密算法写入数据库中将公钥部分交给 CA 中的公共目录；数据传输及校验是指客户端用数字签名中的公钥部分获取到 CA 中的整个公钥，对用户得到的最终加密数据进行完整性和错误校验；解密及可视化客户端主要将通过身份验证的用户信息生成用户票据，再根据票据提取下载的元数据标识信息，并连接服务器获取数据的解密密钥，进行数据解密，解密后客户端最后采用 GIS 组件实现数据的可视化（何宝金等，2006）。

数字水印技术是数据安全领域中近几年发展起来的新技术。数字水印通过在地理空间数据中隐藏标识数据、合法用户身份及数据使用权属的版权保护信息和数字认证信息，为国家执法人员在跟踪、查处地理空间数据的非法复制和盗用时的科学取证提供技术支持，保护地理空间数据拥有单位的合法权益，促进地理空间数据的合法传播和共享。GIS 空间数据信息隐藏的关键技术是数字水印生成技术和数字水印加载技术。数字水印技术对 GIS 数据的安全控制可从两个方面入手：一是防止通过网络等共享途径被非法用户截获，或数据在合法共享者使用过程中被非法拷贝、非法扩散；二是如果数据在共享时意外流失，可以通过嵌入其中的数字水印进行技术取证，查处、惩治数据非法扩散单位和数据非法使用者，保障数据共享的合法性、有序性，以打击 GIS 空间数据的非法扩散行为，为数据生产者消除顾虑，降低数据共享的门槛，可能最低费用地实现 GIS 空间数据的即时共享（贾培宏等，2008）。

第 三 篇

建设用地再开发数字化监管平台

建设用地再开发数字化监管平台是对建设用地再开发监管相关技术进行集成、软硬件进行整合得到的一体化监管平台。平台进行技术集成和软硬件整合的目的是提供一个整体化的建设用地再开发专项规划、业务办理、现场监管及监管的支撑平台，方便业务办理、项目跟踪，解决当前建设用地再开发工作散落在国土、建设、环保等单位多个部门、多个业务系统中的现状，规范化建设用地再开发相关业务办理流程，提高效率，并最终形成协调一致且有机集成的建设用地再开发跨部门多级协调监管模式。

本篇首先提出平台的五层架构，即基础设施层、信息资源层、技术支撑层、应用层和接入层。其中，基础设施层对平台需要用到的高清视频获取设备、网络、GPS 模块、云平台、地理信息服务器、数据库服务器、Web 应用服务器、工作流服务器等软硬件资源进行整合；信息资源层对基础地理信息、专题数据、项目数据库、监管规则等信息进行整合；技术支撑层对建设用地再开发相关的智能化全程监控技术、业务规则库技术、数据分析挖掘与知识推理技术等关键技术进行整合，并同时采用用户权限管理、传输交换和系统配置等基础技术，为应用层提供支持；应用层依据建设用地再开发相关业务划分为专项规划、业务管理、现场监测 、过程监管和信息服务五个应用系统，各系统业务既相互独立，又互相关联，共同实现建设用地再开发业务需求；接入层则提供多种接口，允许用户通过不同网络、不同设备接入系统，方便业务办理。

平台的集成工作是基于平台的技术架构进行的，在应用层通过业务系统为用户提供服务，主要为规划部门提供决策建议和专项规划管理，为建设用地主体提供项目申请、业务办理和进度查询等功能，为监管部门提供项目提取、项目现场监测、项目异常预警及跟踪、项目成效分析及统计等功能，同时为公众提供信息共享。另外，平台借助技术优势为建设用地再开发监管工作提供规划与现状对比、宗地占用及基准地价分析、潜力评价等功能。为实现建设用地再开发全过程、全业务类型的数字化监管提供空间决策支持，以促进建设用地再开发的健康、规范、有序、稳步发展。

本篇内容分为两部分，平台建设和应用案例。平台建设部分对平台架构、各应用系统的需求分析、功能及界面设计、实现效果等内容进行介绍。应用案例部分对应用示范工作的工作内容及工作过程进行介绍，并简单介绍了无锡市、广州市从化区的应用示范工作。

第九章　建设用地再开发数字化监管平台建设

本章利用软件工程的思想给出平台开发的需求分析、平台设计及实现效果等内容。

第一节　平台需求分析

需求分析是软件开发的开端，也是项目实施的关键。本平台需求调研的工作量非常大，涉及规划、国土、建设用地再开发管理、政府等多个单位和部门，需要了解的业务流程非常多且涉及众多技术。因此，首先采用结构模块化的思想将平台整体工作分为专项规划管理、现场监测、业务管理、过程监管、信息服务五大部分，然后对每个部分分别进行业务需求调研。由于业务的相关性，每个部分的调研不可能完全独立地进行，例如，专项规划审批结果是年度实施计划、项目审批和监管的重要依据，没有专项规划后面的工作无法进行。现场监测需要依据业务需求设置监测对象和监测范围，对视频数据的智能分析预警更需要在业务规则设置后才能进行，例如，现场监测可以发现某处工地楼层增高，而楼层增加是正常建设还是违法修建则需要依据所监测项目所处的时段才能确定。因此，各部分的需求调研与分析需要协调进行。首先进行专项规划管理部分的调研，参考其调研与需求分析结果后开始业务管理、过程监管的调研与需求分析。过程监管的调研与需求分析需要参考专项规划管理和业务管理两部分的前期成果进行。现场监测部分的需求来自业务管理和过程监管两个部分，因为业务管理和过程监管中都需要用到现场监测。信息服务的调研需求参考其他各部分的需求分析成果，但可以分步骤完成需求分析与调研，即在项目启动时就开始独立调研及开发工作，完成通用型功能的设计与实现。当一个部分的调研与开发工作完成后，通过增加相应接口以完成信息发布与推送工作，而对该部分特别的信息服务需求则重新调研，并增加相应模块以完成其所需要的工作。

因为平台五个部分的功能息息相关，需要对各部分的调研成果汇总整合，并对相关的功能、流程进行调整、合并，最终才能形成平台的整体需求。下面先对平台需求从整体上进行简单描述，之后对各部分的需求进行详细描述。

一、需求概述

在横向上以建设用地"批、供、用、补、查"为主线，在纵向上以全国、省、地市、区县、镇街、村、项目为主线，宏观上与已有的监管系统和"一张图"对接，微观上重点对"三旧"改造项目全生命周期，尤其对建设进度、建设质量、建设资金，进行数字化、流程化、协同化、精细化监管，实现"三旧"改造的公开、公正、透明、阳光和高效，促进"三旧"改造的健康、规范、有序、稳步发展。

应用对象：应用对象分多类，首先公众是关注建设用地再开发的各类人员，他们需要从平台了解新闻信息、政策法规及各部分发布的建设用地再开发相关信息；改造主体是指申报建设用地再开发项目的个人或单位。专项规划管理人员是对建设用地再开发专项规划进行管理的单位及部门；项目审批及监管用户是指省、地市、区县、镇街、村等各级政府、建设用地再开发主管部门（目前广东省已成立各级专门"三旧"改造管理部门，如广东省"三旧"改造工作办公室、广州市城市更新局、天河区城市更新改造办公室等）、职能部门（国土、规划、住建、发改委、财政等）。

监管业务类型：广东省"三旧"（旧城镇、旧厂房、旧村庄）改造。"三旧"改造可细分为不同的业务类型与模式，例如，旧村庄改造可细分为全面改造、综合整治，旧城镇改造可细分为成片重建改造、零散改造、历史文化保护性整治、旧城镇更新改造项目公共服务设施建设。不同的业务类型与模式其业务流程和节点均不相同。对不同的业务，办理方式不同，监管的类型、内容也各不相同，需要依据业务类型确定监管的内容、形式和流程等（周晓等，2011）。

监管环节：监管环节主要有两方面。一方面是建设用地"批、供、用、补、查"方面的宏观监管；另一方面是建设用地项目监管。建设用地批供用补查宏观监管需要从建设用地管理系统中读取项目和地块数据，在平台中针对建设用地再开发主题进行组织、分析，以完成建设用地再开发宏观监管。建设用地项目监管是指项目建设前、建设中、建设后的全过程监管，具体包括建设前的调查摸底、列表造册、规划选址、年度计划、拆迁方案监管，建设中的交地、开工、建设、竣工各阶段的进度、质量、资金监管，建设后的范围、效果、规划与现状对比、计划与实施对比、年度对比等建后综合对比评价监管。

二、用户特点

用户对建设用地再开发业务流程有一定了解，能熟练使用计算机处理工作文档，具有计算机操作技能。本项目的最终用户按照用户的业务性质分为7类：改造主体、业务办理用户、审核用户、审批用户、监管用户、系统管理用户和系统运维人员。

改造主体：主要是指希望进行建设用地再开发工作的自然人或企事业单位。这类用户有三方面的工作，第一，他们会在监管平台通过浏览建设用地再开发新闻、浏览项目审批建设情况、查询相关政策法规等获取信息。第二，在确定有项目申报时进行项目申报、材料组织、项目状态查询等工作。第三，在有项目进行申报时，作为被监管用户上报监管信息（包括资金、进度等表格或佐证材料信息）。

业务办理用户：主要指省、市、县（区）三级的建设用地再开发工作人员，简称建设用地再开发工作人员。其中县（区）级建设用地再开发工作人员需要利用本平台进行规划管理、项目收件、协助改造主体进行材料组织、项目上报、项目信息查询、公共信息发布等工作。另外作为监管的基层单位，业务办理用户还负责对改造主体上报的项目监管信息进行审核。

审核用户：包括规划部门、土地利用处、耕保处、建设部门、环保部门和消防部门等。这些部处需要对建设用地再开发项目材料进行审核。平台为这些用户提供查看项目资料、审核项目资料和分析统计等功能。

审批用户：分市级和省级两层，主要是市政府和省政府相关部门。平台提供年度实施计划审批，建设用地再开发项目查询、浏览和审批，项目统计分析，等等。

监管用户：分市级和省级两层，主要是市政府和省政府相关部门。平台提供年度实施计划监管、建设用地再开发项目监管、进度监管、范围监管、资金监管等，对各种监管提供监管规则管理、条件预警、项目跟踪等功能，另外还提供建设用地再开发项目的自定义统计和分析、项目评价等功能。

系统管理用户：可进行平台配置、业务设置及基础数据配置等基础性工作。平台配置指行政区划、用户管理、视频及相关 GPS 设备管理等工作。业务设置指可设置建设用地再开发规划管理、项目审批、过程监管等业务，针对每项业务，配置其需要的所有业务环节、各环节所需表单和材料、各环节参与人员及权限等。基础数据配置则指对地图服务器、基础地图数据、视频数据的管理。

系统运维人员：进行系统升级运行维护工作，保障系统正常运行。

三、平台功能概述

建设用地再开发监管的工作内容主要是监管每一块再开发地块的开发利用情况，建设用地再开发监管业务内容如图 9-1 所示，包括建设用地再开发规划管理、现场监测、业务管理、过程监管和信息服务五大部分。建设用地再开发规划是政府相关职能部门推进建设用地再开发工作、审查和审批改造地块方案的依据，是指导和部署建设用地再开发工作的纲领性文件，成为政府推进改造工作的重要抓手。建设用地再开发规划管理是指对建设用地再开发地块信息、年度改造实施计划和中长期远景目标等信息的管理。现场监测则是指对建设现场进行监测，依据采集的视频、图像、航拍数据等信息对加建、抢建、违建、拆迁等现场变化进行检测与识别，及时发现问题，实现智能预警和报警联动，辅助建设用地再开发审批、建设过程的监管。业务管理是指对依据建设用地再开发专项规划和年度实施计划组织项目申报工作的管理，包括项目申报、材料审核、省市级批复和相关信息发布等业务过程的管理。通过业务管理积累项目建设重要环节的重要材料，作为项目过程监管的依据。过程监管是监管平台的主要工作，对项目申报、建设、建后全过程进行监管，一般分材料监管、时限监管、资金监管等方面。信息服务在项目审批和建设过程、建成使用各阶段，向业务部门提供业务学习、信息交流或面向公众新闻发布、法律法规查询等信息服务，辅助政府部门做到信息公开、透明。另外，信息服务提供业务系统的链接，方便项目改造主体网上办理项目申报或信息查询。

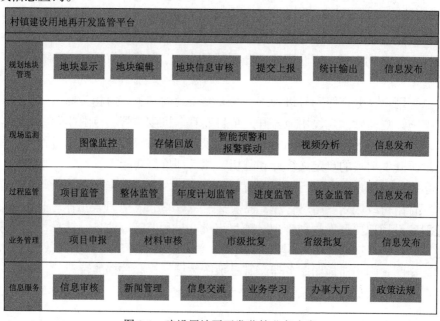

图 9-1　建设用地再开发监管业务内容

四、系统边界

（一）与国土"一张图"系统的关联

国土资源"一张图"工程是国土资源部门加强国土资源动态监管的创新举措，是遥感、土地利用现状、基本农田、遥感监测、土地变更调查及基础地理等多源信息的集合，与国土资源的计划、审批、供应、补充、开发、执法等行政监管系统叠加，共同构建统一的综合监管平台，实现资源开发利用的"天上看、网上管、地上查"，从而实现资源动态监管的目标。

国土资源"一张图"系统从国土资源管理出发，基于基础地理信息对国土批供用补查全过程进行监管。其中建设用地规划、审批、供应部分的管理功能与建设用地再开发监管平台规划、审批、供应部分的功能有少量重合，但"一张图"系统从地块管理角度出发，重在管理地块的计划、审批、供应、补充、开发、执法情况，而开发项目审批、项目建设过程、建后使用情况不在其管理范围。另外，"一张图"系统对农用地、建设用地等所有类型土地进行管理，而建设用地再开发监管平台只侧重建设用地中的存量用地，也就是仅仅对纳入再开发范围的已认定或审批的建设用地，进行管理。另外，建设用地再开发监管平台围绕建设用地再开发项目进行管理，强调土地"批、供、用、补、查"，项目审批、项目建设过程、建成后的使用情况等全过程、全周期的监管。

鉴于"一张图"系统提供了基础地理数据和土地审批业务数据，本平台可通过接口调用其基础地理数据和部分业务数据。基础地理数据包括遥感影像、土地利用现状、权属、行政区划等。业务数据包括土地审批流程数据、完善历史用地数据等。

（二）与规划的关系

土地利用总体规划是在一定区域内，根据国家社会经济可持续发展的要求和当地自然、经济、社会条件，对土地的开发、利用、治理、保护在空间、时间上所作的总体安排和布局，是国家实行土地用途管制的基础。城乡规划是各级政府统筹安排城乡发展建设空间布局，保护生态和自然环境，合理利用自然资源，维护社会公正与公平的重要依据，具有重要公共政策的属性。城乡规划，包括城镇体系规划、城市规划、镇规划、乡规划和村庄规划。城市规划、镇规划分为总体规划和详细规划。详细规划分为控制性详细规划和修建性详细规划。

一般情况，土地利用总体规划、详细规划都归各省、市规划局负责定制和管理，但各种专项规划可由政府指定的业务部门组织编制、审批。建设用地再开发一般有自己的专项规划，例如，广东省称为"三旧"改造专项规划，江苏省称为低效用地再开发专项规划。

本平台首先需要对建设用地再开发专项规划进行管理，包括专项规划审批及项目审批过程中符合专项规划的使用。其次，建设用地再开发项目需要符合土地利用总体规划、城乡规划和详细规划，所以在专项规划制定、项目组织申报及建设过程中，需要对规划相关数据，包括图层数据、文本数据进行查询，并判定是否符合。因此，用户需要通过接口调用项目所属地规划数据，进行查询、判定等操作。

（三）与建设、统计、资源环境、消防等业务的关系

建设用地再开发项目的审批与建设、建后使用过程，需要与市政府、住房和城乡规划建设部门、农业和林业部门、发展和改造部门、国土资源部门、监察部门、财政部门、地税部门、人力资源和社会保障部门、环境保护部门、文化广电新闻出版部门、城市综合管理部门、公安部门、消防部门、金融工作部门等进行联系，判定项目是否符合各部门对项目审批、建设、使用的规定。这些部门众多而且各种业务可能在不同地方分属不同部门管理，非常复杂。

本平台对各部分的工作不进行详细处理，只提供接口允许组织建设用地再开发项目申报的政府部门和人员上传各项审批的结果。

五、其他需求

其他需求，主要是作为平台软硬件对易用性、时间性能、灵活性及软硬件等方面的需求。例如，在建设用地再开发现场监测中，用户对系统响应时间和稳定性的需求；若建设用地再开发业务监管流程界面过于复杂，可能会造成系统操作困难，从而降低系统的使用效率，需要考虑系统的可用性需求。本平台从以下几方面考虑系统的其他需求。

1）易用性需求：易用性指系统设计的界面是否友好，是否便于用户操作，也指用户学习系统操作的难易性。对于普通的用户，一般很难全面掌握建设用地监管相关理论、方法及 GIS 技术。为此，本系统考虑系统的易用性，以便用户能更好、更快地掌握，实现智能化、自动化的评价。

2）时间性需求：在建设用地再开发监管过程中，用户需要在特定的时间内完成权重的计算、或者专题图的绘制，当用户完成这些特定任务的时候，需在一个相对准确的时间范围内完成，如果不能满足这一需求，则用户不能按时完成指定任务，给用户带来不便。

3）灵活性需求：灵活性需求和软件的可扩展性相关，系统研发人员为保证系统使用寿命，会注重系统的可扩展性，如建设用地再开发监管系统能否增加或延伸相关的功能等。这要求系统研发人员在系统设计阶段就考虑系统的灵活性。

4）保密性需求：建立网络安全体系，防止各种外来网络层的入侵和攻击；确保数据来源的真实性、完整性、保密性、不可抵赖性；拒绝各种非法访问，防止应用时的假冒、篡改行为；保证信息传输的机密性，对有特殊要求的数据进行加密处理。另外，系统需具有严密的跟踪审计功能和分析处理能力，其安全系统可自动跟踪审计，经过分析处理后可查出事故源头。

5）软、硬件需求：软、硬件需求描述了系统开发、运行所需要的硬件配置要

求和系统开发环境与运行环境的软件需求。

六、各部分的需求详述

（一）专项规划系统需求

建设用地再开发专项规划是指导全省、全市或全县（区）建设用地再开发工作的纲领性文件，是政府推进建设用地再开发工作的重要抓手；是建设用地再开发具体项目规划制定的重要依据及指导控规编制工作县（区）的重要文件，是政府相关职能部门推进全区建设用地再开发工作、审查和审批改造地块方案的依据；是实施全区域总体规划的重要举措。专项规划一般分近期、中期、长期规划三类，规划年限分别是 3 年、5 年和 10 年。近期和中长期间规划相互关联，共同形成全县（区）、市或省发展目标。

建设用地再开发专项规划以地块为单位进行，对每一宗建设用地再开发的地块，在早期已完成权属、建筑物、人口等基本情况的调查，并进行列表造册、落图标注等工作。由此，建设用地再开发专项规划的主要内容是用于建设用地再开发地块的基本信息。

另一项建设用地再开发专项规划的内容是分期计划。按照"先易后难，逐步推进"和重点区域优先的基本要求，确定分期开发用地面积，编制建设用地再开发分期计划表，并进行图示化表达。分期计划表一般以年为单位，即制定年度计划表，给出年度总量目标、空间引导目标，明确规模、地块、时序及完善历史用地手续的建设用地再开发用地面积等内容。为方便组织材料，年度计划表一般是项目为单位组织，给出每个项目的改造区域名称、地块位置、功能定位、区位、规模、功能控制要求、强度控制要求、进度安排、改造模式等内容。

专项规划制定的业务流程非常复杂，是一项重要工程。首先需要由各市、县（区）级政府牵头，会同相关主体，着手开展"建设用地再开发"用地的调查摸底，全面掌握每宗"建设用地再开发"用地的土地、房屋、人口等现状情况，并分类列表造册、落图标注。在此基础上，发挥土地利用总体规划、城乡规划和主体功能区规划的引领作用，按照经济社会发展战略要求，以"结构升级、集聚发展、分类引导、节约集约"为导向，对建设用地再开发项目进行统一规划，形成县（区）级建设用地再开发专项规划草案。草案要科学合理地确定改造范围、改造目标、功能定位、总体用地布局的规模、用地功能布局（功能控制要求和强度控制要求）、配套设施总体规划和布局、道路交通的总体规划和道路网络构成、环境景观设计和公共空间规划、历史文化遗存保护、自然生态资源保护等，另外需要给出总体实施机制，包括分期计划和相关的配套措施等内容。草案完成后需上报市级、省级审批。市、省级管理部门汇总各县（区）级专项规划草案后进行统筹协调、审批，审批通过后作为专项规划正式稿下发并执行。

建设用地再开发专项规划管理，包括早期调查及规划完成后的修改等工作，在广东省称为标图建库工作。建设用地再开发的专项规划的审批流程与规划内容均可参照广东省"三旧"改造标图建库工作进行。

粤府办[2009]122 号文件《转发省国土资源厅关于"三旧"改造工作实施意见的通知》中给出"三旧"改造专项规划的内容，包括改造范围、改造目标、功能定位、总体用地布局和规模、用地功能布局（功能控制要求和强度控制要求）、配套设施的总体规划与布局、道路交通的总体规划、道路网络构成、环境景观设计、公共空间规划、历史文化遗存保护、自然生态资源保护、实施机制（包括分期实施计划和相关的配套措施）等。"三旧"改造专项规划成果一般包括文本、规划图纸和附件三个部分。"三旧"改造专项规划还包含的一项重要内容是分期计划，依据广东省相关文件规定，需要依据"三旧"改造规划，按照"先易后难、逐步推进"和重点区域优先的基本要求，确定年度"三旧"改造用地的面积，编制"三旧"改造分期计划表，并进行图示化表达。目前广东省的做法是按年度进行分期，即给出"三旧"改造的年度计划表（刘云刚等，2011）。

标图建库工作流程如图 9-2 所示。镇街规划所组织编写地块文本描述信息、地块落图标注，给出年度计划，形成专项规划文档，上报县（区）规划局。县（区）规划局组织进行规划方案的审查，召开专家评审会对方案进行论证，组织相关部门依据论证结果进行修改，形成规划成果，并进行规划成果审查。县（区）规划局审查通过后，公示并征求职能部门的意见，依据公示结果及职能部门意见对规划成果进一步修订、复核并报市规划委员会审议。市规划委员会审议通过后报市"三旧"改造管理部门（如广州市城市更新局、阳江市"三旧"改造管理办公室等），由市"三旧"改造管理部门组织审批，并对审批通过的专项规划方案开成成果进行验收、公告、归档。

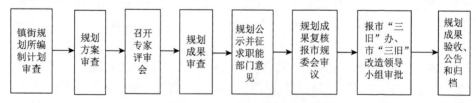

图 9-2　广东省"三旧"改造专项规划管理流程

广东省"三旧"改造专项规划修改流程与审批流程类似，首先，由"三旧"改造管理部门组织地块变更材料，给出地块变更的文本信息、标图落注信息及需要修改的信息。其次，规划部门及"三旧"改造管理部门对信息进行审核，并交相应政府部门审批。最后，政府部门下发规划并按此开展后续工作。

（二）业务管理需求

建设用地再开发业务管理是指依据建设用地再开发专项规划制定年度实施计划，对没有合法完整用地手续的项目进行历史用地手续的完善，以及组织项目改造方案的审批等工作。

年度实施计划是依据建设用地再开发专项规划制定的详细开发计划，是专项规划中分期计划的详细、可执行版本，一般按年度给出。县（区）级管理部门在上一年度组织申报年度计划，详细列出每个项目要建设的地块、建设周期、投入资金来源、拆迁安置情况、建设方案等内容。年度实施计划经政府部门审批后下发，指导相关项目申报。

对列入年度实施计划的项目，首先需要查看用地手续是否完善，目前广东省"三旧"改造工作和江苏省无锡市低效用地改造工作中，都存在很多历史用地手续不完善的情况。对这些历史手续不完善的用地行为，需要依据实际情况进行处理。例如，粤府[2009]78 号第十七条明确规定：纳入"三旧"改造范围、符合土地利用总体规划和"三旧"改造规划、没有合法用地手续且已使用的建设用地需要完善历史用地手续。具体完善规定如下。

用地行为发生在 1987 年 1 月 1 日之前的，由市、县人民政府土地行政主管部门出具符合土地利用总体规划的审核意见书，依照原国家土地管理局 1995 年 3 月 11 日发布的《确定土地所有权和使用权的若干规定》进行确权后，办理国有建设用地确权登记发证手续；用地行为发生在 1987 年 1 月 1 日之后、2007 年 6 月 30 日之前的，已与农村集体经济组织或农户签订征地协议并进行补偿，且未因征地补偿安置等问题引发纠纷、迄今被征地农民无不同意见的，可按照用地发生时的土地管理法律政策落实处理（处罚）后按土地现状办理征收手续，属于政府收购储备后再次供地的，必须以招标拍卖挂牌方式出让，其他可以协议方式出让。凡用地行为发生时法律和政策没有要求听证、办理社保审核和安排留用地的，在提供有关历史用地协议或被征地农村集体同意的前提下，不再举行听证、办理社保审核和安排留用地。

再如，穗旧改联字[2011]1 号将完善历史用地分为直接确认建设用地使用权、完善征收手续、完善集体建设用地手续三种情况进行处理。其中，直接确认建设用地使用权适用情况包括以下两种：①符合省人民政府 78 号文第六点第（十七）款规定，纳入"三旧"改造范围、符合土地利用总体规划和"三旧"改造规划、没有合法用地手续且已使用的建设用地，用地行为发生在 1987 年 1 月 1 日之前的，用地单位可申请办理国有建设用地确权登记发证手续；②符合省人民政府 78 号文第六点第（十八）款规定，纳入"三旧"改造范围，没有合法用地手续的土地，符合土地利用总体规划而又保留集体土地性质的，用地行为发生在 1987 年 1 月 1 日之前的，村集体经济组织可申请办理集体建设用地确权登记发证手续。

文件中详细给出每一类完善行为适用情形、办理条件及办理程序。建设用地再开发完善历史用地手续的工作可参考此文件进行。完成历史用地手续完善的工作后，可开始项目建设方案的审批。项目建设方案是详细设计方案，包括现状摸查情况、拆迁安置补偿方案、融资模式、资金平衡、筹措和运作方案、规划方案等。审批通过后可组织建设实施。

1. "三旧"改造年度计划管理

年度实施计划的主要内容包括以下几个部分。

1）编制说明：说明年度实施计划编制的目的、原则、过程、方法、主要内容、适用范围、成果的构成、法律效力、计划的制订和批准部门、计划的解释部门和生效日期。

2）年度实施计划目标：确定年度实施计划的总体目标，包括总量控制目标及空间引导目标，需明确改造的规模、地块、时序及完善历史用地手续的"三旧"用地面积。

3）年度实施计划表：以项目为单位，编制年度实施计划一览表，包括序号、改造区域名称、功能定位、区位、规模、功能控制要求、强度控制要求、进度安排、改造模式、备注等。

4）附图：即年度实施计划示意图，是指以土地利用现状图为底图，标绘纳入年度实施计划的项目名称、位置及范围，标绘所在重点改造区域名称及范围，绘制年度"三旧"改造实施计划一览表。图纸比例尺与城市总体规划图纸比例相一致。比例尺过大时，按照行政区划进行分片表达，并注明××区/镇/街道×××图。

参考广东省"三旧"改造年度实施计划的工作流程，建设用地再开发年度实施计划管理应每年上报一次，每半年可调整一次。一般年度计划的制定在年初进行，其申报流程如下（图9-3）。

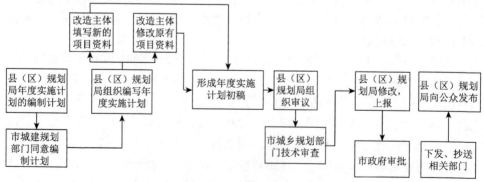

图9-3 建设用地再开发年度计划管理流程图

1）各镇街规划所向市城建规划局提交编制计划，经同意后方可组织编制。

2）各镇街规划所委托具备相应资质、已备案的设计单位开展规划编制工作。

3）规划草案完成后，由各镇街规划所组织进行审议。

4）各镇街规划所审议通过后，将规划草案报市城建规划局进行技术审查。

5）技术审查通过后，由各镇街规划所组织对规划草案进行批前公示。

6）各镇街规划所根据公众意见修改完善规划草案后，报市政府相关部门审批。

7）审批通过后，由市政府将年度实施计划下发、同时抄送省住房和城乡建设厅、国土资源厅备案，由各镇街规划所及时向社会公布。

年度实施计划的修改一般是每年年中进行一次。修改流程与审批流程相同，由县（区）规划局负责组织编写项目变更，对需要新增、删除和修改的项目进行详细说明。县（区）级管理部门对本地区变更进行集中审核、规划审查，形成年度实施计划变更材料，报请上级市级管理部门审核，后报请市政府相关部门审批，审批通过后下发并按计划组织项目申报工作。

2. 完善历史用地工作内容及流程

广东省政府将完善历史用地分为直接确认建设用地使用权、完善征收手续、完善集体建设用地手续三种情形，图9-4给出了完善征收手续的流程，表9-1给出完善历史用地需要提交的材料。各地市对完善集体建设用地手续又细分为政府统筹的完善集体建设用地、集体建设用地转国有建设用地等更多细致的流程。本书以广东省和广州市"三旧"改造完善历史用地工作为蓝本，给出完善历史用地的流程及工作内容。

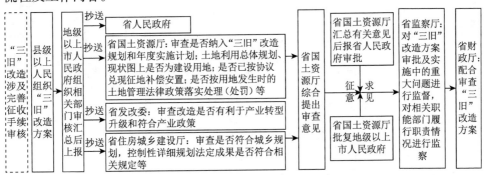

图 9-4 广东省完善征收手续的流程

表 9-1 完善历史用地提交材料表

序号	材料名称	出具单位	备注
1	关于审批"三旧"改造方案的请示	改造主体或区（县级市）人民政府	
2	改造方案	改造主体或区（县级市）人民政府	

续表

序号	材料名称	出具单位	备注
3	申请用地已纳入"三旧"改造规划、年度实施计划的相关材料	区（县级市）"三旧"改造机构	
4	改造地块的控制性详细规划的法定成果	区（县级市）规划部门	
5	"三旧"改造地块图斑统计表	区（县级市）"三旧"改造机构	
6	"三旧"改造用地宗地档案情况表	区国土房管分局（县级市局）	
7	需完善历史用地手续土地的权属证明材料	区国土房管分局（县级市局）	
8	国土房管部门出具的留用地指标核定书	市国土房管局	
9	与农村集体经济组织或农户的补偿协议及补偿兑现凭证	村集体经济组织或用地单位	
10	按照用地行为发生时的土地管理法律法规落实处理（处罚）的凭证	区国土房管分局（县级市局）	
11	勘测定界报告和勘测定界图	有资质的房地产测绘单位	
12	《"三旧"改造项目土地房屋权属确认的函》	区国土房管分局（县级市局）	应明确用地范围、面积、用地单位和用地发生时间
13	符合土地利用总体规划的审核意见书	区国土房管分局（县级市局）	
14	用地单位在广州市设立"三旧"改造项目公司的证明	工商行政管理部门	
15	比例尺为1：2000或1：10000的分幅土地利用现状图	区国土房管分局（县级市局）	含2006年土地利用现状图和二调土地利用现状图，并在图上标出用地位置
16	土地利用总体规划图	区国土房管分局（县级市局）	在图上标出用地位置，局部规划图应标出经纬度和坐标

1. 直接确认建设用地使用权不涉及改造方案审批的，直接按市国土房管局《"三旧"改造项目土地房屋权属确认工作指引》办理；

2. 完善征收手续的，不需提供第8项材料；

3. 完善集体建设用地手续的，不需提供第9、14项材料；

4. 区（县级市）政府统筹完善集体建设用地手续的，不需提供第8、9、14项材料。

3. 改造方案审批工作内容及流程

依据广东省相关文件将建设用地再开发项目分为旧厂房、旧城镇、旧村庄三大类。对各类项目首先考虑历史用地手续问题，若历史用地手续不完整或缺失的，先进行完善历史用地手续的工作。完成完善历史用地手续后组织改造方案的申报与审批。

改造方案审批按旧厂房、旧城镇、旧村庄分别处理，总体流程如图9-5所示。

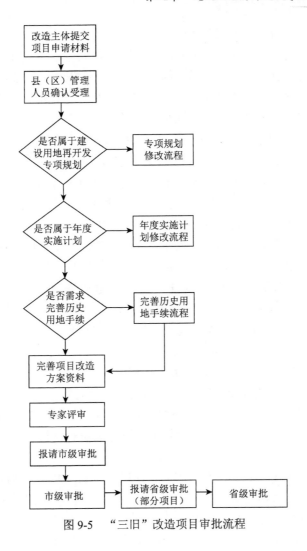

图 9-5 "三旧"改造项目审批流程

改造主体提交改造申请及相关材料（相关材料包括项目申请表、地块权属证明、改造单位法人证、改造方案等），区"三旧"办受理项目，并开始组织项目材料。如果项目未列入"三旧"改造计划，则先进行项目认定，纳入"三旧"改造年度实施计划后再继续进行项目申报。组织是否认定的过程其实是年度实施计划修改的过程，需要多部门分别提供自己业务相关的材料或对项目中相关材料进行审核。例如，市发展和改革局对项目整体进行审核，市住房规划局需要针对项目给出控规、城规，市环境保护局对项目是否符合环保规定进行审核，市"三旧"办产权地籍科、法律法规科、耕保科分别对项目地籍权属、法律法规、基本农田占用情况进行审核（阳江市"三旧"改造工作中相关部门包括：市政府办公室、住房和城乡规划建设局、农业和林业局、发展和改革局、国土资源局、监察局、财政局、地方税务局、人力资源和社会保障局、环境保护局、文化广电新闻出版局、城市综合管理局、公安局、消防局、金融工作局。东莞：市政府办公室、发展和改革局、经济贸易局、监察局、国土资源局、公安局、财政局、建设局、农业局、林业局、对外经济贸易局、环境保护局、城乡规划局、城管综合执法局、法制局、住房和城乡建设局、消防局、地方税务局、工商行政管理局、法院、检察院等。其他地市可能不完全相同，需要考虑各地实际工作情况）。此步骤一般由市"三旧"办召集十几个相关单位和部门，通过联席会议给出审批意见。在此过程中如果发现历史用地手续不完善的项目，需要进行完善历史用地手续的工作。即依据相关政策、通过国土局进行历史用地手续申报、处罚、发证等工作，将地块转换成与用地现状相符的、合法的用地（杨廉等，2010）。

完成完善历史用地的手续一般是在纳入年度实施计划之后，项目正式申报之前。完善历史用地之后才开始项目审批工作，具体审批工作包括改造主体提交详细的改造方案及相关材料；县（区）级"三旧"改造管理部门组织完善项目材料，组织相关部门对其是否符合"三旧"改造专项规划、年度实施计划、控规、土规、城规等进行审核，通过审核后交政府部门审批；政府部门审批通过后存档，并开始进入改造实施阶段。

简而言之，"三旧"改造项目审批包括如下工作。

1）收件：改造主体提交"三旧"改造项目申请材料。

2）审核分类："三旧"办工作人员对项目材料进行审核，依据其是否属于"三旧"改造年度实施计划、是否需要完善历史用地等信息进行分类，项目分别进入相应处理流程。

3）完善项目材料：改造主体在县（区）级"三旧"办人员帮助下完善项目资料，不同类型项目需要提交的材料不同。例如，旧村庄改造需要提交集体用地证明材料，同意改造村民大会表决材料，而国有旧厂房改造不需要提供这些材料。本平台业务设计时未严格区分，业务管理人员可通过平台的业务设置功能进行所需要材料及重要性的设置。

4）相关部门审核：依据各县（区）"三旧"办工作流程，"三旧"办需要组织相关部门对项目相关内容进行审核，一般相关部门包括国土资源局、城乡规划局、住房和城乡建设局、发展和改革局、综合执法局、房产管理局、财政局等，各地依据自己的政策和部门设置会增加或减少此环节参与的单位审核内容（此处所需要的审核部门是从阳江和东莞两市审核部门中取交集得到的）。在平台中可通过业务设置进行配置，依据自己的需要增加或减少参与部门及每个部门审核过程中需要使用的资料。

5）市政府审批：相关部门审核通过后，由"三旧"办人员整理项目资料，提交市政府审批。市政府依据相关政策法规进行审批。如果符合某些条件，可报请省政府审批。

6）省政府审批：对某些满足条件的项目，需要提交省政府，省政府依据相关政策法规进行审批。

项目信息如表 9-2 所示，项目改造方案数据如表 9-3 所示。目前广东省项目附件一般包括："三旧"改造项目申请书；"三旧"改造项目改造方案；"三旧"改造确认文件（市、县（区）出具的"三旧"办认定为"三旧"改造的文件），属于专项规划或年度实施计划时，还需"三旧"办出具的证明材料；项目红线图；土地利用现状图；土地利用总体规划图；"三旧"改造专项规划；区域控制性规划；土地勘测定界报告；其他相关资料，如改造主体单位法人证书等相关证明材料。

表 9-2 "三旧"改造项目基本信息表

字段	类型（长度）	说明
改造项目名称	nvarchar（255）	项目名称
项目编号	nvarchar（255）	项目编号
改造项目地址	nvarchar（255）	详细地址
改造类型	int	旧城镇|旧厂房|旧村庄
改造单位名称	nvarchar（255）	改造单位名称
改造单位联系人	nvarchar（50）	改造单位联系人姓名
改造单位联系人电话	nvarchar（50）	联系人电话
改造模式	nvarchar（255）	旧城镇、旧厂房、旧村庄三类
改造范围面积	decimal（18,5）	
审批状态	char（30）	一般审批状态包括：提交区县"三旧"办|提交市"三旧"管理部门|通过审核|提交市政府审批|政府完成审批等
受理人	bigint	受理人姓名
受理时间	datetime	
经办人	bigint	经办人姓名
申请事项	nvarchar（255）	
用地面积	decimal（18,5）	等于年度实施计划的用地面积
审批年份	datetime	等于实施计划的计划改造年份
实施年份	datetime	计划实施年份
行政区	bigint	所属行政区，方便统计

表 9-3　改造方案信息表

字段	类型	说明
所属项目 ID	bigint	所属项目的编号
所属计划 ID	bigint	所属年度实施计划编号
方案编制时间	datetime	方案编制时间
方案批复文号头	nvarchar（255）	
方案批复文号年	bigint	
方案批复文号编号	bigint	
改造后指标_平均毛容积率	decimal（18,5）	
改造后指标_安置地块平均净容积率	decimal（18,5）	
改造后指标_融资地块平均净容积率	decimal（18,5）	
改造后指标_建筑密度	nvarchar（255）	
改造后指标_绿地率	decimal（18,5）	
改造后指标_道路网密度	nvarchar（255）	
改造后指标_公共服务设施	nvarchar（255）	
改造前指标_用地性质	nvarchar（255）	
改造后指标_用地性质	nvarchar（255）	
改造前指标_建筑密度	nvarchar（255）	
改造前指标_平均毛容利率	decimal（18,5）	
改造前指标_绿地率	decimal（18,5）	
改造前指标_道路网密度	nvarchar（255）	
改造前指标_公共服务设施	nvarchar（255）	
改造前指标_建筑限高	decimal（18,5）	
改造后指标_建筑限高	decimal（18,5）	
改造前指标_用地规模	nvarchar（255）	
改造后指标_用地规模	nvarchar（255）	
项目建筑面积	decimal（18,5）	
项目开发形式	nvarchar（255）	
项目投资额度	decimal（18,5）	
土地改造效果	nvarchar（4000）	
建设意向_居住	decimal（18,5）	
建设意向_办公	decimal（18,5）	
建设意向_公共配套	decimal（18,5）	
建设意向_商业	decimal（18,5）	
建设意向_工业	decimal（18,5）	
建设意向_其他功能 1	nvarchar（255）	

续表

字段	类型	说明
建设意向_其他 1	decimal（18,5）	
建设意向_其他功能 2	nvarchar（255）	
建设意向_其他 2	decimal（18,5）	
拆迁补偿区域	nvarchar（4000）	
上盖建筑物类型	nvarchar（255）	
拆迁补偿总额	decimal（18,5）	
改造意愿表决情况	nvarchar（255）	
项目拆迁面积	decimal（18,5）	
涉及拆迁户数	int	
用地情况_是否涉及农转用	char（1）	
用地情况_集体土地是否转为国有	char（1）	
用地情况_是否涉及提地增减挂钩	char（1）	
用地批准文号头	nvarchar（255）	
用地批准文号年	bigint	
用地批准文号编号	bigint	
土地出让模式	nvarchar（255）	
土地规划用途	nvarchar（255）	
现土地用途	nvarchar（255）	
拟改造用途	nvarchar（255）	

值得注意的是，平台中提供了基础地图服务、"三旧"改造专项规划管理等信息，项目是否纳入年度实施计划、"三旧"改造专项规划，土地利用现状图、土地利用总体规划、区域控制性规划等材料都可从平台中读取，而不需再由项目改造主体提供，可减少项目改造主体的工作，提高各方面工作效率。

（三）现场监测需求

建设用地再开发现场监测是指利用视频监控、分析技术对建设用地再开发项目现场进行网络布控，对土地闲置、违规加建、抢建等行为进行 24 小时不间断监管，通过视频智能分析及时发现违规行为，并进行智能预警和报警联动，降低违法行为带来的危害与损失。

现场监测技术分很多种，可以是视频监测，也可以是传感器监测、遥感监测。另外，国土系统的执法巡查更是最基本的监测手段。各种不同的监测手段所产生的数据不同，分析手段也有很大区别。"三旧"改造现场监测需要各种技术手段的综合运用。在此仅对视频监测分析技术进行介绍，其他监测技术的运行与视频监测有很多相似之处，可供借鉴。

视频监测与分析是一项相对独立的功能，视频监测进行最底层的视频发现取证工作。视频分析可以发现一个指定区域内是否有人进入，可进行汽车、挖掘机识别，可发现建筑物高度的升高或降低等变化，而对这一变化是否属于用地违法行为、非法抢建、非法加建或闲置土地，需结合业务系统定义规则进行判断。例如，视频分析发现项目建设期间，一个月内楼层有增高，说明属于正常施工，而如果在审批未完成时发现一个月内楼层有增高，则很可能是违法抢建行为。项目进入建设期后若状态一直没有变化，则说明未开工，而若在建设开始前或建设结束后，则属于正常现象。视频监测与分析功能可以在业务管理、过程监管中使用。其中，视频调用功能，如摄像头实时数据、录像、图片或无人机拍摄的图片等基本数据在两业务管理和过程监管中的调用是相同的，而调取视频分析功能需要依据业务管理和监管的需求进行调用。例如，业务管理过程可能对抢建、加建比较关注，而过程监管则可能需要了解其是否按时开工、竣工。

值得注意的是，视频发现与分析只能发现监测范围内场景的变化，如果安装在室外监测工地变化，则不能对建设物内的装修进度提供任何信息。因此，视频发现与分析对业务管理和过程监系统所需的是否按时开工、竣工，是否存在非法加建等建设判定只是提供了一种参考，而不能完全依此进行判定。

建设用地再开发现场监测需要实现的主要功能如下。

1）实时视频输入：从摄像机、无人机、执法巡查车、数码相机等设备或者视频监控平台获取视频帧的过程。

2）任务配置：给不同摄像设备分配不同的分析任务。

3）实时抓拍结果保存：将智能分析的结果与从实时视频流中截取的图片或现场抓拍的结果作为分析的证据进行实时保存，并发送给调用者。

4）历史记录查询：用于客户端查询历史检测结果。

5）智能分析，主要实现以下功能：

①视频质量诊断检测与补偿，对摄像头拍摄的视频质量进行诊断，诊断的内容包括视频是否缺失、是否过亮或过暗、是否偏色，视频是否受到干扰、是否出现"雪花"，画面是否抖动或出现冻结，以及画面清晰度是否正常。对能够进行补偿的视频进行适当补偿、增强等操作，提高视频质量，从而提高分析工作的精度与效率。视频质量的提高可通过选用高清设备来解决，也可通过此模块的功能来解决。一般高清视频设备都具有通用性，没有专门针对"三旧"改造建设用地场景的视频处理。因此，可考虑增加视频处理功能，专门针对建设用地粉尘较大、声音嘈杂等情况对视频进行预处理，以提高分析精度。

②跨越警戒线检测，检测运动目标是否越过预先设定的边界，当目标越过边

界时，进行告警；

③进入禁区目标检测，检测预先设定禁区内的目标是人、车或其他物体，从某个方向越过预定禁区边界，并进行告警；

④建设用地场景变化检测，检测建设用地场景是否变化，如楼层高度变化、建筑物阳台突出等，对发现的场景变化抓拍保存证据，同时告警；

⑤土地侵占闲置土地智能检测，检测闲置土地是否被侵占，若是，进行告警；

⑥人脸和物体识别，检测预定区域内挖掘机、重型汽车、人脸等指定人或物体，实现多人脸、多物体抓拍保存功能；

（四）过程监管系统需求

建设用地再开发过程监管是指实现对项目从计划、审批到实施环节的全程跟踪和监管。通过建立省、市、县在平台的监管业务流程，搭建建设用地再开发过程监管系统平台，将省、市、县审批的建设用地再开发项目全部纳入监管平台，专项规划信息、年度实施计划备案管理、审批信息的统一改造方案管理及项目进度跟踪管理、自动提取监管数据并实时生成改造成效，实现与"三旧"改造地块数据库的衔接。

"三旧"改造过程监管工作包括 10 个方面。

1）材料监管：设置项目主要环节的材料，对材料是否缺少进行判断并给出结论。

2）现场监管：调用现场监控系统，根据监控记录的异常进行通报。

3）进度监管：根据项目申报与项目基层作业信息，对其中异常的地方进行提醒，并提供对应违规处理功能。①提供根据标准格式的填报文档的导入自动完成基层作业信息填报的便捷功能。②违规处理功能包括违规通告审批、违规通告的输出、后续整改记录审批、违规信息汇总。③对项目的施工进度信息和需要提交的资料进行管理与提醒。

4）资金监管：包括对项目的预订资金与补贴资金进行管理与提醒、项目资金基本信息管理、项目资金流水账管理、项目资金使用提醒（计划额度）。

5）验收监管："三旧"项目管理部门对满足验收条件的项目进行资料归档、发文通告。平台检查验收材料是否完整，每个环节是否符合要求。

6）年度实施计划监管：是否完成年度实施计划及完成比例。完成比例可以是面积比例、项目个数比例、地块比例等。

7）范围监管：对单个项目，利用空间叠加，监控已批用地与"三旧"改造标图建库范围是否一致，自动监测预警；对所有可监管项目的范围，提供空间叠加、压占分析的统计结果，提供百分比、个数等统计结果。

8）时限监管：①通过预设时限要求，监控批后供地、用地、改造时限，自动预警。②交地时间预警：已上报改造项目交地时间预警。③开竣工时间预警：已上报改造项目约定开工、约定竣工时间监测预警。④闲置预警：已上报改造项目闲置监测预警。

9）指标监管：①容积率监测预警，已上报项目供地合同（公告）容积率监测预警。②超规模预警，已上报项目超规模供应商品房用地情况监测预警。③出让金预警，已上报项目土地出让金计划与实际缴纳金额、缴纳时间监测预警。

10）项目改造成果评价：在一定时期内对县级的改造成果进行再验证，结合再开发土地评价模型的相关成果，对改造后的土地状况进行评价。

针对建设用地再开发过程监管，广东省乃至全国还没有统一流程。本书依据广东省"三旧"改造专项规划、业务管理、现场监测等工作制定的流程如图 9-6 所示。建设用地再开发项目改造方案审批完成后，由省、市、县（区）三级各自依据权限选择相应项目纳入监管范围。省、市、县（区）三级管理部门对纳入监管的项目设置监管内容，并分别设置本级监管规则。改造主体依据管理部门的设置、按规定时间（每月或每季度）提交进度报告，向上级部门报告建设进度、财务等执行情况，并上报项目范围红线图、现场图片等佐证材料，县（区）级监管部门审核改造主体提交的材料，利用自己设置的监管规则对项目进行过滤，对由系统提出预警的项目经调查取证后判定是否真正需要给出警告信息。对各项目详情、全县（区）项目整体情况填写相关表单后上报市级监管部门。市级监管部门汇总各县（区）提交的监管材料，依据自己设定的监管规则对各项目情况进行过滤，对系统给出预警的项目经调查取证后判定是否需要警告。市级监管部门同样对全市项目整体情况进行汇总后上报省主管部门。省主管部门同样对各市项目数据进行汇总，并利用自己设置的监管规则进行项目筛选，查找存在问题的项目。

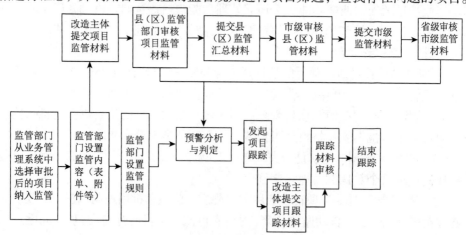

图 9-6　"三旧"改造过程监管系统整体流程

各级监管部门都可在必要情况下对监管的项目发起项目跟踪。项目跟踪是一个监管的工作流程，跟踪发起部门可限时指定下级部门或项目主体提交相应材料，并依据所提交材料判定后续处理步骤，后续处理可以是继续要求提交相关材料，也可以是移交司法终止跟踪或判定项目正常并结束跟踪。

（五）信息服务系统需求

建设用地再开发信息服务系统是政务信息公开的需要，它为"三旧"改造工作提供权威性、公益性的信息服务。信息服务系统是公众了解本建设用地再开发新闻、政策、法律法规、市或县（区）建设用地再开发工作情况和进度的窗口，是建设用地再开发项目主体填报项目的入口，同时也是各级管理部门和相关工作部门进行工作交流、发布县（区）、市建设用地再开发新闻、项目进度情况及统计信息的渠道。

建设用地再开发信息服务系统功能包括四个方面。

1）新闻动态：利用超文档方式展示与建设用地再开发项目有关的新闻事件，公众可浏览相关信息，包括建设用地再开发新闻、工作简报、热点聚焦、交流学习四个模块。建设用地再开发新闻是指建设用地再开发相关的新闻信息展示。工作简报是指就建设用地再开发工作中本部门或单位工作情况向公众进行通报，平台上所有系统，包括标图建库系统、业务管理系统、现场监管系统和过程监管系统都具有信息发布功能，具有相应权限的管理人员可填写并发布此类信息。热点聚焦是指对近期公众普遍关心的热点问题进行重点报道，尽早向公众提供真实可靠的信息。交流学习是指给同行、同事提供的学习窗口，可互相交流。平台上所有系统中具有相应权限的管理人员可填写并发布此类信息，且所有项目管理人员可浏览此类信息。

2）项目办理：项目办理主要是供业主、改造主体等单位或个人填报项目使用，此处只提供一个链接，用户通过此链接可进入相应系统进行项目申报或填报监管材料等工作。进度查询环节是指全区进度统计。

3）进度查询：对全县（区）或市的项目整体情况的查询。该类信息是由具有相应权限的项目管理人员在平台的其他业务系统中发布的。对每一个项目的查询放在项目办理中，改造主体或业主等用户通过提供项目详细信息可进行进度查询。

4）政策法规：介绍建设用地再开发相关政策、土地政策和法律法规等。

这一系统以网站形式展示信息给用户，其用户包括浏览用户、改造主体、省市县业务用户、监管用户、审核用户、审批用户等。浏览用户是任何可上网的公众，他们不需要注册、登录系统，可在系统中浏览建设用地再开发相关新闻、各部门政务公开发布的信息。改造主体具有浏览用户的所有功能，同时可通过系统接入业务管理系统进行项目申报、项目查询等工作。业务用户、监管用户、审核用户和审批用户可通过网站接口进入业务管理系统（业务管理系统和监管系统）进行业务处理，同时可以在业务系统中发布相关信息、浏览已发布的所有信息，并可浏览其他部门发布的学习交流和工作简报信息（吴小芳等，2015）。系统功能网站栏目结构如表9-4所示。

表9-4   "三旧"改造信息服务系统栏目结构表

新闻动态	"三旧"新闻 | 工作简报 | 热点聚焦 | 交流学习
图片新闻	
通知公告	
项目进度	旧村庄改造 | 旧厂房和旧城镇改造 | 完善历史用地
项目展示	
办事大厅	办事流程 | 收件指引 | 立案预申请 | 案件办理状态
政策法规	综合政策 | "三旧"改造政策 | 政策问答
政务公开	机构职能 | 规章制度 | 联系方式
尾部导航	单位地址 | 网站地图 | 使用帮助

第二节   平 台 设 计

一、平台的整体设计

（一）系统设计原则

结合总体设计目标，确定建设用地再开发监测监管系统的设计原则如下。

1）可行性原则，在设计本系统之前，应对研究区域的实际情况进行实地考察，从而确保系统全周期、全方位监管等方面的可行性。

2）实用性原则，设计应遵循政府土地相关管理部门的需求，应按照业务部门的需求对系统进行详细设计，实现切实必要的功能，同时系统应保持界面简洁易懂、操作方便。

3）科学性与先进性：运用GIS开发手段和技术，确保系统空间数据库设计、数据模型、研究技术路线的科学性；选择合适并且最新的软硬件开发平台，保证系统设计的先进性。

4）标准化与规范化：数据库编码遵循国家和行业的标准，系统开发严格按照软件工程的规范操作，制定详细的计划。

5）可扩展性：考虑建设用地开发未来的发展，系统功能和数据结构需易于扩展。随着科技发展和管理水平的提高，建立基于模型集成的建设用地再开发监管系统要避免重复开发和资源浪费，系统功能要能根据不同需要继续拓展延伸。

（二）系统逻辑设计

根据组件式 GIS 结构思想，考虑系统稳定性、兼容性、安全性和可扩展移植性，系统的逻辑结构采用五层架构：基础设施层、资源层、支撑层、业务层和接入层（李永红等，2005；曾光清等，2007）如图 9-7 所示。

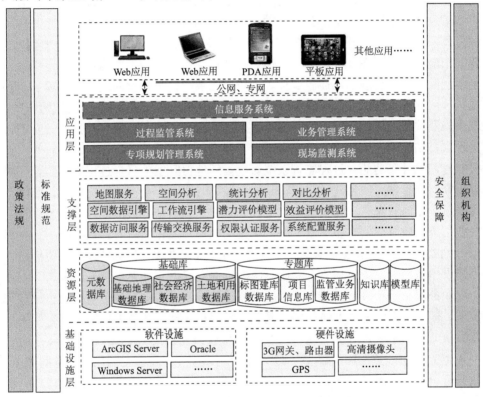

图 9-7　建设用地再开发监管平台体系架构图

基础设施层是实现建设用地再开发监管的物理平台，硬件设施由 3G/4G 网关/路由器、高清摄像头、GPS 模块、基于 CORS 系统的高精度定位视频监测获取装置等构成，软件设施由 ArcGis Server、Oracle 数据库服务器和 Web 服务器构成。

资源层包括元数据库、基础库、专题库和模型知识库。元数据库是指在建设用地再开发过程中提取的、没有经过加工的初始数据，其格式还没有完全统一。基础库包括基础地理数据库、社会经济数据库和土地利用数据库，是由元数据加工而成的。模型知识库包括了建设用地再开发业务规则知识库和各类建设用地再开发业务的模型，是由政策和业务层面的专家提出并经过优化的建设用地再开发业务抽象模型，是数据库使用的正确指导。

支撑层包括服务、技术和业务三个层面的内容。服务层面包括数据访问、传输交换、权限认识和系统配置等支撑技术，是实现技术和业务层面开发的基础。技术层面包括空间数据引擎、工作流引擎、业务规则库和潜力评价模型等，是业务层面的技术支撑。业务层面包括地图服务、空间分析、潜力评价和对比分析等模型，是真实业务开展的核心。

应用层包括专项规划管理系统、现场监测系统、业务管理系统、过程监管系统和信息服务系统等五个部分。其中，专项规划管理系统完成标图和建库工作，即将每宗建设用地再开发用地在"二调"遥感影像图上矢量化标出，并叠加到"二调"土地利用现状图和土地利用总体规划数据，结合实地调整确定现土地用途、土地权属、坐落、规划用途等属性。现场监测系统提供建设用地再开发项目现场视频、照片等数据的实时采集、数据存储与数据检查、分类比较、功能，用于发现违规及预警工作。业务管理系统实现建设用地再开发项目申报、审批业务管理，实现项目主体网上填报项目、查询进度，建设用地再开发业务管理人员收件、上报、查询统计等功能。过程监管系统对建设用地再开发项目全过程进行监管，对报批资料完整性、项目建设违规、开工和竣工时限、资金流动情况等进行监管，可通过设置监管规则、预警规则、警报处理方式等辅助建设用地再开发监管部门对项目进行监管。信息服务系统提供建设用地再开发相关新闻、业务部门工作简报、审批流程、政策法规等信息进行管理，为公众提供建设用地再开发相关信息，为建设用地再开发项目相关个人或单位提供网上填报、进度查看等功能。

业务层是平台设计的重点，一般采用传统的三层架构对每个系统进行设计与实现。即每个系统分数据访问层、业务逻辑层和表现层。数据访问层，采用关系型数据库 Microsoft SQL Server 作为属性数据和空间数据的存储平台，通过 ADO.NT 和空间数据库引擎（ArcSDE）分别访问和操作非空间数据与空间数据。业务逻辑层，应用"工作流+组件式 GIS 开发+专业评价模型集成开发"模式，利用 ArcGIS Engine 组件库定制数据处理、空间查询、属性查询、空间分析、成果可视化等基本 GIS 功能；通过 Microsoft .NET Framework 开发框架把指标标准化模型、权重计算模型、专业评价模型封装为动态链接库 DLL，实现潜力评价专业应用功能；利用工作流完成业务流转。表现层，使用 FineUI、BootStrap 等前端框架完成界面设计与交互，利用 Developer Express 和 DotNetBar 控件进行界面优化，提供美观简洁、交互友好的系统界面。

应用层的五个系统独立设计与实现，系统之间通过接口进行功能交互。在系统设计与开发顺序上，专项规划管理系统优先于业务管理系统，因为其他系统都要调用其提供的规划与项目空间信息。完成专项规划管理后可进行业务管理系统开发，之后进行过程监管系统开发。因为过程监管系统需要调用业务管理系统中的项目数据及专项规划管理系统中的规划与项目空间信息。现场监测系统在业务管理系统、过程监管系统中都需要调用，但由于技术相对独立，可先于业务管理系统开发，也可在开发完成后通过接口调用提供视频监测功能。信息服务系统可先于所有系统开发，在平台建设期间就开始进行信息服务，也可在完成其他系统后再开发。因各系统与信息服务系统之间主要接口是信息发布与信息读取两种，即各系统利用信息发布接口向信息服务系统发布信息，各系统用户登录后向信息服务系统读取新闻动态、交流学习内容。

接入层是平台与各类用户的接口，是用户访问监管平台的入口。综合政府有关部门和社会公众等不同组织或个人在不同层面对建设用地再开发全程或部分进行监管的需求，平台提供 PC 机、笔记本电脑、各类 Pad 系统、专用 PDA 系统和手机端等硬件设备的接口，方便不同用户随时随地登录系统。监管平台的各类用户也可以通过这些不同的入口访问平台，完成各自的操作，实现平台的全天候运行。

（三）平台提供的公共功能

平台作为一个整体，对用户管理、业务管理进行整体设计与实现。具体需要平台级完成的功能包括基础地图管理、用户权限管理、业务设置、界面定制、备份恢复、日志管理和系统升级等。

1. 基础地图管理

基础地图管理是指通用 GIS 系统可提供的地图操作，包括地图浏览、地图放大和缩小，上传项目红线图、穿透分析等，表 9-5 给出所有基础地图管理功能。各业务系统对地图的使用除了基础地图提供的功能还可增加各自需要的功能。

表 9-5　基础地图管理功能

功能分类	功能	描述
地图基本操作	地图放大、缩小、漫游、图层切换等	用于实现地图基本操作
地块编辑	新增地块	支持范围导入、属性导入，手工录入等多种方式完成新增地块操作
	编辑地块	支持地块范围修改、属性修改
	删除地块	支持选中的个别地块删除、批量删除
图示制作	图示保存	图示保存
	图示浏览	图示浏览
	图示打印	图示打印
	图示设计	设计规划图示、影像图示、线将图示等

功能分类	功能	描述
地块信息核查	地块信息核查	对新增、修改、删除操作的核查工作
对比统计	单图层数据查看与分析	单一图层数据察看分析
	多图层叠加比较分析	用于用地差异冲突分析、单宗地块协调分析、冲突统计分析等
	范围查询	范围查询
	点图查询	点图查询
	自定义区域范围为核心的综合查询	自定义区域范围为核心的综合查询
	自定义查询	自定义查询
地图综合展示	以叠加分析结果展示	通过切换、折叠或展开等展示形式进行查看分析结果;多窗口对各种叠加图层进行比看,如针对同一地块,比看叠加城规图、叠加土规图、叠加地形图、叠加卫星影像图等

2. 用户权限管理

利用基于角色的访问控制（Role-based Access Control，RBAC）思想进行用户权限管理，即系统中可定义用户、用户组（角色）、资源和权限等实体类。系统可定义用户组（角色）可以是从化"三旧"办、增城"三旧"办、广州市城市更新局、从化市改造主体等组。用户一般是具有真实姓名、身份证号码的自然人或企事业单位（具有组织机构代码证）等。用户可承担不同角色（同一用户可承担多种不同角色），也可不承担任何角色。资源是指系统中存在的菜单项或功能项，对资源用户可能具有不同权限。例如，对一张土地勘测定界报告，可能有的用户有浏览功能，有的用户拥有删除、下载等功能。具有足够权限的用户可在系统中设置其他用户对某类资源的权限。

用户权限管理需要注意以下问题。

1）为方便使用，用户管理的权限由权限较高的用户自行设置。在平台部署时由平台软件管理员设定省"三旧"办用户，由此用户创建市"三旧"办用户组（如广州市更新改造局），并分配管理权限给此用户组中的某一个用户（称为管理用户）。管理用户可设置下一级角色和用户组，例如，广州市城市更新局可设置从化区"三旧"办、增城"三旧"办这样的角色，同时可增加市更新改造局科员和从化区"三旧"办、增城"三旧"办的管理员，并分配角色和用户在系统中的权限。而从化"三旧"办的管理员可增加从化"三旧"办的科员用户和改造主体用户，并分配相应权限。

2）系统管理员或平台维护人员没有权限管理业务数据，所以也没有权限管理各类用户的权限系统管理员，他们只负责平台部署时设置最初用户数据（或者不用系统管理员（平台管理员）处理，由系统自动部署），在系统运行期间，负责备份和恢复数据或升级软硬件设施。

3. 业务定制

软件具有一定的可定制性，即可针对不同业务定制每个业务所包含环节和各环节所需要管理的材料。例如，建设用地再开发业务包括收件、土地利用处审核环节等）、业务环节材料配置（每个环节需要哪些佐证材料）等，其中，收件环节需要的支撑材料包括项目申请材料、土地勘测定界报告、项目红线图等。业务管理系统、过程监管系统都可以进行业务定制。

4. 基础数据管理

元数据是对空间数据的文字进行描述的数据，可以包含很丰富的内容。这里的元数据包括对某比例尺数据的总体描述（即子元数据库，如制作单位、坐标范围等信息）和对某子库中每幅图的描述（即图幅元数据，如图幅名称、图幅的接图号、图幅的边界坐标、坐标系、高程系、制作人员、入库时间等信息）。

系统提供元数据管理功能，让用户可以管理元数据信息，根据用户的需求建立子库元数据库和图幅元数据库。对于图幅元数据，还可以设计数据表结构，以便添加用户自己需要保存的描述信息（徐少坤，2013）。

系统提供子库元数据维护功能可让用户查看并修改子库元数据。

针对各元数据子集的内容特点，系统为数据生产者提供一系列方便的元数据输入界面，便于数据生产者建立元数据体系。

元数据编辑包括元数据修改、记录的增加、记录的删除等操作。该功能可以反映空间数据库的更新，实现元数据的扩展（刘立坤，2011）。

平台提供方便的操作方式，使用户能快捷地浏览自己所关心的元数据信息。同时，系统提供关键字查询、条件查询等方式，帮助用户定位元数据信息。

平台为用户提供元数据报表输出功能，用户可以选择自己感兴趣的元数据信息，按自己要求的格式输出。

5. 备份和软硬件升级

备份包括数据备份和系统备份两方面。数据备份是指备份数据库中的项目数据和空间数据，一般由平台自动完成，但对备份数据的转移、比较需要平台管理员在工具软件的辅助下完成。系统备份是对平台软件乃至整个操作系统的备份，由平台管理员在工具软件的辅助下完成。

6. 日志管理

平台建立日志记录与审核机制，各应用系统在用户操作期间会通过日志记录用户登录信息及操作信息，包括用户登录账号、登录设备 IP 地址、登录时间，用户读取了哪些数据，用户写入了哪些数据，等等。管理员通过日志审核查看终端用户对平台、平台后台资源的访问情况，发现异常，寻找潜在的故障点及故障发生时查找原因。这是平台安全机制的一部分，可提供平台的可靠性，防止对平台各系统的非法使用。

另外，管理员还可对用户常用的查询、统计、分析功能的使用情况进行分析，统计使用次数、使用频度及内存、CPU占用情况，并进行系统优化，提高平台运行效率。

7. 政策与法律法规管理

平台各系统的不同用户都用到政策、标准规范及法律法规查询功能，因此，在平台中实现对政策、标准规划及法律法规管理功能。由平台管理人员对收集到的此类信息进行管理，上传到平台，供各类用户浏览、查询。

二、专项规划管理系统设计

对建设用地再开发专项规划，按地块组织管理，提供地块及变更材料录入、数据核查、上报审批、规划下发和业务数据统计分析等功能，其功能结构如图9-8所示。

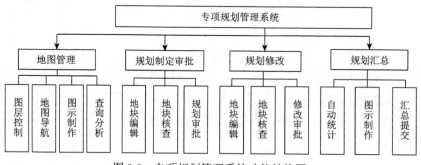

图9-8　专项规划管理系统功能结构图

（一）地图管理

基本的地图操作，基础地图管理功能由平台支撑层提供（见表9-5），在各系统中都有调用。但各系统使用侧重点不同，专题图也各不相同。标图建库系统主要用于地图浏览、专项规划审核等。

（二）规划制定审批

专项规划制定包括地块编辑、地块核查和规划审批等，具体功能如下。

地块编辑：是指对规划中地块图斑进行新建、修改和更新操作，根据地块编辑方式，用户导入地块坐标或属性，经过一系列的坐标检查和投影转换，并进行建设用地剔除、土地利用规划剔除、拓扑检查和自相交检查等，生成标准的地块shp 文件（shp 文件名按照标准的文件命名方式）。图 9-9 给出新建地块的流程。地块修改的流程与新建类似，地块删除较简单，在此不再赘述。

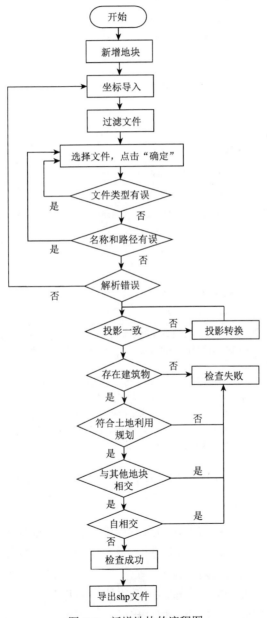

图 9-9 新增地块的流程图

参考广东省"三旧"改造标图建库工作的数据要求，给出规划地块图斑属性结构如表 9-6 所示。

表 9-6　地块图斑属性结构

序号	字段名	字段代码	字段类型	字段长度	小数位数	是否必填	值域
1	要素代码	YSDM	Int	10		是	2009010001
2	行政区划代码	XZQHDM	Char	6		是	见 GB/T 2260
3	图斑编号	XMDKBH	Char	8		是	注 1
4	计划改造年份	JHGZNF	Char	4		否	YYYY
5	改造类型	GZLX	Char	10		是	旧城镇/旧厂房/旧村庄
6	坐落单位名称	ZLDWMC	Char	60		是	注 2
7	权属单位名称	QSDWMC	Char	60		是	注 2
8	用地面积	YDMJ	Double	15	1	是	注 3
9	其中国有面积	GYMJ	Double	15	1	是	注 3
10	其中集体面积	JTMJ	Double	15	1	是	注 3
11	其中农用地面积	NYDMJ	Double	15	1	是	注 3
12	其中合法用地面积	HFYDMJ	Double	15	1	是	注 3
13	现土地用途	TDYT	Char	60		是	注 4
14	土地规划用途	GHYT	Char	60		是	注 5
15	拟改造土地用途	NGZYT	Char	60		否	注 6
16	是否编制规划	SFBZGH	Char	2		是	注 7

注 1：前 6 位为行政区划代码，后 5 位为地块图斑编号，同一县级行政单位内地块图斑编号不能重复。

注 2：权属单位名称、坐落单位名称为图斑的权属坐落，填写至行政村一级，如有多个权属或坐落单位的，在每个名称中间用英文逗号隔开。

注 3：指图斑多边形边界内部的椭球面积（如图斑含岛、孔，则扣除岛、孔的面积），单位平方米，面积参照《第二次全国土地调查技术规程》中椭球面积的计算方法进行计算。

注 4：参照土地利用类图斑的地类名称 填写，如有多种地类的，在每个地类名称中间用英文逗号隔开。

注 5：参照土地利用总体规划用途填写，如有多种用途的，在每个地类名称中间用英文逗号隔开。

注 6：参照《土地利用现状分类》GB/T 21010-2007 三级分类中文名称填写，发有多种地类的，在每个地类名称中间用英文逗号隔开。

注 7：利用"三旧"改造规划确定的地块范围进行标绘的，填"是"；利用"三旧"改造项目地块调查摸底范围进行传给的填"否"。

地位信息核查：对上交的地块信息进行核查，包括属性审核和空间范围审核两大类。属性审核是对地块基本信息进行审核。空间范围审核包括地图投影审核、建设用地核查、土地利用规划核查等。

从文件类型方面可分文档审核、图示审核、照片审核等。

规划上报审批流程：对制定的规划启动上报审批工作，具体流程为：镇街规划所负责提交编制计划至县（区）级"三旧"办上报本地专项规划数据；市级城市更新局对数据进行汇总、核查，并上报省"三旧"主管部门；省"三旧"主管部门对数据进行汇总，核查，报省政府审批；省政府审批通过后下发专项规划，并上报国家主管部门备案。上报审批流程如图9-10所示。

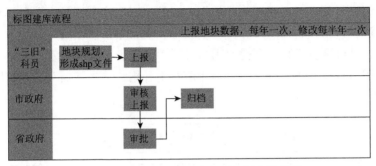

图 9-10　建设用地再开发专项规划审批流程

（三）规划修改

规划修改是指规划上报一段时间之后的修正过程。广东省标图建库工作是对"三旧"改造的地块情况摸查，一般半年修改一次。在此基础上可进行"三旧"改造专项规划的修改。

专项规划修改的工作包括地块编辑，对地块信息、地图坐标等进行增、删、修改操作，专项规划修改的流程与规划制定过程基本相同，在此不再给出流程。

（四）规划汇总

1. 图示制作

根据标图建库地块的空间范围，制作标图建库上报所需的图示，包括改造范围的影像图示、现状图示和规划图示等。

2. 查询统计

对标图建库、专项规划信息进行查询、统计。提供查询、统计条件，允许用户按空间信息、项目主要信息进行定制查询统计或自定义查询与统计。统计项一般包括地块面积、项目个数等数值信息。

三、业务管理系统

建设用地再开发业务管理系统设计结构如图9-11所示，包括年度实施计划管理、完善历史用地手续、项目审批、基础数据管理四种功能。其中年度计划管理包括建设用地再开发年度实施计划编制、上报、地图管理等功能；完善历史用地管理是对纳入"三旧"改造年度实施计划但用地手续不完善的项目进行历史手续完善的过程，按直接确认建设用地使用权、完善征收手续、完善集体建设用地手续三种类型进行管理。项目审批是依据旧城镇、旧厂房和旧村庄三种类型进行审批，具体流程包括项目信息及相关材料填报、项目上报、项目审批和项目查询与统计功能。基础数据管理主要是对项目红线图、建设用地再开发专项规划的标图建库两个图层进行管理和维护，依据年度实施计划、项目数据对这两个图层进行数据维护与叠加分析等操作。

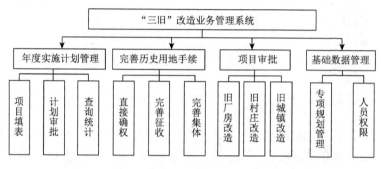

图 9-11　业务管理系统功能结构图

基础数据管理还需要人员权限管理、业务配置、界面配置、字典管理模块。其中，人员权限主要对增删用户、分配用户权限等进行管理；业务配置对业务基本信息和业务材料信息进行配置；界面配置主要对系统不同业务的不同流程节点的界面进行配置；字典管理主要对系统采用的数据库中的字典表进行管理。这些功能与平台的功能相似，但其工作对象是业务管理系统，而平台的工作对象是整个平台的用户、业务配置、界面配置和字典管理等。

（一）年度实施计划管理

年度实施计划管理流程如图 9-3 所示，年度实施计划编制工作由县级以上人民政府统一领导，由城乡规划主管部门组织编制。有条件的镇（街道、开发区）人民政府（办事处、管理委员会）经上一级人民政府同意也可组织编制。年度实施计划初稿一般由规划部门或建设用地再开发管理部门组织上报，并由地级以上市人民政府批准实施，并抄送省住房和城乡建设厅、国土资源厅备案。

根据建设用地再开发专项规划，按照"先易后难、逐步推进"和重点区域优先的基本要求，确定年度项目用地的面积，编制建设用地再开发计划表，并进行图示化表达。

年度实施计划表以项目为单位，包括再开发区域名称、功能定位、区位、规模、功能控制要求、强度控制要求、进度安排、改造模式、备注等内容。

年度实施计划图示表达是指以土地利用现状图为底图，标绘纳入年度实施计划的项目名称、位置及范围，标绘所在重点改造区域名称及范围，形成年度实施计划图示。图纸比例尺与城市总体规划图纸比例相一致。比例尺过大时，按照行政区划进行分片表达，并注明××区/镇/街道×××图。

（二）完善历史用地手续

已落实的建设用地再开发项目或已列入年度实施计划但未落实的建设用地再开发项目都可以进行完善历史用地的工作。完善历史用地手续的基本流程如图9-12所示。

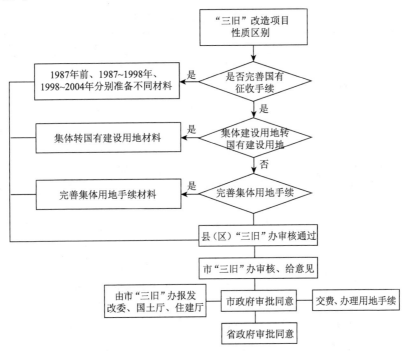

图 9-12 完善历史用地基本流程

第一步：依据项目性质区分项目，不同种类项目各自提交不同的资料（项目中可暂不区分）。

第二步：准备完善历史用地材料。

第三步：报县（区）国土部门进行材料审核。

第四步：报国土上级部门、报政府审批。

第五步：交罚款开具确认登记。

完善历史用地信息如表 9-7 所示。目前广东省各市县需要改造主体提供的项目附件包括：①完善历史用地申请书；②违法用地行为证明；③违法用地处罚证明；④"三旧"改造项目改造方案；⑤"三旧"改造项目认定文件（市、县（区）出具的"三旧"办认定为"三旧"改造的文件），属于专项规划、属于年度实施计划时，"三旧"办出具的证明材料；⑥土地利用现状图（1∶10000）；⑦土地利用总体规划图；⑧"三旧"改造宗地档案情况；⑨权属文件（房产证明或声明类）；⑩项目红线图；⑪项目开发时间影像图；⑫土地勘测定界报告；⑬其他相关资料如改造主体单位相关证明材料等。若使用平台，改造主体可仅提交完善历史用地申请书、违法用地行为证明、违法用地处罚证明。其他材料可从基础地理数据、业务管理系统中读出。

表 9-7　完善历史用地手续信息表

说明	代码	类型（长度）	是否可空
完善历史用地名称	TheName	nvarchar（255）	否
完善历史用地代码	TheCode	nvarchar（255）	否
"三旧"业务项目 ID	SjywxmId	bigint	是
实施计划 ID	SjhId	bigint	是
受理时间	SLSJ	datetime	是
收件编号	SJBH	nvarchar（255）	是
受理人	AcceptUserID	bigint	是
经办人	JbrId	bigint	是
批复文号	PFWH	nvarchar（255）	是
批次	PICI	nvarchar（255）	是
图斑号	TBH	nvarchar（255）	是
完善情况	WSQK	nvarchar（255）	是
不完善原因	BWSYY	nvarchar（255）	是
违法用地查处情况	WFYDCCQK	nvarchar（255）	是
需完善历史用地手续面积	YDSXMJ	decimal（18,5）	是
勘测定界报告确认需完善面积	XWSMJ	decimal（18,5）	是
生态控制线内面积	STKZXNMJ	decimal（18,5）	是
处罚面积	CFMJ	decimal（18,5）	是
权属确认面积	QSQRMJ	decimal（18,5）	是
上报市"三旧"办面积	SBSSJBMJ	decimal（18,5）	是

续表

说明	代码	类型（长度）	是否可空
最终批准面积	ZZPZMJ	decimal（18,5）	是
上报市"三旧"办审核时间	SBSSJBSHSJ	datetime	是
上报省政府审批时间	SBSZFSPSJ	datetime	是
最终完善方式	ZZWSFS	nvarchar（255）	是
最终权属单位	ZzqqdwId	bigint	是
最终确权性质	ZZQQXZ	nvarchar（255）	是
完善用地手续影像图宗地编号	YXTZDBH	nvarchar（255）	是
备注	Remark	nvarchar（4000）	是

（三）项目现场监测

项目现场监测主要包括的功能有：调取摄像头察看现场信息，查视频监测规则及视频分析结果，查看项目警告信息。这部分功能由现场监测系统实现，具体监测规则和警告信息需要依据现场监测与智能分析软硬件配置进行设置。

（四）项目查询与制图输出

对于基础地理数据、法律法规、项目信息，可设置单个或多个条件进行查询。对一些专题图，可选择并进行图示制作。

（五）统计

依据各种条件对项目信息进行统计，输出统计图表。建设用地再开发工作人员对项目信息进行汇总，包括对各项目红线图进行合并，形成一张完成的县（区）或市建设用地再开发项目整体情况图示。对汇总结果，可进行整理存档、上报或发布到信息服务系统。

项目审批流程如图 9-13 所示。

四、现场监测系统

建设用地再开发业务管理系统设计结构如图 9-14 所示，包括视频获取、智能监控、告警管理三种功能。视频获取是指管理视频设备、获取视频信息、对视频信号进行纠偏、存储等管理。智能监控是指对视频信息进行分析，识别视频中的挖掘机、人脸等细节数据，以及场景变化，对识别结果进行截图描述并保存。算法管理是对智能分析算法的管理，包括增加、删除算法运行服务器配置等操作。告警管理包括设置警告规则、存储警告结果，并对存储的警告结果进行查询、统计。

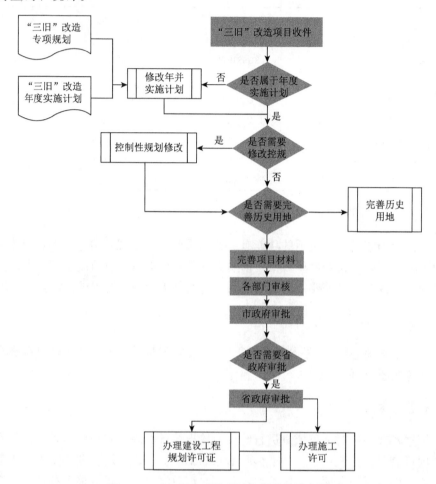

图 9-13 "三旧"改造项目审批整体流程图

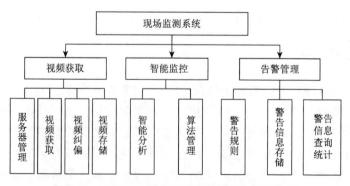

图 9-14 "三旧"改造现场监测系统功能结构图

（一）系统体系结构

考虑视频分析技术的特殊性，建设用地再开发现场监测系统采用 C/S 架构，模块化设计实现，系统包括实时视频接入模块、通信管理模块、告警管理模块及违规检测模块，各模块之间的关系如图 9-15 所示。

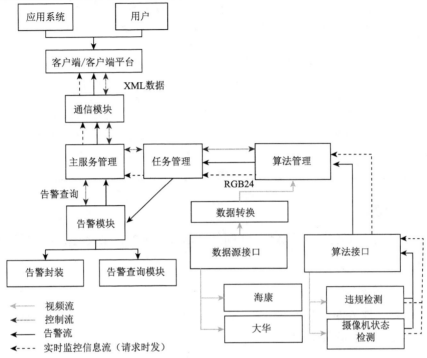

图 9-15 现场监测系统架构图

建设用地再开发现场监测系统模块结构如下，其功能的详细分类及功能项如表 9-8 所示。

表 9-8 现场监测功能列表

系统功能	功能分类	功能项
视频管理	实时监控	实现对视频码流的编解码开发，监控设备的添加、删去及修改等管理
录像管理	录像回放	录像检索：可按照指定设备、通道、时间、报警信息等要素进行检索，并加以回放和下载
		录像播放控制：能够支持 4 画面同步回放，可以指定多个图像按同一时间进度进行播放。回放中可以控制，包括播放/暂停、停止、播放速度调整
		录像转码：由于设备的录像可能使用厂家专用编码格式，用户无法利用第三方播放器进行回放，因此提供转换格式工具用于将用户手动客户端录像或下载的录像转码为标准格式（AVI）

系统功能	功能分类	功能项
告警管理	告警查看	实现现场检测系统的实时告警管理、查询等操作
任务管理	任务管理	实现对智能分析任务的管理、添加和删去等功能
视频质量诊断功能	视频信号丢失检测	对设备获取的视频检查丢失，进行补偿
	视频信号偏色检测	对设备获取的视频检查偏色，进行纠正
	视频监控场景异常检测	对设备获取的视频检查异常，进行云雾、纠正
	视频视频偏亮检测	对设备获取的视频检查偏亮，进行纠正
	视频信号偏暗检测	对设备获取的视频检查偏暗，进行纠正
视频智能分析	变化智能检测	通过建筑物在视频中的变化来监测场景是否有大幅度改变等
	违规加建智能检测	通过监控建筑用地，是否存在加建情况，实行自动检测
	闲置土地智能检测	通过监控建筑用地，存在一定时间内无挖掘机等进入施工
	土地侵占智能检测	通过监控空的建筑用地，是否被其他建筑占用等情况
	基于人脸检测的施工进度估计	通过对工地场景下获取到的清晰人脸进行检测，反应施工人员的情况

1. 通信模块

通信模块负责客户端与服务器之间的通信协议解析，以及通信命令的转发与传送。

2. 主服务管理

主服务管理负责整个系统的任务管理和控制、告警模块管理，算法管理运行状态，视频流获取的管理。

3. 算法管理

算法管理是指对违规加建、闲置土地等进行上层需要调用智能分析功能进行选择，指定服务器对其进行运算获取结果。算法采用插件式结构，可增加或减少相应算法。

4. 数据源接口

数据源接口是指管理前端设备，通过这些设备可获取视频流。

5. 任务管理

任务管理是指对智能分析任务的管理、添加和删除等功能。

6. 告警模块

告警模块是指告警信息设置、告警信息浏览和查询等。

（二）系统主要流程

1. 视频获取流程

服务器向前端设备或视频监控平台发送获取实时视频流的请求。

服务器判断获取视频流是否成功，成功则保存于视频队列等待分析，不成功则进行重连。

对所获取的图片、视频或视频流，进行检测，包括信号丢失、信号偏色、偏亮、偏暗检查，对信息缺失、信号异常、信号模糊等问题使用相应算法进行纠正。

例如，针对建设用地再开发现场粉尘较大的特点进行去雾处理，具体做法是通过发现签署算法的缺点，改进暗通道先验算法，结合人眼视觉感知进行含雾区域划分与融合，通过透射率图的下采样及近邻像素补全等操作降低算法复杂度，实现大面积亮域场景下算法自适应去雾功能，避免天空区域颜色失真及减少 DSP 处理过程运算量。

视频来源可多种，如摄像头获取的视频流、无人机单次飞行数据、改造主体或执法人员采集的现场图片、信息采集车采集的 GPS 数据等。针对不同信息，系统可导入数据。

2. 智能监控流程

服务器通过接收到的任务信息，对所有任务进行实时检测。

服务器同时监控对任务的增、删、改指令。收到指令就进行相应操作。具体任务包括变化智能检测、违规加建、闲置土地、土地侵占、基于人脸检测的施工进度估计等。任务设置需要与"三旧"改造业务管理系统、"三旧"改造过程监管系统配合，业务管理系统或过程监管系统给出警告规则，查看警告结果。本系统提供针对监管规则的分析结果及证据。

3. 告警流程

当服务器检测到有违规事件发生时，会产生一条告警信息，告警信息包括告警截图与告警记录两个部分。依据告警等级可先把推送到业务管理系统或过程监管系统，或者由上述系统依据需求进行调取和处理。

4. 告警查询流程

服务器通过接收到的告警查询指令，进行告警查询，并把查询到的结果上送给接收端。

5. 日志管理流程

各个模块将要写入日志的信息（告警日志、操作日志、运行日志）写入到配置的日志库。对日志可进行查看、删除。

（三）监测与告警设计

"三旧"改造现场监测系统与建设用地再开发监管平台的对接和集成体现在将视频检测到的挖掘机、人脸、变化结果与具体的"三旧"改造项目管理信息相结合，进行违法用地或进度的智能辅助决策，如图 9-16、图 9-17、图 9-18 所示。

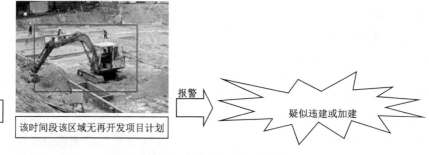

图 9-16　疑似违建或加建辅助决策

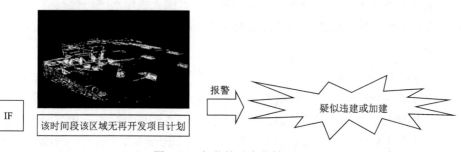

图 9-17　智能快速变化检测

图 9-18　项目进度辅助决策

五、过程监管系统

过程监管包括省市级的批后监管、基层的项目监管、通用监管。其中，省市级的批后监管属于宏观层面的监管，基层的项目监管属于微观层面的监管，通用监管包括已批用地信息查询、批后监管综合统计、各种对比统计和各种专题图等。

（一）系统功能

过程监管系统功能可分为项目监管、整体监管和监管设置等。项目监管是指对具体项目的监管，依据自己的监管规则给出项目预警消息。整体监管则是对全区或全市的项目整体上进行监管，如给出全区项目进度统计等。监管设置则是各省、市、县（区）级用户按自己的业务要求给出自己的监管规则，并依据规则进行项目判断。系统功能结构如图 9-19 所示，监管系统的功能菜单如表 9-9 所示。

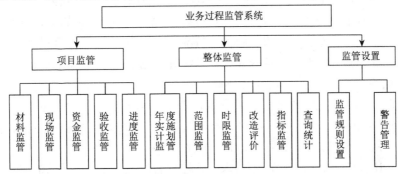

图 9-19 过程监管系统功能结构图（加统计分析功能）

表 9-9 监管系统功能菜单

一级菜单	二级菜单	三级菜单
项目监管	审批材料监管	完整性监管｜材料一致性监管
	过程监管	现场监管｜环节监管｜进度监管｜资金监管
	竣工监管	项目材料监管｜验收监管
整体监管	项目查询	项目图斑查询｜项目材料查询｜自定义查询
	项目统计	整体进度统计｜整体经费统计｜整体违规统计｜自定义统计
		项目台账
		项目清单
辅助分析		规划现状统计｜影像对比｜潜力评测｜其他评测
统计输出	专题统计	空间分布统计时间统计｜节点统计｜进度统计
		制图输出

功能模块的说明有以下几方面。

1）材料监管：设置项目主要环节材料，对是否缺少材料进行判断并给出结论。

2）现场监管：同现场监测系统完成，一方面可通过摄像头察看现场情况，另一方面可利用智能视频分析对采集的视频信息进行综合分析，结合监管的业务规则给出警告信息。

3）进度监管：根据项目申报与项目基层作业信息，对其中异常的地方进行提醒，并提供对应违规处理功能，提供根据标准格式的填报文档的导入自动完成基层作业信息填报的便捷功能。违规处理功能包括违规通告审批、违规通告的输出、后续整改记录审批、违规信息汇总，对项目的施工进度信息和需要提交的资料进行管理与提醒。

4）资金监管：包括对项目的预订资金、补贴资金进行管理与提醒、项目资金基本信息管理、项目资金流水账管理、项目资金使用提醒（计划额度）。

5）验收监管：建设用地再开发监管部门对满足验收条件的项目进行资料归档、发文通告。系统检查验收材料是否完整，每个环节是否符合要求。

6）年度实施计划监管：是否完成年度实施计划及完成比例。完成比例可以是面积比例、项目个数比例、地块比例等。

7）范围监管：对单个项目，利用空间叠加，监控已批用地与专项规划范围、年度实施计划范围是否一致，自动监测预警。对所有可监管项目的范围，提供空间叠加、压占分析的统计结果，提供百分比、个数等统计结果。

8）时限监管：通过预设时限要求，监控批后供地、用地、改造时限，自动预警。交地时间预警：已上报改造项目交地时间预警。开工、竣工时间预警：已上报改造项目约定开工、约定竣工时间监测预警。闲置预警：已上报改造项目闲置监测预警。

9）指标监管：容积率监测预警是对已上报项目供地合同（公告）容积率进行监测预警。超规模预警是对已上报项目超规模供应商品房用地情况进行监测预警。出让金预警是对已上报项目土地出让金计划与实际缴纳金额、缴纳时间进行监测预警。

10）项目改造成果评价：在一定时期内对县级的改造成果进行再验证，结合再开发土地评价模型的相关成果，对改造后的土地状况进行评价。

11）监管规则设置：省市用户监管的关注点不同，因此允许用户设置监管规则。例如，可设置开工时间–审批通过时间>1年为开工超期，另一用户也可设置开工时间–审批通过时间>6个月为开工超期。监管规则管理允许用户设置受监管的数据、监管阈值、警告级别（1级、2级、3级或红色、黄色、橙色预警）、警告级别和阈值的关系等。

12）用户权限管理：增、删、改、查用户信息，设置用户权限，如用户可监管项目范围、可否发出预警信息、可否发起跟踪等。

13）政策法规监管：允许用户增加政策法规、删除、修改和查看法律法规。对法律法规可手动提取规则作为监管规则使用。

14）查看项目警告信息与项目跟踪：各级监管人员可进行监管规则设置，利用监管规则对项目进行预警分类。对符合某种预警条件的项目或监管人员选定的某个项目可发起项目跟踪。项目跟踪开始时，监管人员负责设置被跟踪项目需要提交的材料和材料重要性。改造主体可查看跟踪信息，改造主体依据跟踪设置提交相关材料，监管人员对改造主体提交的材料进行审核，依据审核结果确定继续提交材料、进行下一轮跟踪，还是结束跟踪。结束跟踪可能有两种情况，若发现违规甚至违法行为，则提交相关部门处理。若未发现问题，则结束跟踪，继续项目工作。

15）统计上报和信息发布：监管人员可对项目信息进行查询、统计。查询是指指定一个或多个条件对项目进行筛选、查看其详细信息。统计则是对筛选结果进行求和、求个数等操作。监管人员可对统计结果组织报请上一级监管部门审核，也可将统计结果发布到信息服务系统。组织上报工作包括空间数据的操作，如项目红线图层合并等，制作形成专题图示，作为附件与项目统计信息一起上报。

（二）监管流程

系统用户分为改造主体、县（区）级建设用地再开发管理人员、市级管理人员、省级管理人员。

改造主体进入系统可进行项目管理工作，具体包括项目监管材料管理和个人信息管理。项目监管材料管理是指对纳入监管的项目，按时间（一般是每季度）和指定格式填写项目监管材料、上传影像、附件材料，并提交上级部门审校。改造主体可以查看所有正进行的监管项目列表，对每个项目可查看、导出、打印已提交的项目监管材料。个人信息管理主要包括修改个人信息、密码等功能。图9-20给出了项目监管材料管理流程，图9-21给出了上报项目监管材料流程。

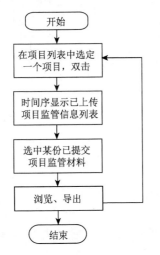

图 9-20　项目监管材料管理图

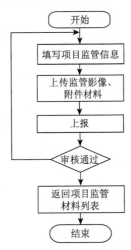

图 9-21　上报项目监管材料流程

监管信息如表9-10所示。

表 9-10　监管信息表

字段名	字段类型	是否必填	说明
项目名称	Char（255）	是	
改造方案	Char（255）	是	链接到改造方案
土地坐落	Char（255）		土地具体地址
土地面积	Numric（8,2）		单位为平方米，显示在界面上时，可选择亩、公顷等
图斑编号			标图建库中地块编号
改造模式			政府主导、集体自行改造
改造类型			旧城镇、旧厂房、旧村庄
批复时间	Date		获取到批复的日期
改造计划启动时间			计划启动时间
开始时间			实际开始时间
计划完成时间			计划完成时间
实际完成时间			实际完成时间
状态			已批复、未启动、建设用、完成

六、信息服务系统

（一）系统功能

图 9-22 给出系统的整体功能，具体包括以下几个方面。

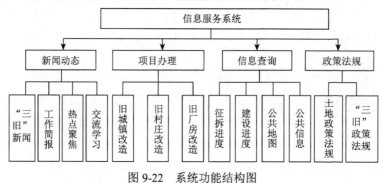

图 9-22　系统功能结构图

1. 新闻动态

利用超文档方式展示与建设用地再开发项目改造有关的新闻事件。公众可浏览相关信息，管理员有权限进行数据整理，也有权限增加、删除、查看和修改每一条新闻信息。新闻动态包括建设用地再开发新闻、工作简报、热点聚焦、交流学习 4 个模块。

1）建设用地再开发新闻是指建设用地再开发相关的新闻信息展示。

2）工作简报是指就建设用地再开发工作中本部门或单位工作情况跟上级部

门之间的工作汇报,对彼此工作的相关情况进行了解。

3)热点聚焦是指对近期公众普遍关心的热点问题进行重点报道,尽早向公众提供真实可靠的信息。

4)交流学习是指给同行、同事提供的学习窗口,可互相交流。

2. 项目办理

公众或业主点击可进入项目在线办理或进度查询环节。在线办理主要是业主、改造主体等单位或个人填报项目使用。对新、旧项目可在线填写相关表格、提交所需报送材料等。由于改造类型不同所提交材料不同,将项目分为旧城镇改造、旧厂房改造和旧村庄改造三种类型。

3. 进度查询

进度查询是指对项目整体情况的查询。对每一个项目的查询放在项目办理中,改造主体或业主等人通过提供项目详细信息可进行相关项目近期进度查询。

4. 政策法规

政策法规是指向公众介绍建设用地再开发政策法规、土地政策法规。此功能由平台提供,在此调用即可。

新闻管理包括新闻动态和热点聚焦的添加、修改、删除、浏览4个功能。对新闻进行查询时,只需输入新闻中包含的内容,选择根据标题、时间、发布者或者新闻内容等一个或者多个条件进行查询,显示响应的内容。新闻动态管理流程如图9-23所示,工作简报、热点聚焦与新闻管理相类似,在此不详细描述。

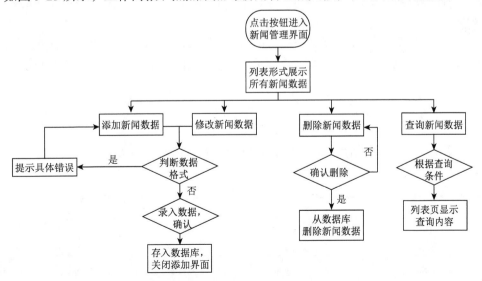

图9-23　新闻管理流程图

交流学习与论坛的结构类似，允许用户发布材料，并对材料进行讨论。

（二）用户工作流程

系统用户分为各级建设用地再开发管理人员、信息管理员、系统管理员、浏览用户。系统提供业务管理系统、过程监管系统的链接，用户可从此系统转到业务管理系统或过程监管系统进行项目填报或监管报告填报。

系统管理员负责系统升级等工作。信息管理员则对新闻、热点、工作简报等内容进行管理，负责发布、修改、删除网站工作内容。浏览用户可在系统中浏览数据，获取信息。

各级建设用地再开发管理人员利用本系统进行交流学习，同时可在业务系统中提取查询结果或将工作简报等信息在信息服务系统中发布，或者对发布的信息进行管理。

不同工作人员的工作及简单步骤如下。

1）信息管理员登录后台管理页面添加新闻，系统自动将新闻发布，浏览用户可以即时浏览新闻。

2）注册用户通过发布工作简报，展示近期工作简报，允许特定的部门或者用户查看该工作简报，实现各个部门之间的工作情况的互通互联。

3）建设用地再开发工作人员通过申请办理项目，进入建设用地再开发监管系统进行项目办理。

4）浏览用户可以通过进度查询，设置相关的查询信息，了解建设用地再开发项目的具体概况，包括某个时间段或者时间点、项目的进度、多个项目的整体情况。

5）系统管理员登录后台管理页面添加相关的政策法规，系统将政策法规展示给浏览用户，使用户能够了解建设用地再开发的相关法律法规，有利于项目的正常进行。

（三）数据设计

表 9-11~表 9-13 给出了信息服务系统的主要数据表。

表 9-11　新闻表

名称	类型（长度）	是否空	说明
TheName	nvarchar（255）	NOT NULL	名称
DetailTitle	nvarchar（255）	NULL	内容标题显示
SortId	bigint	NOT NULL	所属栏目
emIsAuditValue	int	NOT NULL	是否审核

续表

名称	类型（长度）	是否空	说明
TopValue	int	NOT NULL	置顶度
RecommendValue	int	NOT NULL	推荐度
TheContent	ntext	NOT NULL	内容
ImageUrl	nvarchar（2000）	NULL	图片
DetailUrl	nvarchar（2000）	NULL	链接地址
newEmShowItemExpressValue	int	NOT NULL	最新
newStartTime	datetime	NULL	最新显示开始时间
newEndTime	datetime	NULL	最新显示结束时间
hotEmShowItemExpressValue	int	NOT NULL	最热
hotStartTime	datetime	NULL	最热显示开始时间
hotEndTime	datetime	NULL	最热显示结束时间
emNewsLinkModelValue	int	NOT NULL	链接方式
TitleColor	nvarchar（10）	NULL	标题颜色
IsBold	char（1）	NOT NULL	加粗
IsItaly	char（1）	NOT NULL	斜体
IsDeleteLine	char（1）	NOT NULL	删除线
TitleStyle	nvarchar（255）	NULL	标题样式
Author	nvarchar（255）	NULL	作者
Hits	int	NOT NULL	点击率
InsertTime	datetime	NOT NULL	文章时间
CreateTime	datetime	NOT NULL	创建时间
UpdateTime	datetime	NOT NULL	修改时间

表 9-12　网站菜单

名称	类型（长度）	是否空	说明
TheName	nvarchar（255）	NOT NULL	名称
TheCode	nvarchar（255）	NOT NULL	代号
PID	bigint	NOT NULL	父 ID
Layer	int	NOT NULL	层数
Path	nvarchar（4000）	NOT NULL	树路径
LinkUrl	nvarchar（2000）	NULL	链接地址
IconUrl	nvarchar（2000）	NULL	Icon 地址
Target	nvarchar（255）	NULL	链接方式
ShowSeq	int	NOT NULL	显示顺序

续表

名称	类型（长度）	是否空	说明
Remark	nvarchar（4000）	NULL	备注
CreateTime	datetime	NOT NULL	创建时间
UpdateTime	datetime	NOT NULL	修改时间

表 9-13　网站链接

名称	类型（长度）	是否空	说明
TheName	nvarchar（255）	NOT NULL	名称
TheCode	nvarchar（255）	NOT NULL	代号
PID	bigint	NOT NULL	父 ID
Layer	int	NOT NULL	层数
Path	nvarchar（4000）	NOT NULL	树路径
ShowSeq	int	NOT NULL	显示顺序
IsShow	char（1）	NOT NULL	是否显示
ImageUrl	nvarchar（2000）	NULL	图片地址
LinkUrl	nvarchar（2000）	NULL	链接地址
Target	nvarchar（255）	NULL	链接方式
Remark	nvarchar（4000）	NULL	备注
CreateTime	datetime	NOT NULL	创建时间
UpdateTime	bigint	NOT NULL	修改时间

第三节　平台的实现

一、监管平台概述

平台总体界面如图 9-24 所示，点击可打开各系统登录界面，进入相应系统。具有管理员权限的用户可以进入任何系统后打开平台管理菜单，完成相应工作。

平台提供的功能包括基础地图数据管理、用户权限管理、业务设置、界面定制、备份恢复、日志管理和系统升级等功能。基础地图管理功能如图 9-25 所示，常用地图浏览功能共涉及放大、缩小、平移、前景、后景和全景 6 个按钮。常用图形操作还包括测量距离、测量面积、清除地图、地图截图、信息查询、穿透查询、案卷图形定位等。这些功能都作为按钮放置在地图上方，方便用户点击操作。导航拉杆和快捷图层直接放置在地图上，方便用户选择图层和控制显示比例。另有一部分高级功能，包括快捷查询、图层控制、透明度调节、地图标绘、图形分析、图层对比、地图卷帘、地图编辑等，放置在地图上方的菜单里，方便用户输入操作参数。
限于篇幅，本书仅对图层比对功能的操作方式及结果给出操作方法。

图 9-24 平台界面

图 9-25 基础地图操作（后附彩图）

点击工具栏中的  图层比对 ▾ 按钮，可看到"现状影像比对""现状规划比

对""现状与期末现状比对"和"四窗格比对"4 种对比方案。选择"四窗格比对"
效果如图 9-26 所示，在此界面可切换不同的地图对比方案，也可勾选同步浏览使
所有地图窗口会保持浏览的视野一致，或者去掉同步浏览，使每个地图窗口可以

各自浏览。同时，每个窗口上方有图层列表，可以快速切换图层，变换对比图层。

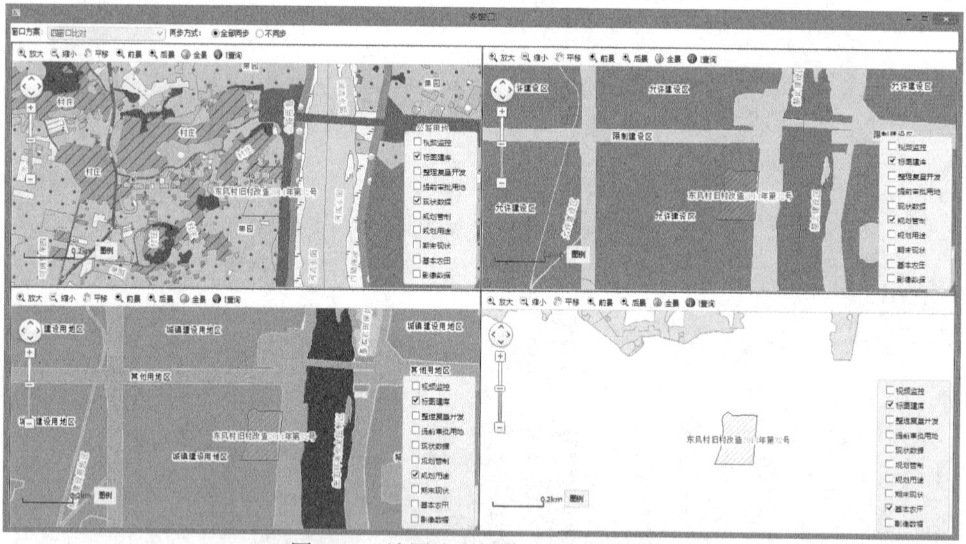

图 9-26　地图比对操作（后附彩图）

（一）平台外部接口

1）与资源层（国土"一张图"系统）对接，使用其中土地规划审核、城市规划审核；叠加分析：红线压占分析，潜力评价；对核查：规划与现状对比、年度计划与实施对比、年度影像对比）等功能。

2）与土地市场动态监管系统的接口：调用其中部分监管功能。

3）对上提供网站接口、移动设备接口，允许用户移动办工。

4）提供数据导入、导出功能，方便与其他系统交换数据。

（二）平台内部接口

平台各系统之间通过数据和功能互相联系，共同完成建设用地再开发监管平台的功能。具体接口包括以下 5 个方面。

1）平台基础设施层提供基础软硬件资源用其管理，包括数据库、地理信息服务、摄像头、GPS、网关路由等设施的管理。资源层提供基础库、专题库、知识库、原型库等基础资源数据及其服务，为应用层提供基础地图、规划、地籍等服务。支撑层提供面向业务数据的地图服务、空间分析、统计分析、对比分析等功能。

2）按一般理解，建设用地再开发专项规划管理系统业务是由镇街规划所，县（区）级、市级、省级规划部门，广东省各级"三旧"办和省地理信息中心负责的，与建设用地再开发业务审批办理的部门大部分相同。因此，建设用地再开发专项规划管理系统的主要功能在业务管理系统都有链接，方便办事人员的工作。

3）建设用地再开发审批通过的项目直接移交到过程监管系统，形成监管项目。

4）现场监管系统的视频查看功能可在地图上调用，可供业务管理系统、过程监管系统相关人员在办理业务时使用。

5）信息服务系统与业务系统（专项规划管理系统、业务管理系统、过程监管系统）之间密切联系，相关业务人员可在业务系统中进行建设用地再开发相关信息发布，该系统也可提供接口进入不同系统，进行项目办理的相关工作。

二、专项规划管理系统

专项规划管理的主要环节分为专项规划编辑、材料整理、上报、批复、存档等。专项规划管理界面如图 9-27 所示。菜单选项包括完善信息的材料、新增变更、上报变更、地块综合管理 4 个选项。打开地块综合管理，可看到所有地块的列表，每个地块基本信息表如图 9-27 右半部分，地块其他信息，见图 9-27 中间部分，包括历史记录对比、附件列表（包括影像信息、上报材料、审批材料等）、流程信息（主要是各级政府的审批意见）等。点击相应按钮，可对各部分材料进行编辑、上传、删除等。专项规划管理界面与完善地块信息的材料的界面相同。

图 9-27　地块综合管理界面

图 9-27 左侧菜单中新增变更是指对规划是对地块点击新增变更进入新增变更界面。

图 9-28 给出选择现状地块、改造类型、细化分类、历史文件保护类型等填表字段的选项列表。这些类型选项值取自广东省"三旧"改造相关文件，可通过平台配置这些选项的值。

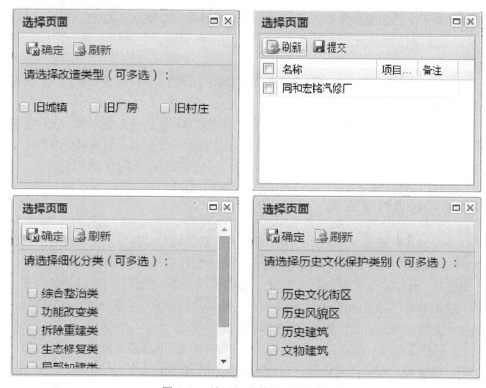

图 9-28　填写新增变更的选择框

点击图 9-27 界面中间部分上报材料按钮，可进入规划上报、审批流程。审批结果形成专项规划成果图层，入库并下发到业务管理系统、过程监管系统、现场监测系统使用。

省、市、县（区）用户在操作界面（图 9-27）左侧目录树中可看到规划查询与统计选项。点击标图建库统计进入统计界面，设置查询条件、统计分组项、统计方式条目后可看到对规划的统计结果。

三、业务管理系统

业务管理系统主要实现建设用地再开发年度实施计划管理、项目审批、完善历史用地等功能。首先，将业务管理系统与信息服务系统网站进行链接，实现项目立案受理电子化、办理进度信息的同步发布；其次，实现建设用地再开发业务人员收件、报批、公文流转等功能，同时实现项目状态管理，能查阅项目立案资料附件、各办案环的审查意见，同步完成项目档案资料的电子归档等工作。

依据项目类型，工作界面左侧分旧城镇、旧厂房、旧村庄和完善历史用地业务。点击旧城改造业务可看到旧城改造项目列表如图 9-29 所示，可对项目材料进行查询、编辑、上传附件等操作。单个项目材料列表可通过点击项目对应行的编辑按钮进入，也可点击图中左侧"完善信息和材料"按钮进入，界面如图 9-30 所示。对每一个项目，界面显示其项目基本信息表，可通过界面中间的目录树选择上传、编辑或删除相关项目附件、审批信息和流程信息等资料。值得注意的是，地块坐标是指上传项目红线图到基础 GIS 系统，并进入相关地图操作。从业务管理系统还可点击界面右上角"地理信息系统"进入地图操作。基本地图操作由平台提供，本系统中在项目申报时实现将项目坐标进行落图管理，将项目红线与规划、地籍、现状等图层进行叠加分析，判定项目的权属、地类、面积情况，以及是否符合规划，是否存在越界、超范围等。图 9-30 给出了示例项目的规划分析结果。

图 9-29　旧城改造项目列表

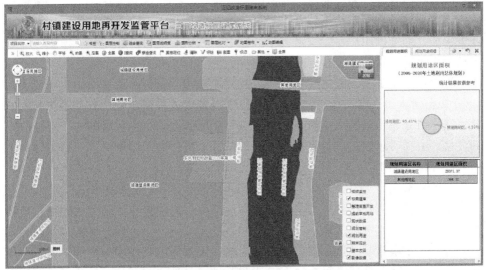

图 9-30　项目范围的规划分析（后附彩图）

具有相应权限的省级、市级用户点击操作界面左侧的"旧城改造统计"按钮进入统计界面（图9-31），输入筛选条件、统计分组、统计内容和统计方式后可看到该类项目的统计信息。图9-31下半部分是统计的柱状图和统计数据表。

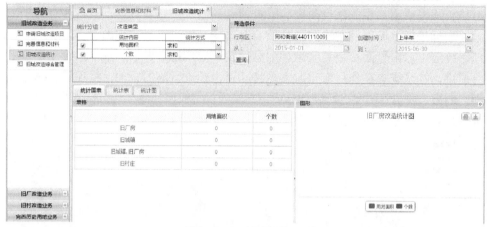

图 9-31   旧城改造统计

四、过程监管系统

为了提高过程监管系统的适应能力，本系统依据业务规则、部门设置与现实中的权限管理规则进行功能划分，将业务规则与软件分离，形成规则数据库。这种做法，可提高软件的使用性，使软件更好地适用于监管规则灵活多变的现状。同时，对规则数据库可进一步研究，利用人工智能中规则库、知识库的概念进行规则的组织与管理，为智能违规发现提供基础。

为更好地实现建设用地再开发评价，本系统还需要建立各种数据对比模型和评价模型，如建设用地再开发潜力评价模型、建设用地再开发影响力模型等对用户决策提供辅助支持。

过程监管系统用户分为项目主体、建设用地再开发省级监管人员、市级和县（区）级监管人员。由省级、市级或县（区）级监管人员通过查阅业务管理系统的项目选择将某些项目纳入监管，并规定监管需要填报的信息及附件等。对被监管的项目，由项目建设主体负责按时填报工作进度报告并上传附件。项目主体的工作界面如图9-32所示。

在图9-32中，点击工作进度报告，即可查看该项目已经添加的报告，并可点击新增、编辑和删除按钮对报告进行填写、修改、删除操作。已完成的报告可按流程提交给相应管理部门。

省级、市级或县（区）级监管人员对已纳入监管的建设用地再开发项目，可从总体上查看项目情况。图9-33给出监管用户的监管总览界面，从此界面可看到所有一级监管类型和按等级统计监管项目的个数。点击表头的一级监管类型，将列出其下的所有二级监管类型。点击数字，将给出统计此该等级的项目列表，如图 9-34 所示，每个项目对应的警告颜色在项目所在行最右边。一般用绿色、黄色、红色定义三种警告颜色。警告等级和颜色可以在监管规则中进行设置。

图 9-32　工作进度报告列表

图 9-33　监管总览

图 9-34　监管项目列表

对于每个被监管的项目，省、市级监管用户都可发起跟踪。由发起跟踪的用户设置跟踪对象及跟踪对象需要提交的材料。设置完成后，被跟踪项目的建设主体及县(区)级建设用地再开发监管人员会在系统中看到被跟踪项目及跟踪要求。提交跟踪材料后，发起跟踪的用户可查看跟踪材料，并依据提交的材料决定是跟踪结案，还是继续提交材料。

预警等级是指警告信息等级、等级的颜色和图片，图9-35给出预警信息管理界面。预警信息管理可对预警等级进行增加、删除和修改操作。

图9-35　预警等级

对于监管规则的管理，需要管理员首先设置监管数据表、字段，监管数据表和字段依据后台数据进行设置。完成数据表和字段设置后，要进行监管规则设置，如图9-36所示。监管规则及类型呈树型结构，规则树的分支结点是规则类型，叶子结点则是规则。例如，资金监管包括额度监管，时间监管包括开工时间监管、竣工时间监管等。点击树型结构可增加或减少规则类型。点击规则，可对规则进行增加、删除、修改等管理。图9-37给出了新增时间规则的界面，可设置时间值与阈值的关系。

五、现场监测系统

现场监测系统可在业务管理系统和过程监管系统中依据项目号进行调用，也可直接进入进行各种配置、管理活动。进入现场监测系统，可进行摄像头、服务器硬件配置和任务管理操作。服务器管理界面如图9-38所示，可添加、修改或删除智能分析服务器。

图 9-36　规则设置界面

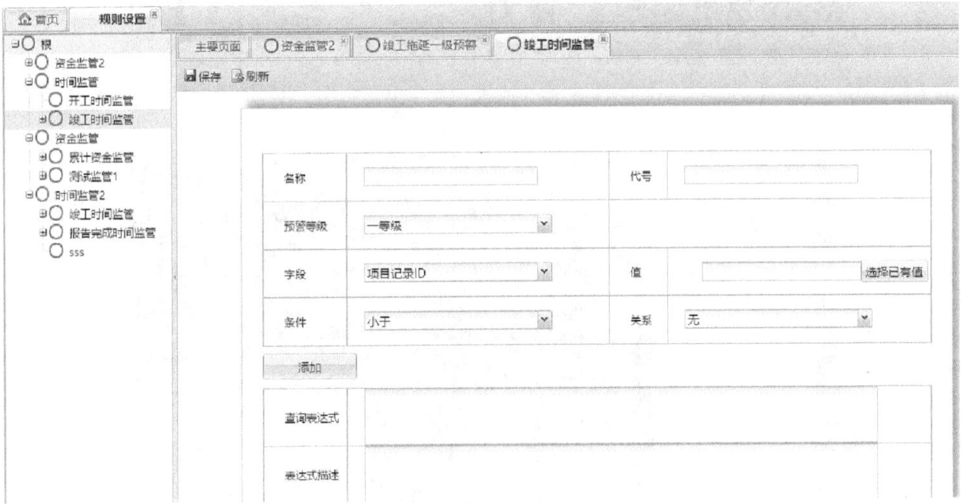

图 9-37　新增时间规则

　　在现场监测系统主界面点击"任务管理"按钮,双击监控点列表中某个设备,选择任务类型"加建违规智能检测",自定义任务名称、选择正确可用服务器\设置监测区域即可配置服务器任务配置。操作界面如图 9-39 所示,对任务的删除、修改等操作可在此界面上完成。

　　对配置的任务,智能分析服务器可对设备视频流进行分析,并自动保存分析得到的警告信息,以及从视频中抓取的证据图片。点击图 9-38 中服务器管理界面的报警查询,可查看预警信息。

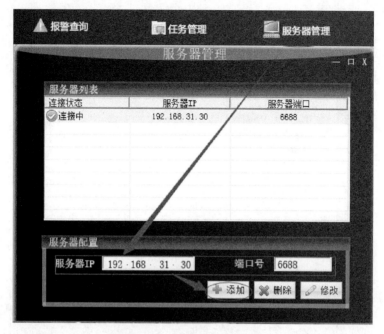

图 9-38　服务器管理界面

图 9-39　检测任务设置

在业务管理系统和过程监管系统中调用视频监测一般是从图层上进行调用，依据项目编号定位到 GIS 项目图层，查看项目所有摄像头的地理位置如图 9-40 所示。点击某个摄像头，可打开现场监测界面，图 9-41 给出了摄像头现场信息，从图中可以看到，该摄像头正在执行挖掘机识别任务。

图 9-40　视频监控摄像头（后附彩图）

图 9-41　摄像头实况及挖掘机自动识别（后附彩图）

六、信息服务系统

本系统主要从新闻动态、项目办理、进度查询与政策法规方面为用户提供信息服务。新闻动态是利用超文档方式展示与建设用地再开发项目改造有关的新闻事件，公众可浏览相关信息，管理员有权限进行数据整理，也有权限增加、删除、查看和修改每一条新闻信息，包括建设用地再开发新闻、工作简报、热点聚焦、交流学习 4 个模块。项目办理是公众或业主点击可进入项目在线办理或进度查询环节。在线办理主要是业主、改造主体等单位或个人填报项目使用，对新、旧项目可在线填相关表格、提交所需报送材料电子版本等。由于改造类型不同所提交材料不同，可将项目分为旧城镇改造、国有旧厂房改造和旧村庄改造三种类型。进度查询是对项目整体情况的查询，对每一个项目的查询放在项目办理中，改造主体或业主等人通过提供项目详细信息可进行进度查询。政策法规主要介绍"三旧"政策、土地政策。

门户网站的首页如图 9-42 所示。浏览用户在首页的导航栏点击不同的栏目及子栏目，会跳转到对应栏目，查看相应内容。项目主体、建设用地再开发工作人员、监管人员依据权限可进入交流学习和项目申报系统等。

图 9-42　"三旧"改造信息服务系统主页

第十章　建设用地再开发数字化监管建设案例

第一节　应用示范概述

一、应用示范准备

建设用地再开发数字化监管技术应用示范的各项配套服务工作包括工作组织协调、示范项目区选择、示范基地建设与配套支持、地方技术团队建设等，确保课题形成的技术成果和软硬件工具在示范区现场开展监测检验、成果应用示范与成效检验。应用示范准备具体包括以下两方面。

1. 示范基地建设与配套支持

成立课题应用示范工作领导小组和实施组，选定示范项目区，搭建平台应用示范所需的软硬件和网络环境，建立公共信息服务平台，制定业务系统互联互通保障、平台运维保障、技术队伍保障、数字化档案管理等相关配套制度。

2. 课题研究成果现场监测检验

针对课题研制的技术装备、软件等，在示范区开展现场应用示范与检验，完成典型项目区建设用地再开发项目现场监测系统建设，以及所在地国土资源管理部门建设用地再开发监管与服务信息平台搭建工作，确保研究成果投入实际应用，满足示范区建设用地再开发项目监测监管的要求。

二、应用示范方法

将技术方法研究、系统建设和试验示范相结合，基于软件工程的思路与方法，按照应用示范准备、技术装备现场检验、互联互通与信息公共服务技术检验、系统应用示范、结题验收等步骤，开展建设用地再开发数字化监管技术应用示范，推动示范基地建设，有效提高示范区建设用地再开发监测监管信息化水平。具体应用示范方案如图10-1所示。

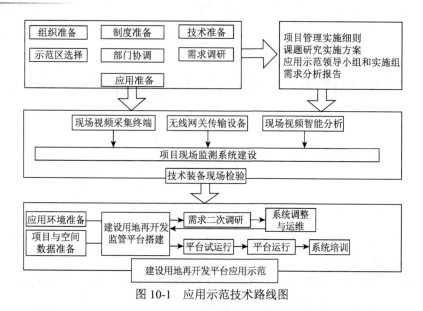

图 10-1　应用示范技术路线图

三、应用示范工作内容

1. 应用准备

进行建设用地再开发监管平台的应用示范是一项很复杂的工作。首先要依据政策、法规进行准备，具体准备工作包括示范区的选择，组织、制度、技术方面的准备，以及各部门协调等。需要完成的工作包括建立示范领导小组和实施组、制定项目管理实施细则和项目实施方案等。

梳理、选择建设用地再开发项目，结合项目特点和进展情况，根据系统应用示范要求，选择部分条件成熟的项目作为系统应用的示范点。准备项目基础数据，包括项目申报材料、审批材料、项目监管报告材料等。

2. 需求调研及软件适应性维护

需求调研及软件适应性维护属于二次调研，一方面针对平台的业务流程进行学习；另一方面，结合实际工作中的技术现状、当前业务系统建设情况、业务流程进行总结，形成新的需求文档，在此基础上对软件功能进行调整，使其能够满足应用需求。

3. 现场检测准备

现场检测系统需要采购专门设备，包括视频采集终端、无线网关传输设备、现场视频智能分析服务器等，利用这些设备组织建立视频传输网络，完成现场监测系统布置。

4. 建设用地再开发应用示范的具体工作

应用环境准备、项目与空间数据准备，收集项目基本信息数据、审批数据，收集土地利用总体规划、土地利用现状、遥感、影像等空间数据或形成数据接口以便获取访问数据，建立建设用地再开发监管平台。

进行平台试运行工作，进而进入运行维护状态，并进行系统培训。

第二节　无锡低效建设用地再开发数字化监管实践

一、无锡低效用地再开发示范点背景概述

国土资源部 2013 年 3 号文件，对城镇低效用地的涵义进行了解释。城镇低效用地是指城镇中布局散乱、利用粗放、用途不合理的存量建设用地可列入试点范围：国家产业政策规定的禁止类、淘汰类产业用地；不符合安全生产和环保要求的用地；"退二进三"产业用地；布局散乱、设施落后，规划确定改造的城镇、厂矿和城中村等。一般认为低效用地就是利用率低的土地，具体就是土地的用途、投资的强度、土地容积率、建筑物密度、土地平均产出效益，以及人均的用地面积等难以满足相关要求，或者是还可以进行调整利用的建设用地（邹戴丹，2014）。

无锡市在低效用地再开发，促进集约节约用地方面一直走在全国前列。早在2005 年 6 月，国土资源部就在无锡召开"节约集约利用土地资源"市长研讨班暨全国国土资源厅局长座谈会，并将无锡市在节约集约利用土地资源方面的经验，在全国范围内进行了推广。之后，无锡市先后推出《无锡市进一步推进节约集约用地促进产业转型升级的实施意见》《关于全力推进高水平节约集约用地争创全国节约集约用地先导区示范区的意见》等促进节约和集约利用土地的政策性文件，使无锡市节约和集约用地的政策体系不断完善。2013 年无锡市又被国土资源部授予了"全国国土资源节约集约模范市"荣誉称号，并被选择成为低效用地再开发试点城市。这为无锡开展低效用地再开发奠定了坚实的基础，同时也为其被选定为建设用地再开发应用示范区准备了良好的条件（郑沃林等，2014）。

二、主要工作

（一）应用调研

针对建设用地再开发涉及职能部门多、业务流程复杂、过程跟踪困难、监管技术薄弱等问题，结合无锡市低效用地调查试点工作，开展了相关业务调研活动，通过相关部门业务研讨、资料收集分析等，了解建设用地再开发业务开展情况、相关信息系统建设及应用情况等。具体调研工作包括以下几个方面。

1. 对江苏省国土资源厅的调研

对江苏省国土资源厅、江苏省国土资源信息中心等相关单位领导和业务骨干进行访谈和专题讨论，从省级层面了解建设用地再开发相关政策、技术现状及系统建设和运行情况，收集相关资料。

2. 对无锡市各级国土资源管理部门的调研

对无锡市和相关区、乡镇国土资源管理部门的领导和业务骨干进行访谈和专题讨论，收集各部门相关资料，重点理清建设用地再开发相关业务流程、数字化档案管理内容及现有软硬件和数据情况，明确系统建设应解决的主要问题。

3. 广东省"三旧"改造调研

为全面推动建设用地再开发应用示范工作，无锡市国土资源局组织相关人员赴广东省进行了调研，考察学习了广州市、佛山市等地"三旧"改造的做法和经验。在此基础上，结合国土资源部城镇低效用地再开发试点工作和无锡市建设用地实际情况，提出了适合无锡市区的建设用地再开发业务模式，制定了《无锡市区城镇低效用地再开发实施细则（试行）》。

（二）示范点选取

无锡市国土资源局根据国土资源部《关于印发开展城镇低效用地再开发试点指导意见的通知》（国土资发[2013]3号）文件要求，制定了《无锡市区城镇低效用地再开发实施细则（试行）》，明确了低效用地再开发的总体原则和目标、专项规划编制要求、单元改造方案编制要求、政策支持措施、审查报批程序、相关保障措施等，并组织开展了全市低效用地调查摸底，建立了低效用地数据库。项目组基于低效用地数据库，逐步梳理了有关项目，结合项目特点和进展情况，根据系统应用示范要求，选取了共6个旧城镇、旧厂房和旧村庄改造项目作为系统应用的示范点，并多次组织召开了示范点数据整合协调会，进一步明确了示范点数据的要求及分工。

（三）应用示范准备

1. 数据对接

数据对接是系统应用示范需解决的关键问题，为此，项目组对数字化监管系统所需的基础数据和业务数据总体情况、数据来源及对接方式等进行了研究。

（1）基础数据对接

无锡市国土资源局高度重视国土业务数据整理建库等基础工作，多年来投入大量人力、物力开展历史数据整理建库工作，形成了统一坐标、统一平台完整的历史报批、供地数据库。结合各类业务实时生成的数据和其他各类历史数据，目前已建成了覆盖市域范围的历年基础数据库、业务数据库和影像数据库等共 15 个专题，共有分要素图层 173 个，分年度图层 55 个；包括现状数据库、规划数据库、影像数据库、建设用地报批数据库、供地数据库、城镇地籍数据库、农村地籍数据库、建设用地预审、地质矿产类数据、基本农田数据库、基准地价数据、可利用资源库等，形成无锡市"一张图"数据中心。基于 SOA 架构，"一张图"可以通过地图服务的方式为建设用地再开发数字化监管系统提供相应的基础数据支撑（曾洁，2014）。

（2）业务数据对接

无锡市国土资源局在 2012 年底建成"一张图"综合监管平台并全面上线运行，实现了耕地保护、土地利用、地籍管理、地质矿产、违法案件查处等 98 项行政事项的网上全业务全流程办理，达到了国土业务电子化全覆盖；形成所、分局、市局三级联网、多部门协作审批模式，优化了审批流程，提高了工作效能；建立了城镇低效用地、土地储备、批后监管、盘活存量、基本农田保护、用地指标、土地开发复垦等一系列功能模块，全方位服务国土资源管理工作；通过实时抽取、挖掘业务办理系统产生的审批数据，形成了业务核心成果库，并以图表等形式直观、准确、实时的展示"批、供、用、补、查"等国土业务成果数据和图形数据，将为建设用地再开发数字化监管系统提供相应的业务数据支撑。

2. 应用环境搭建

无锡市国土资源局中心机房通过 10M 专线构建了市局—县局—乡镇国土所三级联网网络架构，并采用一主一备双链路运行模式，保障网络安全畅通。中心机房安装了 40T 的高速存储，采用负载均衡设备和虚拟化技术，对"四全"服务平台等重要信息系统实行负载均衡、双机实时集群和虚拟化应用，实现了不因单个服务器硬件故障导致业务中断；制定详细数据备份安全策略，实现所有数据本地每天增量备份每周全部备份，对重要数据实施数据在无锡云平台中心进行异地备份，确保机房数据安全，全力保证各业务系统安全顺畅运行。

针对建设用地再开发数字化监管系统需求，无锡市国土资源局组织进行了设备采购，购买了服务器、固定高清网络摄像机、数据存储设备、智能分析服务器、视频分析仪、硬盘录像机、视频解码器、3G 传输模块、三合一数字信号采集器等，完成了设备安装部署和调试，确保了相关系统稳定可靠运行。

3. 系统定制开发

由于无锡市与广东省在建设用地再开发管理模式、机构设置、业务流程等方面存在较大差异，项目组进一步梳理了无锡市示范基地的需求，以现有建设用地再开发数字化监管系统为原型，进行了无锡市系统的定制开发。

（四）应用示范

1. 示范点基础数据整理和集成

根据应用示范要求，项目组购买、采集了示范点相关基础数据，包括地形图、影像图、土地利用现状图、社会经济统计数据等，并委托专业测绘公司进行数据加工处理后，将相关数据与数字化监管系统集成。

2. 现场监测应用示范

根据现场监测需要，协调相关国土分局及乡镇国土所等，提供现场监测系统安装、调试所需的条件，协助完成了示范点现场监测系统的搭建。项目组临时聘用了相关技术人员，定期对示范点进行巡检，记录并及时反馈有关问题。

3. 业务审批及监管系统应用示范

针对已建成的示范点，通过搜集整理相关资料，在系统中模拟进行业务流转，对系统功能、性能、易用性等进行全面测试；针对在建的示范点，与项目实施同步进行业务流转和监管，进一步检验系统是否符合实际需求。针对应用中存在的问题，及时记录并反馈给软件开发人员进行修改完善。

三、总结

1）项目应用示范工作使无锡市低效用地再开发工作走在了全省前列。

2）根据任务需要，项目组在原有研究人员基础上，进一步选聘了若干业务能力强、技术水平高的专业人员，充实研究队伍，确保研究工作顺利推进。同时，多次邀请相关专家，围绕建设用地再开发数字化监管中的主要问题和关键技术，进行业务交流、专题论证、技术培训等，使研究团队的技术水平得以全面提升。

3）建设用地再开发涉及政府、开发商、土地所有者、土地使用者等相关利益方，关系复杂，还受到复杂多变的土地市场环境影响，项目实施存在较大的不确定性。此外，一个项目即使按计划顺利推进，实施周期也比较长，从立项到竣工验收一般需要三年以上的时间。因此，在示范点选取方面，既要覆盖不同的项目类型，也要兼顾不同的开发阶段，才能较好地满足应用示范的要求。

4）应用示范后，可以继续推广，达到好的应用效果。

参 考 文 献

白亚男, 李宏, 徐国飞. 2008. 构建建设用地批后监管长效工作机制. 国土资源情报, (12): 2-5.

卞广骥, 吴亮. 2013. 数字化建设用地动态监管系统的开发. 国土资源信息化, (3): 62-68.

陈捷. 2003. 加强地方人大行政监督制度建设的思考. 改革与开放, (10): 32-33.

陈年松. 2009. 基于图幅的城市基础地理信息更新研究//江苏省测绘学会. 江苏省测绘学会 2009
    年学术年会论文集: 3.

陈全平. 2010. 我国特色数据库建设问题与对策.图书馆理论与实践, (12): 14-17.

陈旺松, 吴建钦, 姚逸舟. 2011. 农村集体非农建设用地入市流转模式探讨. 学理论, (3): 67-68.

陈文伟, 黄金才, 赵新昱. 2002. 数据挖掘技术. 北京: 北京工业大学出版社: 35-75.

陈翔. 2008. 基于 WebGIS 的江苏省建设用地全程跟踪管理系统研究与应用. 南京: 南京师范
    大学(硕士毕业论文).

陈英, 张仁陟, 张军. 2012. 土地利用可持续发展位理论构建与应用. 中国沙漠, 32(2): 574-579.

陈振明. 1998. 非市场缺陷的政治经济学分析——公共选择和政策分析学者的政府失败论. 中
    国社会科学, (6): 89-105.

丛屹. 1999. 存量入市:城市用地制度尚需进一步创新. 经济问题, (9): 21-24.

邓军, 李刚. 2006. 基于 VRS 技术 GPS-PDA 在土地变更调查中的应用研究. 矿业快报, 25(2):
    35-37.

丁洁, 王磊, 沈获帆, 等. 2015. 一种大数据异常检测系统的研究与实现. 海南大学学报(自然科
    学版), 33(1): 24-27.

杜杰. 1999. 都市里村庄的世纪抉择——关于深圳市罗湖区原农村城市化进程的调查报告. 城
    市规划, 23(9): 15-17.

范润生. 2002. 传统区划与区划改良——浅谈美国城市开发控制机制的核心内容. 规划师, 18(2):
    70-72.

高秉博, 周艳兵, 潘瑜春, 等. 2014. 面向过程的建设用地全程监管时空数据组织模型. 国土资
    源信息化, (5): 19-24.

龚健雅, 高文秀. 2006. 地理信息共享与互操作技术及标准. 地理信息世界, (3): 18-27.

郭渐强, 刘明然. 2006. 科学发展观——我国公共政策评估的首要标准. 行政与法, (9): 10-12.

郭艳华. 2002. 论改造城中村的现实途径. 探求, (4): 39-42.

何宝金, 刘晓玫, 高俊峰. 2006. 地学数据共享中的数据安全问题探讨——以湖泊流域数据共享
    系统为例. 测绘科学, 31(2): 52-53.

胡宝清. 2007. 土地系统工程的理论与方法探析. 广西师范学院学报(自然科学版), 24(4): 73-79.

胡昱东, 吴次芳. 2009. 我国农村土地整理中土地权属调整问题研究. 西北农林科技大学学报
    (社会科学版), 9(1): 6-10.

胡月明, 万洪富, 吴志峰, 等. 2001. 基于 GIS 的土壤质量模糊变权评价. 土壤学报, 38(3):
    266-274.

胡子昂, 王卫星, 陆健强, 等. 2015. 村镇建设用地再开发现场监控系统的无线传输方案设计. 软件, (8): 12-16.

黄加纳, 蓝悦明, 覃文忠. 2001. 地图数字化的坐标转换及数据的精度与相关性. 武汉大学学报(信息科学版), 26(3): 213-216.

黄烈佳, 张安录. 2006. 农地城市流转驱动力与农地保护研究. 中国农学通报, 22(1): 387-390.

黄凌翔, 段旭文. 2015. 村镇建设用地再开发的经验与问题. 当代经济管理, 37(1): 46-50.

黄盛, 陈超. 2008. 城市地租理论及其现实意义. 商场现代化, (22): 183-184.

黄杏元, 马劲松, 汤勤. 2001. 地理信息系统概论. 北京: 高等教育出版社: 30-40.

黄振华. 2008. 基于 H.264 的嵌入式实时视频采集与传输系统的设计与实现. 上海: 华东师范大学(硕士毕业论文): 119.

贾培宏, 聂时贵, 董润华, 等. 2008. 地理空间数据数字水印安全技术研究. 计算机应用与软件, 25(8): 81-82.

江齐英, 吴楷钊. 2014. 广东省"三旧"改造地块数据库调整与更新技术研究. 测绘与空间地理信息, (7): 141-143.

江鹔, 贺叕, 明庭辉, 等. 2010. 基于 GPS、GIS 和移动通信技术的国土资源移动巡查系统总体设计. 测绘通报, (6): 65-68.

江洲, 李琦, 王凌云. 2004. 空间信息融合与地理编码数据库的开发. 计算机工程, 30(5): 1-155.

姜卯生. 2004. 数据挖掘中基于贝叶斯技术的分类问题的研究. 合肥: 合肥工业大学(硕士毕业论文).

姜文锦, 陈可石, 马学广. 2011. 我国旧城改造的空间生产研究——以上海新天地为例. 城市发展研究, 18(10): 84-89.

敬东. 1999. "城市里的乡村"研究报告——经济发达地区城市中心区农村城市化进程的对策. 城市规划, (9): 8-14.

柯红军, 马艳娜, 潘进. 2014. 对南京市国土资源"一张图"工作模式下数据管理的思考. 江苏科技信息, (16): 44-46.

赖寿华, 吴军. 2013. 速度与效益:新型城市化背景下广州"三旧"改造政策探讨. 规划师, 29(5): 36-41.

蓝宇蕴. 2001. 城中村: 村落终结的最后一环. 中国社会科学院研究生院学报, (6): 100-105.

李德仁, 王树良, 李德毅, 等. 2002. 论空间数据挖掘和知识发现的理论与方法. 武汉大学学报(信息科学版), 27(3): 221-233.

李华, 孟宪素, 翟刚, 等. 2011. 基于国土资源"一张图"的综合监管与共享服务平台建设研究. 国土资源信息化, (4): 27-31.

李倞. 2008. 浅析城市有机更新理论及其实践意义. 农业科技与信息(现代园林), 8(7): 25-27.

李俊夫. 2003. 数字广州"空间数据基础设施建设策略研究. 地理与地理信息科学, 19(1): 40-42.

李立勋. 2001. 广州市城中村形成及改造机制研究. 广州: 中山大学(博士毕业论文).

李立勋. 2005. 城中村的经济社会特征——以广州市典型城中村为例. 北京规划建设, (3): 34-37.

李玲俐. 2011. 数据挖掘中分类算法综述. 重庆师范大学学报(自然科学版), 28(4): 44-47.

李培林. 2002. 巨变:村落的终结——都市里的村庄研究. 中国社会科学, (1): 168-179.

李茜. 2013. 基于 GIS 的省级建设用地批后监管系统研究. 测绘通报, (6): 94-97.

李晴. 2002. "城中村"改造实验——以珠海吉大村为例. 城市规划, 26(11): 21-27.

李蕊蕊, 赵伟. 2006. 区域空间发展理论研究的进展. 泉州师范学院学报, 24(2): 56-62.

李淑贞. 2014. 建设用地批后监管系统评价指标体系研究. 测绘与空间地理信息, (5): 208-213.

李秀荣. 2010. 加强对审批建设用地监管的探讨. 现代农业科技, (24): 380-381.

李永红, 邓红艳, 赵敬东, 等. 2005. 组件式 GIS 开发的实践. 计算机工程与设计, 26(4): 1090-1092.

李钊. 2001. "城中村"改造途径的思考. 安徽建筑, (3): 8-9.

梁史进, 张新长, 郭泰圣. 2014. 基于图幅的地形图数据自适应更新实现.地理信息世界, (6): 77-81.

林镐根. 1994. 日本和美国的土地利用规制——从比较城市规划的观点上论述. 国外城市规划, (2): 2-18.

凌晓东. 2007. SOA 综述.计算机应用与软件, 24(10): 122-124.

刘翠. 2013. 基于地理网格的土地执法监管系统研究与应用. 葫芦岛市: 辽宁工程技术大学(硕士毕业论文): 89.

刘吼海, 胡月明, 叶云, 等. 2015. 村镇建设用地市场信息采集终端与数据库设计. 南方国土资源, (5): 28-29.

刘建芳. 2010. 美国城市更新与重建过程的总体分析——兼谈我国城市更新的凸显问题. 江南论坛, (8): 19-21.

刘立坤. 2011. 海量文件系统元数据查询方法与技术. 北京: 清华大学(博士毕业论文).

刘茂松. 2008. 论资源节约型和环境友好型社会的经济构建. 湖南社会科学, (5): 89-95.

刘普寅, 吴孟达. 2002. 模糊理论及其应用. 长沙: 国防科技大学出版社: 7-20.

刘涛. 2013. 信息融合算法及其应用研究. 南京: 南京邮电大学(硕士毕业论文).

刘卫东. 2014. 发达国家城市土地节约集约利用研究//吴次芳. 全球土地2013热点与前沿. 杭州: 浙江大学出版社.

刘晓童, 马文波, 马雪涛. 2013. 基于 WebGIS 的建设用地监管系统设计与实现. 交通科技与经济, 15(6): 114-117.

刘新平. 2015. 中国城镇低效用地再开发的现实困境与理性选择. 中国土地科学, 9(1): 48-54.

刘云刚, 黄思骐, 袁媛. 2011. "三旧"改造政策分析——以东莞市为例. 城市观察, (2): 76-85.

吕维娟. 2006. 全球城市芝加哥的成功转型及其面临的挑战——《全球城市芝加哥》综述. 国外城市规划, 21(4): 42-45.

马佳, 韩桐魁. 2008. 基于集约利用的农村居民点用地标准探讨——以湖北省孝感市孝南区为例. 资源科学, 30(6): 955-960.

马祖琦. 2007. 从"城市蔓延"到"理性增长"——美国土地利用方式之转变. 城市问题, (10): 86-90.

毛蒋兴, 闫小培, 李志刚, 等. 2008. 深圳城市规划对土地利用的调控效能. 地理学报, 63(3): 311-320.

密长林, 姚敏, 刘廷祥, 等. 2013. 建设用地动态监管信息系统总体框架研究. 地理信息世界, (4): 100-104.

欧阳磊. 2014. 基于多源信息融合的交通事故动态预警方法研究. 重庆: 重庆交通大学(硕士毕业论文).

彭璐. 2007. 支持向量机分类算法研究与应用. 长沙: 湖南大学(硕士毕业论文).

蒲筱哥. 2007. 基于 Web 的信息抽取技术研究综述.现代情报, 27(10): 215-219.

钱惠斌. 2006. 基于 OGC 标准的空间数据共享关键技术研究. 杭州: 浙江大学(硕士毕业论文).

乔荣锋, 高进云, 张安录. 2005. 城市土地供给的控制模型初探. 现代城市研究, 20(8): 29-33.

曲福田, 石晓平. 2002. 城市国有土地市场化配置的制度非均衡解释. 管理世界, (6): 46-53.

桑应宾. 2009. 基于 K 近邻的分类算法研究. 重庆: 重庆大学(硕士毕业论文).

单卫东, 广国曾. 2010-02-26. 以科技创新支撑建设用地再开发, 中国国土资源报, 5.

石虹, 曹钢跃. 2000. 浅谈杜能农业区位论对现代土地利用的影响. 山西教育学院学报, (2): 28-30.

石忆邵. 2012. 国际大都市建设用地规模与结构比较研究. 上海城市规划, (2): 140.

孙吉贵, 刘杰, 赵连宇. 2008. 聚类算法研究. 软件学报, 19(1): 48-61.

孙健, 马钧培, 陈光伟. 2004. 分布式信息共享平台框架体系和关键技术. 计算机集成制造系统, 10(8): 991-996.

陶海燕, 周淑丽, 卓莉. 2014. 城中村有序改造的群决策——以广州市城中村改造为例. 地理研究, 33(7): 1207-1216.

陶然. 2014. 城中村改造与中国土地制度改革: 珠三角的突破与局限. 国际经济评论, (3): 26-55.

陶志红. 2000. 城市土地集约利用几个基本问题的探讨. 中国土地科学, 14(5): 1-5.

田莉. 1998. "都市里的乡村"现象评析——兼论乡村——城市转型期的矛盾与协调发展. 城市问题, (5): 54-56.

田树华. 2011. 计算机数据库管理技术探讨. 煤炭技术, 30(10): 268-269.

万哲. 2008. 基于 SOA 的业务流程管理系统的研究与实现. 武汉: 武汉理工大学(硕士毕业论文).

汪小勤, 李翔迅. 2008. 房地产市场供需联动调控模型探讨. 中国流通经济, 22(5): 65-68.

王海起, 王劲峰. 2005. 空间数据挖掘技术研究进展. 地理与地理信息科学, 21(4): 6-10.

王金虎, 曹自华. 2015. 信息技术支撑下的国土资源监管技术体系研究与应用. 城市地理, (14): 80.

王骏, 王士同, 邓赵红. 2012. 聚类分析研究中的若干问题. 控制与决策, 27(3): 321-328.

王磊, 陈昌勇, 谭宇文. 2015. 存量型规划的建设用地再开发综合评定与空间管制——以《佛山市城市总体规划(2011—2020)》为例. 规划师, (8): 60-65.

王文龙. 2014. 中国农村土地制度改革的政策选择研究——基于刘易斯拐点、耕地红线的实证调查. 人文杂志, (2): 29-36.

王翔. 2013. 邮储银行客户信息管理数据仓库的设计与实现. 北京: 北京交通大学(硕士毕业论文).

王晓栋, 崔伟宏. 1999. GPS 技术在县级土地利用动态监测中的应用. 遥感学报, 3(4): 318-323.

王玉堂. 1999. 灰色土地市场的博弈分析: 成因, 对策与创新障碍. 管理世界, (2): 159-165.

王志杰. 2014. 建用地监管数据地理本体构建方法. 资源开发与市场, 30(12): 1450-1453.

王志杰, 何立恒. 2014. 建设用地动态监管理论框架与技术模式. 资源开发与市场, 30(11): 1312-1316.

魏立华, 闫小培. 2005. "城中村": 存续前提下的转型——兼论"城中村"改造的可行性模式. 城市规划, (7): 9-13.

吴辉. 2009. 数据挖掘技术的研究与应用. 武汉: 武汉理工大学(硕士毕业论文): 10-20.

吴小芳, 于红波, 胡月明, 等. 2015. 村镇建设用地再开发数字化监管与空间决策支持系统研究. 测绘通报, (12): 93-97.

夏敏. 2000. 农地适宜性评价专家系统研究. 南京: 南京农业大学(硕士毕业论文).

谢方. 1992. 总供需平衡的控制模型. 数量经济技术经济研究, (10): 42-45.

徐德军. 2013. 复杂系统理论视角下的国土资源"一张图"系统设计与实践. 武汉: 武汉大学(博士毕业论文): 145.

徐少坤. 2013. 地理空间元数据可视化研究与实践. 郑州: 解放军信息工程大学(硕士毕业论文).

徐天, 丁华祥, 龚根生, 等. 2015. 在线巡查技术在土地变更调查中的应用研究. 地理信息世界, 22(3): 102-106.

许耀亮. 1992. 遥感技术在渔业中的应用及展望. 海洋与海岸带开发, (4): 74-75.

续竞秦. 2006. 基于灰色—马尔可夫模型的土地需求量预测与供需平衡分析. 南宁: 广西大学(硕士毕业论文).

闫小培, 魏立华, 周锐波. 2004. 快速城市化地区城乡关系协调研究——以广州市"城中村"改造为例. 城市规划, 28(3): 30-38.

阎平凡, 张长水. 1999. 人工神经网络与模拟进化计算. 北京: 清华大学出版社.

杨静. 2007. 业务规则管理技术的研究与应用. 上海: 华东师范大学(硕士毕业论文).

杨廉, 袁奇峰. 2010. 珠三角"三旧"改造中的土地整合模式——以佛山市南海区联滘地区为例. 城市规划学刊, (2): 14-20.

杨毅. 2005. 地理信息系统在犯罪分析及辅助决策中的应用研究. 成都: 四川大学(硕士毕业论文).

于博. 2010. 面向 Web 内容的离群数据挖掘方法研究. 大连: 大连理工大学(硕士毕业论文).

喻成林, 黄强. 2013. 基于 GIS 的建设用地批后视频监管系统研究. 安徽农业科学, 41(36): 14104-14106.

袁弘. 2003. 我国城乡土地市场与地价体系研究. 北京: 中国农业大学(硕士毕业论文).

曾光清, 陶佩枫. 2007. 组件式 GIS(地理信息系统)的研究. 湖南有色金属, 23(2): 65-67.

曾洁. 2014. 基于"一张图"模式下的赣州市建设用地审批管理系统设计与实现. 赣州: 江西理工大学(硕士毕业论文).

曾宪祖, 许必建. 1994. 供需关系对价格变动影响的差分方程模型. 云南师范大学学报(自然科学版), (1): 18-20.

张国庆. 1997. 论理性主义公共政策分析的局限性. 北京大学学报(哲学社会科学版), 7(4): 66-75.

张建明. 1998. 广州都市村庄形成演变机制分析——以天河区、海珠区为例. 广州: 中山大学(学位论文).

张敬东. 1994. 中国城市土地市场发育的问题与对策. 中国土地科学, (4): 6-10.

张俊平, 胡月明, 田原, 等. 2010a. 广东省县级建设用地集约利用综合评价——以紫金县为例. 应用生态学报, 21(2): 422-428.

张俊平, 胡月明, 章汉武. 2010b. 珠三角地区农村集体建设用地流转问题探讨——以中山市为例. 经济地理, 30(4): 640-646.

张涛, 胡正华, 夏明星. 2010. 远洋运输业业务邮件信息抽取系统的设计及实现. 电脑知识与技术, 6(1): 83-84.

张雪伍, 苏奋振, 石忆邵, 等. 2007. 空间关联规则挖掘研究进展. 地理科学进展, 26(6): 119-128.

张煜东, 吴乐南, 王水花. 2010. 专家系统发展综述. 计算机工程与应用, 46(19): 43-47.

张云鹏, 魏卫华, 孙燕, 等. 2006. WebGIS 在土地交易与地价信息服务中的应用研究. 南京师范大学学报(工程技术版), 6(1): 91-94.

赵江洪, 赵莹雪, 桂智明. 2008. WebGIS 在土地市场监测预测系统中应用. 测绘科学, 33(S1): 194-195.

赵需生, 陈百明. 1998, 在土地评价中应用人工神经网络专家系统的理论与实践. 中国土地科学, (2): 28-34.

郑敏辉, 林良彬, 丁华祥. 2015. 移动地理信息服务动态巡查系统设计与实现. 测绘地理信息, 40(2): 77-79.

郑沃林, 周为吉. 2014. 集体低效建设用地再开发策略——以天河区、白云区为例. 广东土地科学, (3): 42-48.

支大成, 唐康. 1999. 城市土地产权市场结构及地价体系构成探求. 南京师大学报(自然科学版), 22(3): 121-124.

钟晓, 马少平, 张钹, 等. 2001. 数据挖掘综述.模式识别与人工智能, 14(1): 48-55.

周素红, 吴智刚, 周锐波. 2009. GIS 与线性规划模型辅助"城中村"改造分析——以广州市文冲村改造方案为例. 规划师, 25(3): 75-79.

周维. 2012. 视频监控中运动目标发现与跟踪算法研究. 合肥: 中国科学技术大学(博士毕业论文): 101.

周晓, 傅方煜. 2011. 由广东省"三旧改造"引发的对城市更新的思考.现代城市研究, (8): 82-89.

朱剑. 2011. 基于"一张图"的广西建设用地批后实施综合监管平台研究. 南宁: 广西师范学院(硕士毕业论文): 112.

邹戴丹. 2014. 城镇低效用地再开发路径研究. 上海: 华东政法大学(硕士学位论文).

Berke P R, Godschalk D R, Kaiser E J. 2006. Urban Land Use Planning. Champaign: University of Illinois Press.

Park B G. 1998. Where do tigers sleep at night? The State's role in housing policy in South Korea and Singapore. Economic Geography, 74(3): 272-288.

Pavan M, Pelillo M. 2007. Dominant sets and pairwise clustering. IEEE Trans on Pattern Analysis and Machine Intelligence, 29(1): 167-172.

Peer S, Knockaert J, Koster P, et al. 2013. Door-to-door travel times in RP departure time choice models: An approximation method using GPS data. Transportation Research Part B: Methodological, 58: 134-150.

Reshmidevi T V , Eldho T I, Jana R. 2009. A GIS-integrated fuzzy rule-based inference system for land suitability evaluation in agricultural watersheds. Agricultural Systems, 101(1-2): 101-109.

附录　部分专业术语中英文对照

3G	Third Generation of Mobile Telecommunications Technology	第三代移动通信技术
ADO	ActiveX Data Objects	ActiveX 数据对象
API	Application Programming Interface	应用程序编程接口
AVHRR	Advanced Very High Resolution Radiometer	先进超高分辨率辐射计
AVI	Audio Video Interleaved	音频视频交错格式
BP	Back Propagation	反向传播
BR	Business Rule	业务规则
BRLDF	Business Rules Language Define Framework	业务规则语言定义框架
CA	Cellular Automaton	元胞自动机
CAD	Computer-Aided Design	计算机辅助设计
CCD	Charge Coupled Device	电荷耦合元件
CIAM	International Congresses of Modern Architecture	国际建筑协会
CORBA	Common Object Request Broker Architecture	公共对象请求代理体系结构
CORS	Cross-Origin Resource Sharing	跨域资源共享
DDL	Data Definition Language	数据定义语言
DEM	Digital Elevation Model	数字高程模型
DSP	Digital Signal Processing	数字信号处理
DOM	Document Object Model	文档对象模型
DRG	Digital Raster Graphic	数字栅格地图
EJB	Enterprise Java Beansun	JavaEE 服务器端组件模型
GDP	Gross Domestic Product	国内生产总值
GIS	Geographic Information System	地理信息系统
GNSS	Global Navigation Satellite System	北斗卫星导航技术
GPS	Global Positioning System	全球定位系统
GPRS	General Packet Radio Service	通用分组无线服务技术
GPU	Graphics Processing Unit	图形处理器
IE	Information Extraction	信息抽取
IHS	Intensity-Hue-Saturation	强度色调饱和

IIS	Internet Information Services	互联网信息服务
IMU	Inertial Measurement Unit	惯性测量单元
IPCC	Intergovernmental Panel on Climate Change	联合国政府间气候变化专门委员会
kNN	k Nearest Neighbors Algorithm	最近邻居算法
LUCC	Land Use and Cover Change	土地利用/覆盖变化
MSMQ	Microsoft Message Queuing	微软消息队列
MSS	Multispectral Scanner Subsystem	多光谱扫描仪子系统
NLP	Neuro-Linguistic Programming	自然语言处理
NOAA	National Oceanic and Atmospheric Administration	美国国家海洋和大气管理局
OA	Office Assistant	办公自动化
OAI	Open Archives Initiative	独立于应用的、能够提高 Web 上资源共享范围和能力的互操作协议标准
OGC	Open Geospatial Consortium	开放地理空间信息共享协会
PDA	Personal Digital Assistant	个人数字助手、掌上电脑
PKI	Public Key Infrastructure	公钥基础设施
RBAC	Role-Based Access Control	基于角色的访问控制
RS	Remote Sensing	遥感
SA	Structured Analysis	结构化分析方法
SAR	Synthetic Aperture Radar	雷达
SDE	Spatial Database Engine	空间数据库引擎
SOA	Service Oriented Architecture	面向服务的体系架构
SOAP	Simple Object Access Protocol	简单对象访问协议
SQL	Structured/Standard Query Language	结构化查询语言
SVM	Support Vector Machine	支持向量机算法
TM	Landsat Thematic Mapper	专题绘图仪
TPL	Task Parallel Library	任务并行库
UGB	Urban Growth Boundary	城市增长边界
VRS	Video Response System	视频响应系统
WCF	Windows Communication Foundation	Windows 通信接口
WCS	Web Coverage Service	网络地理场数据服务
WSDL	Web Services Description Language	网络服务描述语言
WF	Windows Workflow Foundation	Windows 工作流
WFS	Web Feature Service	网络地理要素服务
WFS-G	Web Feature Gazetteer Services	地名地址要素服务
WMS	Web Map Service	网络地图服务

WPF	Windows Presentation Foundation	Windows 呈现基础
WSE	Web Services Enhancements	建设 Web 服务的.NET 类库
XAM	eXtensible Application Markup Language	可扩展应用程序标记语言
XML	Extensible Markup Language	可扩展标记语言
XOM	eXecution Object Model	执行对象模型

彩　　图

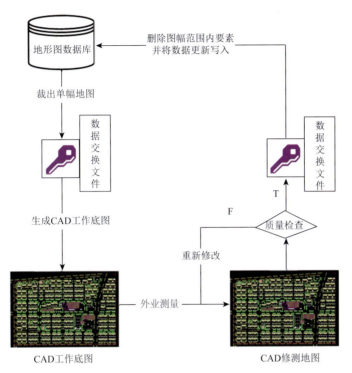

图5-8　基于图幅的更新

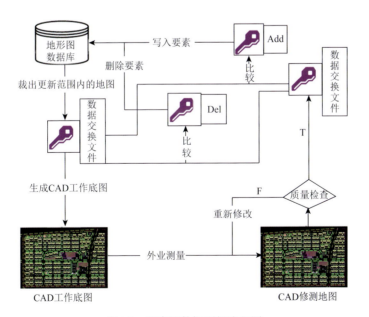

图5-9　要素级数据更新流程图

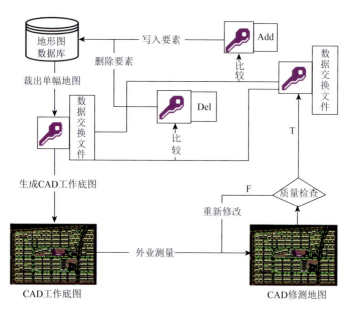

图5-10　基于图幅要素级更新流程

图9-25　基础地图操作

图9-26　地图比对操作

图9-30　项目范围的规划分析

图9-40　视频监控摄像头

图9-41　摄像头实况及挖掘机自动识别